河出文庫

# 意味の論理学 上

G・ドゥルーズ
小泉義之 訳

河出書房新社

古代のパラドックスと現代のパラドックスのセリーを通して、本書は、意味と無－意味の地位を決定すること、そして何よりも、意味と無意味の場所を決定することを探求する。「出来事」と呼ばれるものは、正確には、どこを通り過ぎるのだろうか。深層・高所・表面は、人生を構成する複雑な関係に入り込んでいる。ストア派は新しいタイプの哲学者であったし、ルイス・キャロルは新しいタイプの作家であった。ストア派とキャロルは、表面の獲得に向かったからである。表面の獲得は、性においても思考においても、心的生活の最大の労苦であるかもしれない。そして、意味と無－意味においては、「最も深いもの、それは皮膚である」かもしれない。〔原書裏表紙より〕

序文　ルイス・キャロルからストア派へ　13
第1セリー　純粋生成のパラドックス　15
計測される事物と狂気‐生成のプラトン的区別――無限同一性――アリスの冒険、あるいは、「出来事」
第2セリー　表面効果のパラドックス　21
物体・事物の状態と非物体的効果・出来事のストア派の区別――因果関係の割れ目――表面へ上昇させること……――ルイス・キャロルにおける表面の発見
第3セリー　命題　35
指示、表出、意義：三者の関係と循環性――命題の第四次元はあるか――意味、表現、出来事――意味の二重の本性：命題の表現可能なものと事物の状態の属性、存立と外‐存在
第4セリー　二元性　54
物体‐言葉、食べること‐話すこと――二種類の語――命題の二つの次元：指示と表現、消費と意味――二つのセリー
第5セリー　意味　62
無際限な増殖――不毛な複製化――中立性、あるいは、本質の第三身分――

不条理、あるいは、不可能な対象
第6セリー　セリー化　76
セリー形態と異質なセリー――異質なセリーの構成――セリーは何に収束するのか――ラカンのパラドックス：奇妙な要素（空虚な位置、あるいは、位置なき占有者）――雌羊の店
第7セリー　秘教的な語　87
セリー上の縮約の総合（連結）――二つのセリーの調整の総合（結合）――分離の総合、あるいは、セリーの分岐の総合：カバン－語の問題
第8セリー　構造　97
レヴィ＝ストロースのパラドックス――構造の条件――特異性の役割
第9セリー　問題性　104
特異性と出来事――問題と出来事――楽しい数学――無作為抽出点と特異点
第10セリー　理念的なゲーム　113
通常のゲームの規則――異常なゲーム――時間の二つの読み方：アイオーンとクロノス――マラルメ
第11セリー　無－意味　126
パラドックス的要素の特徴――無－意味とは：無－意味の二つの姿形――無－意味から派生する不条理（意義なし）の二つの形態――無－意味と意味の

余現前――「効果」としての意味
第12セリー　パラドックス　139
良識の本性とパラドックス――常識の本性とパラドックス――無－意味、意味、言葉のいわば第二次組織
第13セリー　分裂病者と少女　152
アントナン・アルトーとルイス・キャロル――食べること－話すこと、分裂病的な言葉――分裂病と表面の破綻――語－受動と破裂する文字の価値、語－能動と分節しない音調の価値――深層の無－意味と表面の無－意味の区別、言葉の第一次秩序と言葉の第二次組織の区別
第14セリー　二重の原因性　173
非物体的な出来事－効果、原因と準－原因――非情と発生――フッサールの理論――真の発生の条件：〈我〉なき、個体化の中心なき、超越論的な場
第15セリー　特異性　183
戦争――超越論的な場が意識の形態を守ることはありえない――非人称的で前－個体的な特異性――超越論的場と表面――個体の言説、人格の言説、底なき言説：第四の言説はあるか
第16セリー　存在論的な静的発生　198
個体の発生：ライプニッツ――世界の「共可能性」の条件、あるいは、セリ

ーの収束性の条件（連続性）――出来事の述語への変換――個体から人格へ――人格、特性とクラス
第17セリー　論理学的な静的発生　212
命題の次元への移行――意味と命題――意味の中立性――表面と裏地
第18セリー　哲学者の三つのイマージュ　225
哲学と高所――哲学と深層――哲学者の新たなタイプ：ストア派――ヘラクレスと表面
第19セリー　ユーモア　236
意義から指示へ――ストア派と禅――古典的言説と個体、ロマン的言説と人格：イロニー――底無しの言説――特異性の言説：ユーモア、あるいは、「単独者の第四人称」
第20セリー　ストア派のモラルの問題　248
モラルの二つの極：事物の物理的占いと表象の論理的使用――表象、使用と表現――出来事を把握すること・意志すること・表象すること
第21セリー　出来事　258
出来事の永遠真理――実現と反‐実現：役者――出来事としての死の二つの面――出来事を意志することとは
第22セリー　磁器と火山　268

『裂け目（崩壊）』（フィッツジェラルド）――二つの過程とその区別の問題
――アルコリスム、躁鬱――サイケデリアに献げる
第23セリー　アイオーン　283
クロノスの特徴と深層の生成によるクロノスの転覆――アイオーンと表面
――アイオーンから派生する組織、アイオーンとクロノスの差異
第24セリー　出来事の交流　294
非論理的な共立不可能性の問題――ライプニッツ――肯定的隔たりと分離の
肯定的総合――永遠回帰、アイオーンと直線：最も怖ろしい迷宮……

# 意味の論理学　上

## 凡例

(1) 原書でのイタリック体は原則として傍点で示し、大文字は原則として〈括弧〉で示す。
(2) 原書でのフランス語以外の単語は、原則として括弧内に表記する。
(3) 原註での文献は、翻訳のあるものはその書名と頁数をあげる。ただし訳文は既訳と異なる場合が多い。
(4) 訳註は本文中に割註［ ］で入れる。
(5) 原書の各セリーの表題には三つのパターンがある。大半は「…の（de）第○セリー」（例えば、命題の第三セリー）である。他に、「…についての（sur）第○セリー」（第6、第12、第20、第32の四セリー）と、「第○セリー　…」（第22、第29の二セリー）である。本書では「第○セリー　…」と訳してある。
(6) 原書での「付録」の番号付けは本文と目次で異なり、原註でも両者が混在している。本書は前者に合わせる。したがって、前者の付論Ⅱ-Ⅰは後者の付論Ⅲにあたる。

# 序文　ルイス・キャロルからストア派へ

ルイス・キャロルの作品には、現代の読者の気に入るあらゆるものがある。子どものための本、特に少女のための本。秘教的にして突飛な輝ける語。格子、コード、コード解読。デッサン、写真。精神分析的に深い内容、論理学的かつ言語学的に模範的な形式主義。そして、現代の快楽の彼方の何か別のもの、意味と無－意味のゲーム、カオス－コスモス。しかし、言葉と無意識の結婚は既に余りに多くの仕方で行なわれ祝われてきたのだから、あらためて、ルイス・キャロルにおいて言葉と無意識の結婚は精確には何であったのか、また、ルイス・キャロルにおいて、そしてルイス・キャロルのおかげで、言葉と無意識がどんな結婚を行ない何が祝われたのかを探求しなければならない。

われわれは、意味の理論を形成するパラドックスのセリーを提示していく。意味の理論がパラドックスと切り離せないことは簡単に説明がつく。意味は実在しない存在者性であるし、意味は無－意味とさえもとても特殊な関係を持つからである。ルイス・キャロルの特権的な位置は、ルイス・キャロルが、意味のパラドックスを集めたり更新したり発明したり準備したりしながら、初めて大計算書を作成し、初めて大舞台に上げたことに由来する。ストア派の特権的な位置は、ストア派が、前ソクラテス派・ソクラテス主義・プラトン主義と訣別して、哲学者の新しいイマージュの先駆者であったことに由来する。そして、哲学者のこの新しいイマージュは、意味の理論のパラドックス的な構成と、既に緊密に結び付いている。したがって、以下の各セリーには人物の姿形が対応することになる。ただし、この姿形は、歴史的なものであるだけでなく、トポス論的で論理的なものでもある。純粋な表面の上でのように、あるセリーにおける姿形の一定の点は、別の姿形の別の点へと引き継がれる。問題‐配置の集合とそれらに対応するサイコロの一振り一振り、複数の歴史と複数の場所、一つの複雑な場所、一つの「もつれた歴史物語」〔ルイス・キャロル『もつれっ話』参照〕。こんな本書は、論理的で精神分析的な小説の試みである。

われわれは、既出の五つの論文を付録として収める。修正して再録するが、テーマは変わっていない。そして、付録に先行するセリーが簡単にしか示していない点を展開している（その都度、その繋がりは註で指摘してある）。初出は以下の通りである。(1)「プラトニズムを転倒する」*Revue de métaphysique et de morale*, 1967。(2)「ルクレティウスと自然主義」*Etudes philosophiques*, 1961。(3)「クロソウスキーと身体‐言葉」*Critique*, 1965。(4)「他者の理論」（ミシェル・トゥルニエ）*Critique*, 1967。(5)「ゾラ『獣人』への序文」Cercle précieux du livre, 1967。再録を許諾された出版社に感謝する。

# 第1セリー　純粋生成のパラドックス

## 計測される事物と狂気－生成のプラトン的区別

『不思議の国のアリス』でも『鏡の国のアリス』でも、極めて特殊な事物のカテゴリーが眼目になっている。すなわち、出来事、純粋な出来事である。私が「アリスが拡大する」と言うとき、私が言いたいことは、アリスがかつてそうであったのと比べて、アリスはもっと大きくなるということである。しかしまた、まさにそれによって、アリスが今そうであるのと比べて、アリスはもっと小さくなる。もちろん、アリスがもっと大きいこととアリスがもっと小さいことは、同時ではない。しかし、アリスがもっと大きくなることとアリスがもっと小さくなることは、同時である。アリスは今はもっと大きい、アリスは以前はもっと小さかった。しかし、そうであったのに比べてより大になることと、そうなるのに比べてより小となすことは、同じ時に一挙にである。これが生成すること［＝なること］の同時性である。生成することの固有性は、現在を逃れることである。生成することが現在を逃れる限り、以前と以後、過去と未来の分離や区別を、生成することが背負い込むことはない。一回で二つの方向〔＝意味〕へ行くこと、射ることが、生成することの本質である。アリスは、縮小することなく拡大しないし、逆に、拡大することなく縮小しない。良識〔＝善き方向＝善き意味〕とは、あらゆる事物には、決定可能な一つの方向があると肯定することである。しかし、パラドックスとは、一回で二つの方向を肯定することである。

プラトンは二つの次元を区別することを勧めていた。(1) 限定され計測された事物と固定した形質の次元。そんな事物と形質は、永続的か一時的であるが、静止や停止を常に想定し、現在の設定と主体の指定を常に想定している。一定の時期に、一定の主体は、一定の大きさや一定の小ささを持つというわけである。(2) 次いで、測度なき純粋生成、真の狂気－生成〔＝狂った－生成〕。これは、決して停止せず、一回で二つの方向へ、常に現在を逃れて、不従順な物質の同時性の中で、未来と過去、より大とより小、余分と不－十分を一致させる（「もっと熱いともっと冷たいは、常に前進して、決して滞留しない。他方、確定された量は、停止であり、停止であることを止めなければ前進しないだろう」。「年少の者が、年長の者より、年長になる。そして、年長の者が、年少の者より、年少になる。しかし、この生成を成し遂げることは、両者にはできないことである。というのは、もし成し遂げてしまったなら、両者はもはや〔年長にも年少にも〕ならなくなるだろうし、両者は〔年長や年少で〕あるだけだろう……」）(1)。

われわれは、プラトンの二元性を認める。それは、決して、知性的なものと感覚的なものの二元性、イデアと物質の二元性、イデアと物体の二元性ではない。そうではなくて、もっと深く、もっと秘密の二元性で、感覚的で物質的な物体そのものの中に埋没している二元性である。イデアの作用を受けるものとイデアの作用から離れるものの間の地下の二元性である。モデルとコピーの区別ではなく、コピーとシミュラクルの区別である。純粋な生成、限定されないものは、イデアの作用を逃れる限りで、また、モデルとコピーに同時に反抗する限りで、シミュラクルの物質〔＝質料＝材料〕である。計測される事物は、イデアの下にある。しかし、事物そのものの下には、イデアが押し付けても事物が受け取る秩序のこちら側には、存続して下支えする狂える要素がなおもあるのではないか。プラトンでさえ自問することがある。純粋生成は言葉と極めて特殊な関係にあるのではなかろうか、と。これが『クラテュロス』の主要な意味の一つであろう。話しの「流れ」の中でのように、また、決して停止せずに、差し向けられるところを絶えず上滑りしていく動転した言説の中でのように、ひょっとして、この関係は言葉に本質的であろうか。あるいは、二つの言葉と二つの種類の「名」があって、一方は、イデアの作用を取り集める停止と静止を指示し、他方は、反逆的な運動や生成を表現するのではなかろうか。(2) あるいは、やはりこの関係は、言葉一般に内在する異なる二つの次元であって、一方は常に他方によって覆い隠されているが、他方の下で「下支え」して存続し続けているのではなかろうか。

## 無限同一性

純粋生成のパラドックスは、現在を逃れる性能と合わせて、無限同一性ということになる。すなわち、一回で二つの方向の無限同一性、未来と過去の、前日と翌日の、プラスとマイナスの、余分と不－十分の、能動と受動の、原因と結果の無限同一性である。限界を固定するのは言葉である（例えば、余分が開始する時期）。しかし、限界を越えながらも、限界なき生成に等価な無限に対して、限界を回復するのも言葉である（「赤い火かき棒を余り長く持つな、火傷するぞ、余り深く切るな、出血するぞ」「火傷」「出血」という言葉」）。アリスの冒険を構成する逆転は、ここから出て来る。拡大することと縮小することの逆転。常に一回で二方向なので、光学効果によって一回は同じままにとどまるだろうと予感しながら、アリスは「どの方向、どの方向なの」と問い尋ねる。前日と翌日の逆転。常に現在を逃れるので、「前日と翌日のジャムだが、決して今日のではない」。プラスとマイナスの逆転。五つの夜は一つの夜より五倍も暑いが、「しかし、同じ理由のために、五つの夜は五倍も寒いだろう」。能動と受動の逆転。「猫はコウモリを食べるのか」は「コウモリは猫を食べるのか」に等しい。原因と結果の逆転。過つ前に罰せられること、刺される前に泣き叫ぶこと、分ける前に給仕すること。

**アリスの冒険、あるいは、「出来事」**

無限同一性の中で現出するがままのすべての逆転から、同じ一つの帰結が出て来る。アリスの人格同一性をめぐる紛争、固有名の喪失である。固有名の喪失は、アリスの全冒険を通して反復される冒険である。というのは、固有名や単称名は、知の永続性によって保護されるからである。この知が受肉する［＝体現する＝具現する］のは、停止と静止を指示する一般名詞においてであり、また、固有名との定常的関係を保つ実名詞と形容詞においてである。こうして、人格的自我は、一般に神と世界を必要とすることになる。しかし、実名詞と形容詞が溶け始めるとき、また、停止と静止の名詞が、純粋生成の動詞によって引きずられ、出来事の言葉へ滑って行くとき、自我・世界・神にとって、すべての同一性が失われる。知を暗誦しても、動詞が引きずり込む語が変なところからやって来て、アリスが同一性を取り上げられてしまう試練である。言葉を通して知と人格に伝わる非リアリティを、あたかも出来事が享受するかのようである。というのは、人格の不確実性は、通り過ぎるもの［＝生ずるもの］に外在的な懐疑ではないからである。また、出来事が、常に一回で二つの方向に行って、主体を二つの方角に引き裂く限りにおいて、人格の不確実性は出来事そのものの客観的構造であるからである。パラドックスは、先ず、唯一無比の方向としての善き方向［＝良識］を破壊するものであり、次に、固定的同一性を割り当てる常識［＝共通意味＝共通方向］を破壊するものである。

(1) プラトン『ピレボス』(山田道夫訳、京都大学学術出版会) 24d、『パルメニデス』(『プラトン全集』4、田中美知太郎訳、岩波書店) 154-155。

(2) プラトン『クラテュロス』(『プラトン全集』2、水地宗明訳、岩波書店) 437以下。ここまでに関しては、付論I-I参照。

# 第2セリー　表面効果のパラドックス

## 物体・事物の状態と非物体的効果・出来事のストア派の区別

ストア派の方は、二種類の事物を区別していた。(1) 張力・物理的形質・関係・能動・受動を伴う物体、そして、対応する「事物の状態」。事物の状態、能動と受動は、物体の混在によって決定される。極限的には、すべての物体の統一性がある。これは、原初の〈火〉の機能によるもので、すべての物体は〈火〉に吸収され、そして、すべての物体は〈火〉から出発して各々の張力に応じて発達する。物体と事物の状態の時間は、現在だけである。というのは、生ける現在は、必ず現実態に伴っていて、能動者の能動と受動者の受動を表現して計測する時間的延長であるからである。ただし、物体間の統一性の測度、能動的原理と受動的原理の統一性の測度として、コスモスの現在が宇宙全体を抱え込んでいる。空間の中には物体だけが実在し、時間の中には現在だけが実在するわけである。物体相互の内に、原因と結果があるのではない。あらゆる物体は、原因である。つまり、別の物体との関係では、別の物体に対する原因である。原因間の統一性は、コスモスの現在の延長の中にあって、〈運命〉と呼ばれる。

(2) あらゆる物体は、別の物体との関係では別の物体に対する原因であるが、何の原因なのか。物体は、一定の事物の原因、まったく別の本性のものの原因である。その効果［＝結果］は、物体ではなく、正確に言うなら「非物体的」なものである。効果は、物理的形質・特性ではなく、論理的ないし弁証論的な属性である。効果は、事物や事物の状態ではなく、出来事である。効果が実在すると言うことはできないが、効果が存続するとか存立すると言うことはできる。効果は、事物ではないものや実在しない存在者性に相応しい最小の存在を有するのである。効果は、実名詞や形容詞ではなく、動詞である。効果は、能動者や受動者ではなく、能動と受動の成果であり、「非情」なもの、非情な成果である。効果は、生ける現在形ではなく、不定形である。すなわち、限界のないアイオーン、過去と未来へ無限に分割され、常に現在を逃れる生成である。こうして、時間は、二つの排反する相補的な仕方で、二回かけて、捉えられなければならない。すなわち、時間全体は、能動し受動する物体の中の生ける現在として捉えられるが、また、時間全体は、物体から、物体の能動と受動から由来する非物体的な効果の中で、過去−未来へ無限に分割可能な審級として捉えられる。現在だけが、時間の中に実在し、過去と現在を取り集めて吸収する。しかし、過去と未来だけが、時間の中で存立し、各現在を無限に分割する。継起する三つの次元があるというのではなく、時間についての同時的な二つの読み方があるということである。

エミール・ブレイエが、ストア派の思考を見事に再構成して述べるように、「メスが肉を切るとき、前者の物体は、後者の物体の上で、新しい特性を生産するのではなく、新しい属性を、切り分けられることという属性を生産するのである。この属性は、いかなるリアルな形質も指示しない。……反対に、属性は、動詞によって表現される。言うなら、属性は、存在者ではなく、存在［すること］の様式である。……この存在様式は、いわば極限において、存在者の表において見出される。そして、この存在様式は、存在者の本性を変えるわけではない。実を言うと、この存在様式は、能動的でも受動的でもない。というのは、受動性は能動を被る物体的本性を想定するだろうからである。この存在様式は、ただ単に、成果であり、存在者には分類されない効果である。……（ストア派の区別では）、それまで誰もしなかったことだが、根元的には、存在に二つの面がある。一方に、深くリアルな存在者、力があり、他方に、存在者の表面で上演され、果てしなく多くの非物体的存在を構成する事実の面がある」(1)。

しかしながら、拡大すること・縮小すること・切られることという出来事以上に、物体に親密で本質的なものがあるだろうか。ストア派は、物体の厚みに対して、草原の霧（霧も物体であるからには、霧以下のもの）のように、表面でだけ上演される非物体的な出来事を対立させるが、そのとき、ストア派は何を言いたいのだろうか。物体の中に、物体の深層の中にあるものは、混在である。物体は、別の物体に入り込み、別の物体のあらゆる部分の中で共存する。海の中のワインの一滴や鉄の中の火［熱］のように。また、物体は、別の物体から退去する。花瓶の中の液体のように。混在は、一般に、事物の量的状態と形質的状態を決定する。すなわち、集合の諸次元、あるいはまた、鉄の赤や木の緑を決定する。しかし、われわれが、「拡大すること」「減少すること」「赤化すること」「緑化すること」「切ること」「切られること」などで言いたいことは、まったく別の種類のことである。もはや事物の状態や物体の底での混在のことではなく、混在に由来する表面での非物体的な出来事のことである。木は緑化する……。[2] 哲学の才能は、何よりも先ず、哲学が存在と概念にもたらす新しい配分によって計測される。ストア派は、誰も見たことのないところで、境界を引き、境界を越えさせようとしている。この意味で、ストア派はすべての反省［＝反射＝反転］を変換する。

**因果関係の割れ目**

ストア派が行なっている操作は、因果関係にまったく新しい割れ目を入れることである。ストア派は、因果関係の成員を分割し、各成員の側で統一性を作り直してしまう。ストア派は、原因を原因へ送り届けて、原因間の連結を確立する（運命）。また、ストア派は、結果を結果へ送り届けて、結果間に一定の結び付きを立てる。ただし、同じ仕方ではない。非物体的な結果は、別の非物体的な結果に対しては、決して原因ではなく、単に「準‐原因」である。各場合において、非物体的な結果は、リアルな原因としての物体の相対的統一性や混在に従属しているが、おそらくこの物体の相対的統一性や混在を表現する法則に従っている。こうして、自由は、二つの相補的な仕方で救い出される。一回目は、原因の連結としての運命の内部において、二回目は、結果の結び付きとしての出来事の外面においてである。それゆえに、ストア派は、運命と必然性を対比することができるのである。[3] エピクロス派の操作は、原因性に別の割れ目を入れるが、それも自由を設立する。エピクロス派は、原因と結果の同質性を変えることはしないが、原子のセリーに即して原因性を切り分けるのである。原子のセリーの各々の独立性を保証するのが、クリナメン（*clinamen*）である。エピクロス派には、必然性なき運命ではなく、運命なき原因性があることになる。[4] いずれの場合でも、以前のアリストテレスや以後のカントが為すごとく原因性のタイプを区別する代わりに、因果関係を解離することから開始している。そして、われわれは、この解離によって常に言葉へ送り返されることになる。すなわち、一方で、原因の語尾変化［＝曲用＝傾き］の実在へ、他方では、後に見るごとく、結果の活用［＝結合］の実在へと。

**表面へ上昇させること……**

物体・事物の状態と効果・非物体的出来事のこの新しい二元性は、哲学を覆してしまう。例えば、アリストテレスにおいては、すべてのカテゴリーは、〈存在〉に応じて語られる。そして、存在者における差異は、第一の意味としての実体と、実体に偶有性として関係する他のカテゴリーの間を通っている。反対に、ストア派にとっては、事物の状態、量と形質は、実体に劣らぬ存在者（あるいは物体）であり、実体の部分をなす。そして、この資格のゆえに、事物の状態は、実在しない存在者性として非物体的なものを構成する外‐存在［＝超‐存在］に対立する。したがって、最高の項は、〈存在〉ではなく、〈何ものか〉、何か（*aliquid*）である。存在者と非‐存在者、実在と存立を包摂するのは、何か（*aliquid*）であるからにほかならない(5)。しかし、さらに、ストア派は、プラトン主義の初めての大転倒、根元的な転倒を進める。というのは、物体が、物体の状態・形質・量とともに、実体と原因の全特徴を引き受けるのなら、他方では、逆に、イデアの特徴は、事物の表面における非情で不毛で非実効的なこの外‐存在の中に落下するからである。観念的なもの、非物体的なものは、もはや「効果」以外ではありえない。

この帰結は極めて重大である。というのは、プラトンにおいては、事物の深層の中、大地の深層の中では、イデアの作用に従うもの（コピー）とイデアの作用から離れるもの（シミュラクル）の間で暗い争論が続けられていたからである。ソクラテスが、あらゆるものについてイデアはあるのか、体毛・垢・泥のイデアさえあるのかと、あるいは、常に粘り強くイデアを逃れる何ものかがあるのかと問い尋ねるとき、この争論がこだまして響いているわけである。ただし、プラトンにおいては、この何ものかは、決して十分に物体の深層の中に埋葬されても抑圧されても遠ざけられてもいなかったし、大海の中で溺死させられてもいなかった。そこで、いまやすべてが表面に再上昇する。それがストア派の操作の成果である。限界なきものが再上昇する。狂気‐生成、無限界‐生成

［＝限界なき－生成］は、もはや唸りを上げる底であるのではなく、事物の表面に上昇して非情になる。もはや底で逃げ回って到る所に潜り込むシミュラクルが眼目なのではなく、然るべき場所で上演されて自己を示威する効果が眼目になる。それは、因果的な意味では結果、しかしまた、音響「効果」、光学「効果」、あるいは、言葉の「効果」である。そして、それ以下のもの、あるいは、それ以上のものである。というのも、効果は、もはや物体的なものではないし、いまやまったく観念であるからであり……。イデアから離れていたものは、表面へ、非物体的な極限へ上昇してから、いまや、すべての可能な理念性を、因果的実効性と霊的実効性を取り上げられた理念性を表象する。ストア派は、表面効果を発見したのである。シミュラクルは、地下の反逆者であることを止めて、自己の効果を引き立たせる（ストア派の用法は別として、それを「幻影」と呼ぶことができよう）。最も深く埋葬されたものは、最も示威的なものになった。生成の古くからのパラドックスは、新たな若い姿形を取り返すはずである。突然変異である。

無限界－生成は、観念的で非物体的な出来事そのものになる。そこには、出来事に固有の仕方で、未来と過去の、能動と受動の、原因と結果の逆転が伴っている。というのは、無限に分割可能な出来事は、常に、二つまとめて、未来と過去、プラスとマイナス、余分と不－十分、既にと未だ－否であるからである。すなわち、永遠に、通り過ぎたばかりのもの（余分に深く切り分けること）と、これから通り過ぎようとするが決して通り過ぎることのないもの（十分に切り分けないこと）であるからである。また、非情である出来事は、能動と受動のどちらでもなく能動と受動の共通の成果でもあるだけにますます、能動と受動を交代させるからである（切り分けること－切り分けられること）。原因と効果に関しては、出来事は、効果にほかならないだけにますます、出来事相互を、準－原因の関数や準－原因性の常に可逆な関係に入れ込むことができるからである（傷と傷跡）。

ストア派は、パラドックスの愛好家で発明家である。ディオゲネス・ラエルティオスがクリュシッポスについて数頁にわたって記述した驚くべき肖像を読み直す必要がある。たぶん、ストア派は、まったく新しい仕方でパラドックスを用いている。すなわち、同時に言葉の分析の道具と出来事の総合の手段として用いている。弁証論とは、まさしく、命題の中で表現されるままの非物体的な出来事についての学問であり、また、命題間の関係の中で表現されるままの、出来事の結び付きについての学問である。弁証論は、すぐれて結合（共運命的なもの（*confatalia*）、あるいは、相互に依存する出来事のセリーのことを参照）の技法である。しかし、言葉は、限界を制定すると同時に、制定された限界を越えるものである。だから、言葉は、絶えず自分の外延を置換して、絶えず当該のセリーの中の連結の転倒（例えば、余分と不－十分、多と少）を可能にする項を含んでいる。出来事は生成と共外延的であり、生成そのものは言葉と共外延的である。したがって、パラドックスは、本質的に「連鎖式」になるし、言いかえるなら、継起的な加算と減算を通した生成に従って進行する疑問形命題のセリーになる。すべては事物と命題の境界を通り過ぎる。クリュシッポスは教える。「君が何かを言えば、それは口を通り過ぎる。ところで、君は荷車と言う。故に、荷車が君の口を通り過ぎる」。このパラドックスの使用に同等なものは、一方では仏教の禅、他方では英米のナンセンス〔＝無意味〕にしかない。前者では、最も深遠なものは直接的なものであり、後者では、直接的なものは言葉の中にある。パラドックスは、深層の解任、表面での出来事の拡大、限界に沿った言葉の展開として現出する。ユーモアは、表面の技法であり、古くからのイロニーである深層の技法と高所の技法に対抗する技法である。既にソフィストとキニク派はユーモアをソクラテス的イロニーに対抗する哲学的武器に仕立てていたが、ストア派においては、ユーモアの弁証論、ユーモアの弁証論的な原理とユーモアに自然な場所、ユーモアの哲学的な純粋概念が見出される。

## ルイス・キャロルにおける表面の発見

ストア派が創始したこの操作を、ルイス・キャロルは自分なりに実行する。あるいはむしろ、ルイス・キャロルは自分なりに再開する。キャロルの全作品では、存在者・事物・事物の状態とは異なる出来事が眼目になっている。しかし、『不思議の国のアリス』の冒頭（前半の全体）は、依然として、出来事の秘密、出来事が含む限界なき生成の秘密を、大地の深層の中で、掘られて下に落ち込む井戸と巣の中で、相互浸透し共存する物体の混在の中で探し求める。しかしながら、物語が進行するにつれて、落とす運動と埋める運動は、滑走の横の運動、左から右への運動と右から左への運動に場所を譲っていく。深層の動物は、二次的なものになって、厚みのないカードの姿形［＝絵柄］に場所を譲っていく。まるで、古き深層が広げられて横幅になったかのようである。限界なき生成は、いまやまるごと、この横幅の中へと裏返される。深遠は、讃辞ではなくなった。動物だけが深遠である。そして、深遠であるからといって、最も高貴なのではない。最も高貴なのは、平らな動物である。出来事は、結晶のようであって、縁を横切って、縁の上でだけ、生成し拡大する。まさにここに、吃音と左利きの最初の秘密がある。すなわち、もはや沈み込むことではなく、古き深層が表面の逆方向に還元されて何ものでもなくなる仕方で、横へ横へと滑走することである。滑走のおかげで、反対側［鏡の国］に移行するだろう。というのも、反対側は逆方向のことにすぎないからである。そして、幕の背後には何も見るべきものがないのは、すべての可視的なもの、あるいはむしろ、すべての可能な学問知識は、幕に沿ってあるからであり、そして、幕の表裏を逆にするためには、また、左右を逆にするためには、幕に近寄り幕の表面に沿って辿って行けば十分であるからである。したがって、アリスには、複数の冒険ではなく、一つの冒険がある。すなわち、表面への上昇、偽の深遠の拒絶、すべてが境界を通り過ぎることの発見。それゆえに、キャロルは、当初予定したタイトル『アリスの地下の諸冒険』を放棄するのである。

『鏡の国のアリス』に対して、以上のことはもっと当てはまる。この作品では、事物と根元的に異なる出来事が、深層において探し求められることはまったくない。そうではなくて、出来事は、表面で、物体から漏れ出る非物体的な薄い霧の中で、物体を取り囲む体積のない薄皮の中で、物体を映し出す鏡の中で、物体を平らに並べるチェスボードの中で探し求められる。アリスはもう落ち込むことはありえない。アリスは自分の非物体的な複製［＝分身］を解放する。境界を辿り表面に沿うことによってこそ、物体から非物体的なものへ移行するのである。ポール・ヴァレリーには深遠な一言があった。最も深いもの、それは皮膚である、と。禁欲的［＝ストア学派的］な発見だ。多くの智恵を前提とし、倫理のすべてをもたらす発見である。縁を通ってだけ増加したり減少したりする少女の発見、赤化することと緑化することのための表面の発見である。少女は知っている。出来事が物体の深淵なき延長［＝奥行きのない広がり］を駆け巡れば駆け巡るほどに、出来事は物体に関与し物体を切り物体を傷つける、と。後になって、大人［＝偉大な人物］が、底に取り付かれて再落下するが、余りに深すぎて、もう把握できなくなることである。何故、ストア主義と同じ事例が、ルイス・キャロルに霊感を吹き込み続けるだろうか。すなわち、木が緑化する、メスは切る、戦争は起こるだろう、あるいは、戦争は起こらないだろう……という事例である。木の前でアリスは自分の名前を失い、ハンプティ・ダンプティはアリスを見ずに木に話しかける。そして、暗誦は、戦争を予告する。そして、到る所に、傷と切れ目。しかし、これらは事例なのだろうか。あるいはむしろ、すべての出来事が、森・戦争・傷といったタイプなのであろうか。これらすべては、それが表面を通り過ぎるだけにますます深遠であり、物体に沿うおかげで非物体的であるのだろうか。歴史がわれわれに教えていることは、善き道には基礎工事はなされていないということであり、地理がわれわれに教えていることは、大地は薄い層だけが肥沃であるということである。

少女だけがストア派の賢者を再発見するわけではない。たしかに、ルイス・キャロルは、一般に男子を嫌っている。男子には、余分な深さが、したがって、偽の深さがあり、偽の智恵と動物性がある。『不思議の国のアリス』では、男の赤ん坊は豚に変えられる。一般に、少女だけが、ストア派を把握し、出来事の意味［＝センス］を持ち、非物体的な複製を解放する。しかし、小さな男の子が、吃音で左利きで、意味を表面の二重の意味として獲得することはある。とすれば、男子に対するルイス・キャロルの憎悪を仕切っているものは、［男子に対する］深い両価的感情ではなく、むしろまさにキャロル的な概念である表面の反転［＝表面的な倒錯］である。『シルヴィーとブルーノ』では、発見の役割を担うのは小さな男の子である。この小さな男の子は、表と裏で、上と下で、あらゆる仕方で教訓を学び取るが、決して「底」から学び取ることはない。偉大な小説『シルヴィーとブルーノ』は、『不思議の国のアリス』で素描され『鏡の国のアリス』で引き継がれた進化を極端に推し進めている。前編の見事な結末は、〈東方〉の栄光に向けられている。すべての善きもの、「希望される事物の実体、不可視の事物の実在」は東方からやって来る。気圧計でさえも、上昇も下降もせず、横に伸びて、水平的な天候を示す。延伸機械は歌も伸ばす。そして、幸運（Fortunatus）の財布は、メビウスの輪のごときものとして提示されているが、普通と違う仕方で（*in the wrong way*）縫われたハンカチで作られていて、外部表面が内部表面と繋がっている。この財布は、全世界を包み込んでおり、内にあるものを外に、外にあるものを内にするようになっている。[6]『シルヴィーとブルーノ』では、リアルから夢への移行の技法、物体から非物体的なものへの移行の技法が、多様化され、完璧に更新され、完成にもたらされている。ただし、輪のおかげで反対側に移行するにしても、相変らず表面と境界に沿うことによってである。表と裏の連続性が、深層の全段階に置き換わる。そして、あらゆる出来事に等価である〈唯一の同じ出来事〉において、表面の効果は、すべての生成と生成のパラドックスを言葉の中へと上昇させる。[7]ルイス・キャロルが、論文「小－辞の力学」で述べるように、「平らな表面［＝明白な薄っぺらさ］は言説の特徴である……」。

(1) エミール・ブレイエ『初期ストア哲学における非物体的なものの理論』（江川隆男訳、月曜社）二五－二六頁。
(2) この事例についてのブレイエの註釈を参照。三八頁。
(3) リアルな内的原因と、「共運命性」という限定された関係に入り込む外的原因との区別については、キケロ『運命について』（『キケロ選集』11、五之治昌訳、岩波書店）九、一三、一五、一六参照。
(4) エピクロス派には、ストア派のそれに極めて近い出来事の観念もある。「ヘロドトス宛の手紙」『エピクロス：教説と手紙』（出隆・岩崎允胤訳、岩波文庫）三九－四〇、六八－七三。また、ルクレティウス『物の本質について［＝事物の本性について］』（樋口勝彦訳、岩波文庫）第一巻四四九行目以下。ルクレティウスは、「チエンダレウスの娘がさらわれた」という出来事を分析している。ルクレティウスは、出来事（*eventa*）（隷属－

自由、貧困－富裕、戦争－和合）を連結（*conjuncta*）（物体から切り離せないリアルな形質）に対立させている。ここでの出来事は、厳密には非物体的ではないようだが、それでも、それだけでは実在しない、物質の運動の非情な純粋な成果、物体の能動と受動の純粋な成果として提示されている。にもかかわらず、エピクロス派は、出来事の理論を展開しなかったようである。たぶん、同質な原因性の要請に従って理論を曲げて、シミュラクルについての固有の構想に従わせたからである。付論Ⅰ－Ⅱ参照。

(5) プロティノス『エネアデス』Ⅵ－1－25（『プロティノス全集』、水地宗明・田之頭安彦訳、中央公論社）のストア派のカテゴリーの報告（また、ブレイエ、七一－七二頁）参照。

(6) この財布の記述は、ルイス・キャロルの最も美しいページの一つである。*Sylvie and Bruno concluded*, ch. VII.［ルイス・キャロル『シルヴィーとブルーノ』（柳瀬尚紀訳、ちくま文庫）は「前編」（全二十五章）の訳である。「後編」（*concluded*）は未邦訳。］

(7) 表面の発見と深層の批判は、現代文学の常数である。ロブ＝グリエの作品もそれに賦活されている。クロソウスキーにおいては、ロベルトの表皮と手袋の関係に、別の仕方でそれが見出される。『歓待の掟』「あとがき」（若林真・永井旦訳、河出書房新社）三三二頁・三四一頁でのクロソウスキーのこの点に関する指摘を参照。あるいは、ミシェル・トゥルニエ。『フライデーあるいは太平洋の冥界』（榊原晃三訳、岩波書店）七五頁。「しかし奇妙な態度がとられたものだ。盲目的に表面を犠牲にして深さを評価し、表面的が広大な次元を意義せず深さ少々を意義することを望みながら、反対に、深いが大深度を意義し弱い表面を意義しないことを望むとは。しかしながら、思うに、愛のごとき感情は、深さの程度よりは表面の重要性の程度で計測されるほうが、よく計測されるだろう」。付論Ⅱ－ⅠとⅡ－Ⅱ参照。

# 第3セリー　命題

## 指示、表出、意義：三者の関係と循環性

出来事－効果と言葉の間には、あるいは、出来事－効果と言葉の可能性の間にさえ、本質的関係がある。出来事には、少なくとも可能的な命題によって、表現されることや表現されうること、言表されることや言表されうることが当然のこととして属している。しかし、命題の中には多くの関係がある。では、どれが、表面の効果、出来事に相応しい関係であろうか。

多くの著者は、命題の中で三つの異なる関係を認めることで一致している。第一の関係は、指示や標示と呼ばれる。これは、命題と外的事物の状態（与えられたもの（*datum*））の関係である。事物の状態は、個体化されており、特定の物体、物体の混在、形質と量、関係を伴っている。指示の操作は、語そのものと事物の状態を「表象する」べき特殊なイマージュとの連合を通して、遂行される。だから、命題の中の特定の語に連合するすべてのイマージュの内から、与えられた複合体に対応するイマージュを選別する必要が

ある。そのとき、指示に関する直観は、こんな形態で表現される。「これはそれである」「これはそれではない」。語とイマージュの連合は、一次的なのか派生的なのか、必然的なのか恣意的なのかという問いを立てることはまだできない。当面、肝心なことは、命題の中の一定の語、言語学でいう一定の小辞が、任意の場合のイマージュの選別のための、それゆえに、各々の事物の状態の指示のための空虚な形態の役を果たすということである。この語や小辞を、普遍〔＝全称〕概念として取り扱うのは間違いであろう。この語や小辞は、形式的な単称辞であって、純粋な「指示子〔＝指示するもの〕」の役割、あるいは、バンヴェニストの言うところでは、指標辞の役割を有している。形式的な指標辞とは、これ、あれ、それ、ここ、あそこ、昨日、今、などである。固有名も、指標辞や指示子であるが、特殊な重要性を有している。というのも、固有名だけが、まさに実質的な単独性を形成するからである。論理学的には、指示の規準と指示の要件は、真と偽である。真とは、指示が事物の状態によって実効的に充足されること、指標辞が有効に実行されること、あるいは、善きイマージュが選別されることである。「あらゆる場合に真」とは、充足が、イマージュの選別が必要ないほど、語に連合可能な無限の特殊イマージュに対して起こることである。偽とは、選別されたイマージュに欠陥がある場合や、語に連合可能なイマージュを生産することが根元的に不可能である場合があるが、指示が充足されないことである。

命題の第二の関係は、しばしば表出と名指される。命題と、話して自己表現する主体との関係が眼目である。したがって、表出は、命題に対応する欲望や信憑〔＝信念〕の言表として提示される〔命題的態度〕。欲望と信憑は、因果推論であって、連合ではない。欲望とは、対応する対象や事物の状態の実在に関するイマージュの内的原因性である。これと相関的に、信憑とは、対応する対象や事物の状態の実在が外的原因性によって生産されるべきである限りで、この対象や事物の状態の予期である。以上から、表出は指示に対して二次的であると結論してはならない。反対に、表出は指示を可能にする。そして、推論は体系的統一性を形成し、そこから連合が派生する。そこをヒュームは深く見ていた。すなわち、原因から結果への連合においては、「関係に沿う推論」が、関係そのものに先行するのである。この表出の優位は、言語学的分析によって確証される。というのは、命題の中には、特殊な小辞である「表出子〔＝表出するもの〕」があるからである。すなわち、私、君、明日、常に、他所で、到る所で、などである。そして、固有名が特権的指標辞であるのと同じく、〈私〉は基底の表出子である。しかし、〈私〉に従属するのは他の表出子だけではない。指標辞の総体が、〈私〉に関係するのである[1]。標示や指示は、個体的な事物の状態、特殊なイマージュ、単称的な指示子を包摂していた。しかし、表出は、〈私〉から出発して、人称的なものの領域を構成し、これは、あらゆる可能な指示に対して原理の役を果たす。最後に、指示から表出へ移ると、論理的価値の置換が生産される。コギトが表象する〔＝代表する〕置換であるが、もう真と偽があるのではなく、誠実性と欺瞞性への置換である。有名な蜜蠟の分析において、デカルトは、何が蜜蠟の中で残留するのかを探求しているのではない。それはデカルトが当のテクストで提起してさえいない問題である。デカルトは、いかにして、コギトによって表出された〈私〉が、蜜蠟を同定する指示の判断を設立するのかを証明しているのである。

　われわれは、命題の第三の次元のために、意義〔字義・語義・文意〕という名を確保しておかなければならない。今度は、語と普遍的ないし一般的概念の関係、統辞論的な連結と概念の含意の関係が眼目になる。意義の観点からは、われわれは常に、命題の要素を、概念の含意の「意義子〔＝意義するもの＝シニフィアン〕」と見なすことになる。概念の含意は、別の命題に差し向けられ、この命題は当初の命題の前提の役を果たすことができる。意義を確定するものは、この概念の含意の順序である。この順序に、当該の命題は、前提としてであるにせよ、結論としてであるにせよ、語の最も一般的な意味での「論証」の要素としてのみ参入する。こうして、言語学的な意義子とは、本質的には、「含意する」と「故に」であることになる。含意とは、前提と結論の関係を定める記号である。「故に」とは、主張の記号であり、含意から出て来る結論をそれだけで肯定する可能性を定める記号である。われわれが最も一般的な意味での論証について語るときに、われわれが言わんとすることは、命題の意義は、こうして常に、命題に対応する間接的行程にこのように見出されるということである。言いかえるなら、当の命題が別の命題からの結論である場合の両者の関係や、逆に、当の命題が別の結論命題を可能にする場合の両者の関係の中で見出されるということである。反対に、指示は直接的行程に関わっている。論証は、三段論法の論証や数学の論証の狭い意味に解されてはならない。論証は、確率物理学の論証や約束と契約についての道徳的論証の意味でも解されなければならない。最後の場合、結論の主張を表象するのは、約束が実効的に守られる時期であることになる。[2]このように把握される意義や論証の論理学的な価値は、含意の仮言的方式「もしPならばQである」が示すように、もはや真ではなくて、真理条件、すなわち、命題が真「であろう」ための条件の集合である。条件付きの命題や結論の命題は、実在しない事物の状態を現に指示していたり、直接的に検証されなかったりする限りでは、偽でありうる。意義は、誤謬も可能にするのでなければ、真理を設立することはない。それゆえに、真理条件に対立するものは、偽ではなくて、不条理なのである。不条理とは、意義のないもの、真でも偽でもありえないもののことであるからである。

意義の方が表出と指示に対して一次的であるのかという問いへの答えは複雑にならざるをえない。というのは、表出が指示に対して一次的であり、表出が基礎的であるのは、特殊な観点からのことであるからである。古典的区別を持ち出すなら、それは、沈黙の話し言葉［＝パロール］も含むような、話し言葉の観点からであると言える。話し言葉の秩序の中では、開始するのは、絶対的に開始するのは〈私〉である。したがって、この秩序の中では、〈私〉は、それが設立するすべての可能な指示に対してだけでなく、それが包み込む意義に対しても一次的である。しかし、まさにこの観点からすると、概念の意義は、それだけでは、妥当しないし展開しない。意義は〈私〉によって仄めかされるにとどまり、〈私〉の方は、自分自身の表出に同一で、直接的に把握される意義を所有する者として自己提示するからである。それゆえに、デカルトは、理性的動物という人間の定義とコギトとしての自己の規定を対立させることができるのである。というのは、前者は、意義される概念の明示的な展開を要請する（動物とは何か、理性的とは何か）のに対し、後者は語られるや直ちに把握されると見なされるからである。(3)

したがって、表出のこの優位は、指示との関係においてでなく意義との関係においても、「話し言葉」の秩序の中で解されなければならない。そこでは、意義は、当然にも暗示的なものにとどまっている。「話し言葉」の秩序の中でのみ、自我は、概念に対して、また、世界と神に対して一次的である。しかし、意義がそれだけで妥当し展開する別の秩序があるなら、そこでは、意義が一次的であり表出を設立することになる。この秩序こそが、言語［＝ラング］の秩序である。そこでは、命題は、前提か結論としてしか現出することはできないし、主体を表出する以前に、また、事物の状態を指示する以前にさえ、概念を意義するものとしてしか現出することができない。この観点からするなら、神や世界のごとく意義される概念は、表出される人格としての自我に対しても、指示される対象としての事物に対しても、常に一次的である。より一般的には、バンヴェニストが示したように、語（あるいはむしろ、語の聴覚音響イマージュ）と概念の関係は、恣意的ではなく、それだけが必然的なのである。語と概念の関係だけが、他の関係が持たない必然性を享受する。他の関係は、直接的に考察される限りでは、恣意性の中にとどまり、第一の語と概念の関係に関連させられる限りでのみ恣意性を脱け出る。こうして、語に連合する特殊なイマージュを変更する可能性、また、「それはこれではない、それはあれだ」という形態の下でイマージュを別のイマージュに置換する可能性は、意義される概念の定常性を通してしか説明されない。同様に、欲望と信憑が表出される語が、最初に、当の欲望と信憑を意義あるものにする概念と概念の含意とに差し向けられるのでなければ、欲望は、単なる欲求の緊急性と区別される仕方で、要請の順序や責務の順序を形成しないであろうし、信憑は、単なる意見と区別される仕方で、推論の順序を形成しないであろう。

しかしながら、指示に対する意義の優位の想定は、やはり微妙な問題を引き起こす。われわれが「故に」と語るとき、また、われわれがある命題を結論と見なすとき、われわれは当の命題を主張の対象としている。言いかえるなら、われわれは、前提を無視して、独立に当の命題をそれだけで肯定している。われわれは、当の命題の意義を構成する含意から独立に、当の命題を、それが指示する事物の状態に関係させているのである。しかし、そのためには、二つの条件が必要である。先ず、前提が実効的に真であると定立される必要がある。そうなると、われわれは、前提そのものを、［存在論的に］想定されている指示される事物の状態に関係させるために、純粋な含意の秩序から脱け出ることを強いられる。ところが、次に、前提Aと前提Bが真であるとまさに想定することによって、われわれが前提から命題Zを結論することができるのは、また、われわれが前提から命題Zを分離して含意から独立に命題Zをそれだけで肯定することができるのは、もしAとBが真ならZは真であると認める場合だけなのである。もしAとBが真ならZは真であるは、命題Cを構成し、この命題Cは、含意の秩序にとどまって、そこから抜け出すことはない。というのは、命題Cは、もしAとBとCが真ならZは真であると語る命題Dに差し向けられるからである。以下、無限に続く。このパラドックスは、論理学の心臓部にあり、記号の含意や意義の全理論にとって決定的な重要性を有している。これが、有名なテクスト「亀がアキレスに語ること」(4)におけるルイス・キャロルのパラドックスである。要するに、一方の手で、前提から結論を分離しながら、他方の手で、結論を分離しえない前提を常に付加することをその条件としているのである。換言するなら、意義は決して同質ではない。あるいは、「含意する」の記号と「故に」の記号は、まったく異質である。あるいは、含意が指示の基礎となるのは、一回目は前提に、二回目は結論に、指示を既成のものとして自己に与える場合だけである。

## 命題の第四次元はあるか

指示から表出へ、次に意義へ、しかしまた、意義から表出と指示へと、われわれは循環に引きずり込まれた。これが、命題の循環である。われわれは三つの次元で満足すべきかという問い、あるいは、意味がそれであろう第四の次元を付け加える必要があるかという問いは経済的ないし戦略的な問いである。それは、われわれが、先行する諸次元に対応するア・ポステリオリなモデルを構築すべきであったからではない。そうではなくて、むしろ、それが消失するが故に外側から経験的に認知されえなかったであろう補足的な次元を導入しなければならなかったとすれば、モデルそのものが、内側でア・プリオリに機能する資格を持つべきであるからである。したがって、問われているのは、単に事実問題ではなく、権利問題である。しかしながら、事実問題もあるからには、意味が指示・表出・意義の三つの次元のどれかに局所化されることがありうるかという事実問題で開始する必要がある。先ず指示に関しては不可能だと答えられるだろう。指示は、充足されるなら命題を真とし、充足されないなら命題を偽とする。ところで、明らかに、意味は、命題を真や偽にするものの中にも、真や偽を実効的にする次元の中にも存しえない。さらに、語と、指示される事物や事物の状態との対応が示されうるのでなければ、指示は命題の重さを支えることなどできないだろう。ブリス・パランは、このような仮定がギリシア哲学に惹き起こしたパラドックスを数え上げていた[5]。しかも、とりわけ、いかにして、荷車が口を通り過ぎていくのを避けることができるのだろうか。もっと直接的に、ルイス・キャロルは問い尋ねている。いかにして、名前が「保証人［＝返事するもの］」を持てるのだろうか、と。そして、何らかの事物が自分の名前に返事するとはいかなることなのであろうか、と。さらに、事物が自分の名前に返事しないとするなら、事物が自分の名前を逸失することを何が妨げるのだろうか、と。そうすると、指示に対して何も返事をしないのであれば、指示の恣意性以外に何が残るだろうか。「あれ」

タイプの形式的な指標辞や指示子に意味が欠けているのであれば、その指標辞や指示子の空虚以外に何が残るだろうか。すべての指示は意味［＝方向］を想定しており、いかなるものであれ指示の操作を遂行するには一挙に意味の中に身を置くべきなのは確かである。

意味を表出に同一視することには、もっと成功のチャンスがある。というのも、指示子そのものは、命題の中で自己を表出する一つの〈私〉に応じてしか意味を持たないからである。この〈私〉は、話し言葉を開始させるからには、たしかに第一のものである。アリスも語るように、「あなたが話しかけられるときだけあなたが話すなら、誰も何も言わないでしょう」。そこから、意味は自己表現する者の信憑（や欲望）に宿ると結論されるだろう。[6] ハンプティ・ダンプティも語る。「私が語を用いるときは、私が望むままに語は意義する。それ以上でも以下でもない。……問題は、どちらが主人かを知ることだ。それがすべてだ」。しかし、既に見たように、信憑と欲望の順序の基礎は、意義の概念的含意の順序にあり、さらに、話す自我や〈私〉と語る自我の同一性は、一定の意義されるものの永続性（神の概念、世界の概念……）によってしか保証されない。〈私〉が話し言葉の秩序の中で第一のものと自足していられるのは、〈私〉が、言語の秩序の中で独自に展開されるはずの意義を包み込んでいる限りにおいてでしかない。この意義が崩壊するなら、あるいは、意義がそれ自体として制定されていないなら、人格同一性は失われる。ちょうど、アリスが、神・世界・自我が不定の誰かの夢の不確かな人物になってしまう状況で、人格同一性をめぐって苦しい経験をするようにである。それゆえに、最後の方策は、意味と意義を同一視することであるように見える。

ここで、われわれは循環に引き戻され、キャロルのパラドックスに連れ戻される。すなわち、意義は決して最終基礎の役割を行使できないし、意義は還元不可能な指示を前提とする。しかし、たぶん、意義が座礁し、基礎と基礎付けられるものとが循環をなすことの極めて一般的な理由がある。われわれが意義を真理条件として定めるとき、われわれは、意義に対して、既に意味のものである特徴、意味と共通する特徴を与えていることになる。では、この特徴を、いかに意義は引き受け、いかに意義は使用するのか。真理条件について話すときには、われわれは真と偽の上に昇る。偽なる命題にも意味や意義があるからである。しかし、同時に、この高次の条件を、われわれは単に命題が真であるための条件として定めている(7)。命題が真であるための条件とは、命題そのものの可能性の形態にほかならない。命題の可能性の形態は沢山ある。論理学的、幾何学的、代数学的、物理学的、統辞論的な可能性の形態……。アリストテレスは、論理学的な可能性の形態を、命題の項と、付帯性・特有性・類・定義に関わる「場所」との関係によって定める。カントは、超越論的可能性と道徳的可能性という二つの可能性の新しい形態をも発明する。しかし、どう形態を定めようと、奇怪な進め方である。条件付けられるものの単なる可能性として条件を捉えるために、条件付けられたものから条件へと昇るというのだから。こうして基礎へと昇る。ところが、基礎付けられるものは、そのままである。基礎付ける操作とは無関係であり、影響も受けない。だから、指示は、指示の条件の秩序に対して外にとどまり、真と偽は原理に無関与にとどまる。原理と言っても、一方を他方との元の関係の中に存続させておくのでなければ、一方の可能性を決定できないのである。こうして、絶えず、条件付けられるものから条件へと、また、条件から条件付けられるものへと引き戻されるわけである。真理条件がこうした欠陥を免れるためには、真理条件が、条件付けられるものの形態と区別されるある固有の要素を駆使する必要があるだろう。また、真理条件が、命題の指示と他の次元のリアルな発生を保証することのできる条件付けられない何ものかを有する必要があるだろう。そうして、真理条件は、もはや概念的可能性の形態としてではなく、質料や観念的「地層」として定められるだろう。言いかえるなら、もはや意義としてではなく、意味として定められるだろう。

### 意味、表現、出来事

意味は命題の第四次元である。ストア派が、意味を出来事とともに発見した。意味とは、命題の表現されるもの、事物の表面の非物体的なもの、還元不可能な複雑な存在者性、命題の中に存続ないし存立する純粋な出来事である。一四世紀に、オッカム学派のグレゴリウス・ド・リミニとニコラウス・ドートルクールが、二回目にこの発見をする。一九世紀末に、偉大な哲学者・論理学者マイノングが、三回目にこの発見をする。(8) おそらく、何故これらの時期かには理由がある。既に見たように、ストア派の発見は、プラトン主義の転倒を前提とした。同じく、オッカムの論理学は、〈普遍問題〉に抵抗している。そして、マイノングは、ヘーゲル論理学とその系統に抵抗している。問い［権利問題］は、こうなる。以下のものと混じり合わない何ものか、何か（*aliquid*）があるだろうか。すなわち、命題や命題の項、命題が指示する対象や事物の状態、命題の中で自己を表現する者の体験・表象・精神活動、意義される概念や本質と混じり合わない何かがあるだろうか。したがって、意味、命題の表現されるものは、事物の個体的な状態、特定のイマージュ、人格の信憑、普遍概念や一般概念には、還元不可能であろう。ストア派は、そう言うことができた。語でもなく、物体でもなく、感覚的表象でもなく、理性的表象でもなく、と。(9) さらに、たぶん、意味は、「中立的」であり、特殊と一般に対して、単称と全称に対して、人称と非人称に対してまったく無関与［＝無差別＝無差異＝無関心］であろう。意味はまったく別の本性であろう。それでも、この補足的審級を認める必要があるのだろうか。それとも、われわれは、既に持っているもの、指示・表出・意義でもって切り抜けるべきなのだろうか。各時代に論争は繰り返される（リミニに反対するアンドレ・ド・ヌフシャトーとピエール・ダイイ、マイノングに反対するラッセルとブレンターノ）。実は、第四次元を現出させる試みは、ルイス・キャロルのスナーク狩りに少し似ている。たぶん、この試みは狩りそのものであり、意味はスナークである。語・事物・イマージュ・観念で自足したがる人に反論するのは難しい。というのは、意味が実在すると言うことすらできないからである。意味については、事物の中に実在するとも、精神の中に実在するとも、物理的実在であるとも、心的実在であるとも言えないからである。少なくとも、意味は有用であると、その有用性の故に意味を受け入れるべきであると言えるだろうか。言えないのである。というのも、意味は、無効で非情で不毛な光輝に恵まれているからである。それゆえに、われわれとしては、事実上は、命題の通常の次元がわれわれを引き込む循環から出発して間接的に意味のことを推論するしかないと言ったのである。メビウスの輪をその長さに広げて平らにするように、循環にひびを入れるときにだけ、意味の次元は、還元不可能なままで現出し、さらに発生の力として現出して、命題のア・プリオリな内部モデルを生かすのである。(10) 意味の論理は、経験論によってすべてを賦活される。ただし、精確には、経験論しかない。すなわち、イデアに陥ることなく可視的なものの実験的次元を越えることができる経験論、また、経験を伸ばし広げて、経験の極限において、亡霊を追い詰め、亡霊に加護を求め、たぶん亡霊を生産することができる経験論しかないのである。

フッサールは、この最後の次元を表現と名指している。表現は、指示・表出・論証から区別される。(11) 意味は、表現されるものである。フッサールは、マイノングと同様に、ストア派的発想の豊かな源泉を再び見出す。例えば、フッサールが「知覚のノエマ」や「知覚の意味」について自ら問い尋ねるとき、フッサールは、それを、物理的対象・心理的体験・心的表象・論理的概念から区別している。フッサールは、それを、物理的実在も心的実在もなく能動も受動もしない非情で非物体的なものとして、純粋な結果、純粋な「現出」として提示している。リアルな木（指示されるもの）は、燃えることがありうるし、作用の主体でも作用の対象でもありうるし、混在に入り込みうるが、木のノエマにそんなことはない。指示される同じ一つのものに対しては、多くのノエマや意味がある。宵の明星と明けの明星は、二つのノエマである。言いかえるなら、指示される同じ一つのものが、二つの表現の中で提示される二つの仕方である。しかし、例えば、フッサールが、ノエマは、提示の中で現出するがままに知覚されるもの、「知覚されるままのもの」ないし現出であると言うとき、感覚的所与や形質が問題になっていると解してはならず、反対に、知覚作用の志向的相関項としての客観的で観念的な統一性が問題になっていると解さなければならない。ノエマは知覚の中に与えられるわけではない（想起の中にもイマージュの中にも与えられない）。ノエマは、それを表現する命題、知覚命題、想像的命題、想起や表象の命題の外には実在しないというまったく別の身分を持つのである。感覚的色や形質としての緑から、われわれは、ノエマ的色や属性としての「緑化すること」を区別する。木が緑化する、は究極的には木の色の意味ではないだろうか。また、木が木化する、は木の大域的な意味ではないだろうか。ノエマは、純粋な出来事、木の出来事以外のものであろうか（用語法上の理由からフッサールはこんな風に述べはしないが）。そして、フッサールが現出と呼ぶものは、表面の効果以外のものであろうか。同じ対象のノエマの間や、さまざまな対象のノエマの間でさえ、ストア派の弁証論が出来事の間に確立するのと類似する複雑な関係が練り上げられる。現象学とは、表面の効果の厳密な学であろうか。

**意味の二重の本性：命題の表現可能なものと事物の状態の属性、存立と外‐存在**

意味あるいは表現されるものの複雑な地位を考察することにしよう。一方で、それは、それを表現する命題の外では実在しない。表現されるものは、その表現の外では実在しない。それゆえに、意味は、実在するとは言われえず、ただ、存立する、あるいは、存続すると言われうる。しかし、他方で、それは決して命題と混じり合わない。それはまったく異なる「対象性」を持つ。表現されるものは、まったく表現に似ていない。意味は帰属させられるが、意味は、何ら命題の属性ではなく、事物や事物の状態の属性である。命題の属性とは、述語であって、例えば、緑といった形質の述語である。述語は、命題の主語に帰属させられる。しかし、事物の属性とは、動詞であって、例えば、緑化する、あるいはむしろ、この動詞によって表現される出来事である。そして、出来事は、主語によって指示される事物や、命題全体によって指示される事物の状態に帰属させられる。逆に、この論理的属性の方は、物理的な事物の状態や、この状態の形質や関係と決して混じり合わない。属性は、存在者ではないし、存在者を性格付けることはない。属性は、外‐存在である。緑が指示するのは、形質であり、事物の混在、木と空気の混在であり、そこでは葉緑素が葉のすべての部分と共存している。反対に、緑化するは、事物の中の形質ではなく、事物について語られる属性、事物を指示しながらそれを表現する命題の外では実在しない属性である。そして、われわれは出発点に戻った。意味は命題の外では実在しない……等々。

しかし、これは循環ではない。むしろ、長い方に沿って行くなら一方の顔から他方の顔へ移行するような厚みのない二つの顔の共存である。切り離せない仕方で、意味は、命題の表現されうるものや表現されるものであり、かつ、事物の状態の属性である。意味は、一つの顔を事物に向け、一つの顔を命題に向ける。しかし、意味は、意味を表現する命題とも、命題が指示する事物の状態や形質とも混じり合わない。意味は、まさしく命題と事物の境界である。意味は、このような何か（aliquid）であり、同時に外－存在かつ存立であり、存立に相応しい最小の存在である[12]。この意味において、意味は「出来事」である。出来事を、事物の状態の中での出来事の空間的－時間的実現と混同しない条件で。したがって、出来事の意味は何かと尋ねてはならない。出来事は、意味そのものなのである。出来事は、本質的に言葉に帰属し、言葉と本質的な関係にある。それでも、言葉は、事物について語られるものである。ジャン・ガッテーニョは、キャロルの短編と古典的妖精譚の差異をうまく指摘した。すなわち、キャロルにおいては、通り過ぎるもののすべては、言葉の中を通り過ぎ、言葉によって過ぎていく。「キャロルがわれわれに語るのは歴史物語ではない。キャロルがわれわれに届けるのは言説である。断片化された言説である……」[13]。ルイス・キャロルが全作品を据えるのは、意味－出来事の平坦な世界の中、あるいは、表現可能なもの－属性の平坦な世界の中である。そこから、キャロル名義の幻想的作品とドジソン名義の数学的－論理学的作品の関係が派生してくる。この関係について、幻想的作品は、論理学的作品が定式化する規則と法則を守らないときにわれわれが陥る罠と困難を集成して提示するだけであると言われてきたが、そんな風に言うのは難しいだろう。多くの罠が論理学的作品そのものに残存しているし、別の分類が為されるべきだからである。明確に認められるが、全論理学的作品は、直接的に意義に、すなわち含意と結論に関与していて、間接的にしか意味に関与していない。間接的にとは、意義が解消しないパラドックスや意義が創造しさえするパラドックスを媒介にしてということである。反対に、幻想的作品は、直接的に意味に関与し、パラドックスの力能を直接的に意味に関係付ける。以上のことは、まさに意味の二つの状態、事実上の状態と権利上の状態、ア・ポステリオリな状態とア・プリオリな状態に対応する。事実上のア・ポステリオリな状態を介して、意味は命題の循環から間接的に推論される。権利上のア・プリオリな状態を介して、意味は、命題と事物の間の境界に沿って循環を広げることによってそれだけで現出する。

(1) バンヴェニストが提示する「連結指示子」の理論を参照。『一般言語学の諸問題』(岸本通夫・河村正夫訳、みすず書房)第一六章。われわれは、「明日」を、昨日や今から切り離す。というのも、「明日」は、先ずは信憑の表現であり、二次的な指標的価値しか持たないからである。

(2) 例えば、ブリス・パラン(Brice Parain)が、命名(指示)と論証(意義)を対比するとき、論証ということで、満たされるべき計画、守られるべき約束、実行されるべき可能性の道徳的意味も包括する仕方で解している。「愛の論証」や「私は君をずっと愛するだろう」における論証である。『ことばの思想史』(三嶋唯義訳、大修館)第五章参照。

(3) デカルト『哲学原理』第一部第一〇節（桂寿一訳、岩波文庫）。

(4) ルイス・キャロル『不思議の国の論理学』（柳瀬尚紀編訳、ちくま学芸文庫）参照。キャロルのこのパラドックスに関する文学・論理学・科学の膨大な文献については、エルンスト・クメ（Ernest Coumet), pp. 281-288. の註解を参照されたい。

(5) ブリス・パラン『ことばの思想史』第三章。

(6) ラッセル（Russell), *Signification et vérité*, éd. Frammarion, tr. Deveaux, pp. 213-224. 参照。

(7) ラッセル（Russell), *op. cit.*, p. 198.「意味を備える言表によって肯定されるすべては、ある種の可能性を所有していると言うことができる」。

(8) ユベール・エリー（Hubert Elie）は、優れた著作（*Le Complexe significabile*, Vrin, 1936）で、グレゴリウス・ド・リミニとニコラウス・ドートルクールの教説を紹介し註解している。エリーは、マイノングの理論との大きな類似性を示し、同じ論争が一九世紀と一四世紀に繰り返される次第を示しているが、問題の起源がストア派にあることを指摘していない。

(9) 非物体的なものと、物体的痕跡から合成される理性的表象とのストア派的差異については、E・ブレイエ『初期ストア哲学における非物体的なものの理論』（江川隆男訳、月曜社）三三―三六頁参照。

(10) メビウスの輪についてのアルベール・ロトマン（Albert Lautman）の指摘を参照。メビウスの輪には「一つの面しかない。このことは、本質的に外在的な特性である。というのも、その理解のためには、輪を割って平らにしなければならないが、このことは、輪の表面に外的な軸の周りの回転を前提とするからである。しかしながら、この単面性を純粋に内在的な特性によって特徴付けることが可能である」など。*Essai sur les notions de structure et d'existence en mathématiques*, éd. Hermann, 1938, t. I, p. 51.

(11) われわれは、それを同定したり「意味」に結び付けたりする際の、フッサールの用語法での「意義」の特殊な用法は考慮に入れないでおく。

(12) 存立と外‐存在という用語は、マイノングの用語法にもストア派の用語法にも対応するものがある。

(13) In *Logique sans peine*, éd. Hermann, tr. Gattegno et Coumet, préface, pp. 19-20.

# 第4セリー　二元性

**物体‐言葉、食べること‐話すこと**

第一の大きな二元性は、原因と効果の二元性、物体的事物と非物体的出来事の二元性であった。ところが、出来事‐効果がそれを表現する命題の外で実在しない限りにおいて、この二元性は、事物と命題の二元性、物体と言葉の二元性へと延びていく。そこから、ルイス・キャロルの全作品を貫く、食べること、あるいは、話すことという二者択一が出て来る。『シルヴィーとブルーノ』での二者択一は、「事物を少しずつ」(*bits of things*) あるいは「シェイクスピアを少しずつ」(*bits of Shakespeare*) である。アリスの晩餐では、あなたに供されるものを食べること、あるいは、食べられるものとして供されることである。食べること、食べられることは、物体の操作のモデル、つまり、深層での物体の混在、物体の能動と受動、物体相互の共存様式のタイプである。ところで、話すことは、表面の運動、理念的属性や非物体的出来事の運動である。食物について話すことと語を食べることとの、どちらが重々しいかが問い尋ねられる。アリスは、食品に偏執して、嚥下することと嚥下されることに関する悪夢をくぐり抜けることになる。アリスの認めるところでは、自分が聞いている詩は、食用の魚に関わっている。しかも、食物について話すなら、食品として役立つべき者の前で、食物について話すことをどうして避けられるだろうか。例えば、ネズミの前でのアリスの失言。プディング用に供された者の前で、プディングを食べることをどうして我慢できるだろうか。さらに、暗記された語が、物体の深層によって引き寄せられるように言葉の幻覚とともに横からやって来る。乱れた口の動作（何でも口に運ぶこと、どんな対象でも食べること、歯ぎしりすること）が言葉のトラブルに伴う病気に見られるように。アリスは、「確かに、これは本当の話し言葉じゃない」と語って、食物について話す者の運命を要約する。ところが、語を食べることとは、正反対のことになる。すなわち、物体の操作を言葉の表面へ上昇させ、物体を古くからの深層から取り上げて表面に昇らせる。こんな挑戦の中で、すべての言葉がリスクに曝される。今度は、トラブルは表面にある。トラブルは、横へと、右から左へと広がる。吃音が失言に取って代わり、表の幻影が深層の幻覚に取って代わったし、加速のついた滑走の夢が、埋葬と嚥下の険悪な悪夢に取って代わる。こうして、非物体的で拒食症の理念的な少女と、吃音で左利きの理念的な小さな男の子が、貪食・大食の失言だらけのリアルなイマージュから解放されるはずである。

## 二種類の語

しかし、この第二の二元性、物体－言葉、食べること－話すことの二元性は十分ではない。既に見たように、意味がそれを表現する命題の外で実在しないとしても、意味は事物の状態の属性であって命題の属性ではない。出来事は、言葉の中で存続するが、事物にもやって来る。事物と命題は、根元的な二元性の中にあるというよりは、意味が表象する境界の両側にあるのである。この境界は、事物と命題を混じり合わせないし結び合わせない（二元論も一元論もない）。むしろ、この境界は、事物と命題の差異の連節のようなものであり、物体／言葉［記号／のごとく］のようなものである。あえて出来事を草原の霧に喩えるにしても、この霧は、まさに境界に、事物と命題の蝶番に立ち昇るのである。こうして、二元性は、二つの項のそれぞれの中へ反転する。事物の側では、一方で、事物の状態を構成する物理的状態とリアルな関係があり、他方で、非物体的出来事を印す理念的な論理的属性がある。そして、命題の側では、一方で、事物の状態を指示する名詞と形容詞があり、他方で、出来事や論理的属性を表現する動詞がある。すなわち、一方で、単称固有名、一般的な実名詞と形容詞は、測度、停止と静止、現前を印す。他方で、動詞は、生成とその一連の可逆的出来事を携えて運び、動詞の現在は、無限に過去と未来に分割される。ハンプティ・ダンプティは、力を込めて、二種類の語を区別している。「気骨のあるのもいる。とりわけ動詞だ。動詞は、最も誇り高い。形容詞なら、望むままにやれる。動詞だと、そうはいかない。しかし、こと私に関しては、好きに何でも使える。不可入性。これが私の語るところだ」。そして、ハンプティ・ダンプティが、「不可入性」なる突飛な言葉を説明するときには、余りに控え目な理由しか出さない（「私たちはこの主題については充分にお喋りしてきたと私は言いたい」）。実際は、不可入性は、まったく別のことを言わんとしている。ハンプティ・ダンプティは、出来事の非情を物体の能動と受動に対立させ、意味の消費不可能性を事物の食用化可能性に対立させ、厚みなき非物体的なものの不可入性を実体の相互侵入に対立させ、表面の耐性を深層の柔弱さに対立させる。要するに、動詞の「高き誇り」を実名詞と形容詞の媚に対立させる。そして、不可入性とは、両者の間の境界のことでもある。まさにハンプティ・ダンプティが狭い石垣の上に座るように、境界上に座るものが、二つのものの差異の連節の不可入な主人として、両者を駆使する（「こと私に関しては、好きに何でも使える」）。

**命題の二つの次元：指示と表現、消費と意味**

これでもまだ十分ではない。二元性の最後の語は、『クラテュロス』への回帰ではない。命題の中の二元性は、二種類の名の間にあるのではない。つまり、停止の名と生成の名の間、実体や形質の名と出来事の名の間にあるのではない。そうではなくて、命題そのものの二つの次元、指示と表現の間に、事物の指示と意味の表現の間にある。そこには、鏡の二つの側面のようなものがある。ただし、一方の側にあるものは、他方の側にあるものに似てはいない（「残るすべては、可能な限り異なっていた……」）。鏡の向こう側に移ることは、指示関係から表現関係へ移ることである。しかも、間の表出・意義に停止することなく移ることである。言葉が、もう指示されるものとの関係を持たず、表現されるものとの関係、言いかえるなら、意味との関係だけを持つ領域へ到ることである。これが、二元性の最後の移動である。いまや二元性は命題の内部に移る。

二つのセリー

ネズミは物語る。貴族がウィリアム征服王に王冠を捧げようと計画したとき、「大主教はそれは理に適っていると思った［＝見出した］」と。アヒルは問い尋ねる。「何を見出したって」と。「ネズミはとても苛立ちながら答える。それを見出したのさ、そうは言っても、それが何を言わんとするか、あなたは知っている、と。アヒルは語る。私が事物を見出すときは、それが何を言わんとするかはよく知っている、大概は、カエルかミミズだ、と。問いはこうなる。大主教は何を見出したのか」。明らかに、アヒルは、あらゆる事物、可能な事物の状態と形質を指示する用語（指標辞）としてそれを把握して使用している。アヒルは、指示されるものは、本質的に食べられるものか食べられうるものであると明確にさえしている。すべての指示されうるものや指示されるものは、原理的に消費可能であり侵入可能［可入的］である。アリスは別の箇所で自分が「想像する［イマージュをいだく］」ことができるのは食物だけだと述べている。ところで、ネズミの方は、まったく別の仕方でそれを使用している。先行する命題の意味として、命題によって表現される出来事（ウィリアム征服王に王冠を捧げに行くこと）として使用している。したがって、それの両価性は、指示と表現の二元性に即して配分されている。命題の二つの次元は、二つのセリーに組織される。これら二つのセリーは、無限においてだけ、それと同じく曖昧な項の中においてだけ収束する。というのも、二つのセリーは、絶えず二つが沿って行く境界においてだけ出会うからである。そして、一方のセリーはそれなりに「食べること」を取り戻し、他方のセリーは「話すこと」の本質を引き出す。それゆえに、キャロルの詩の多くでは、共時的な二つの次元の自律的な展開に立ち会うことになる。一方は、いつでも消費可能な指示される対象や消費用容器に関わり、他方は、常に表現可能な意味や、少なくとも言葉と意味を運ぶ対象に関わる。そして、二つの次元は、秘教的な語の中、同定不可能な何か（aliquid）の中でだけ収束する。例えば、『スナーク狩り』のリフレイン。「お前はそれを指貫で追い詰めろ、また、配慮で追い詰めろ。お前はそれをフォークと希望で狩り出せ」。ここで、指貫とフォークは、指示される道具に関わり、希望と配慮は、意味と出来事の考察に関わる（ルイス・キャロルにおいて、しばしば、意味は、「配慮する」べきもの、根本的「配慮」の対象として提示される）。スナークという奇妙な語は、二つのセリーによって引かれる境界であると同時に、二つのセリーによって永続的に沿われることになる境界である。さらに典型的なのは、『シルヴィーとブルーノ』の見事な庭師の歌である。各節は、異なる二つのまなざしに提示される極めて異なる二つの類の用語を使っている。「彼は自分が見たと思った……彼はもう一回見詰めて気付いた、それは……」。こうして節は、総体として、二つの異質なセリーを展開する。一つは、動物、消費する存在者や対象、あるいは、消費されうる存在者や対象からなり、これらは、物理的形質、感覚的で音響的な形質に従って記述される。もう一つは、優れて記号的な対象や人物からなり、これらは、論理的属性によって定められ、あるいは、ときに親族の呼称で定められ、出来事・ニュース・メッセージないし意味を担う。各節の最終行において、庭師は、両側を二つのセリーが沿って行くメランコリックな並木道を描く。というのは、この歌は、見られるごとく、庭師自身の歴史であるから。

彼は象を見たと思った
横笛の練習をしているのを
彼はもう一回見詰めて気付いた、それは
妻からの手紙
最後に私は分かった、と彼は言う
人生の苦さ

彼はアホウドリを見たと思った

ランプの周りを飛んでいるのを
彼はもう一回見詰めて気付いた、それは
一ペニーの切手
あなたは家へ帰った方がいい、と彼は言う
夜はひどく湿っぽい

彼は論証を見たと思った
自分が教皇であると証明するのを
彼はもう一回見詰めて気付いた、それは
縞模様の石鹸
余りに凄まじい出来事、と彼は弱い声で言う
すべての希望が消える(1)

(1)『シルヴィーとブルーノ』の庭師の歌は、九節からなり、うち八節は前編に散らばり、第九節は *Sylvie and Bruno concluded* (ch. 20.) に出ている。全体の翻訳として以下のものがある。アンリ・パリゾ (Henri Parisot), *Lewis Carrol*, éd. Seghers, 1952, et ロベール・ベナヨン (Robert Benayon), *Anthologie du nonsense*, Pauvert éd., 1957, pp. 180-182.

# 第5セリー　意味

## 無際限な増殖

しかし、意味は、二元性の二つの項の単なる一項ではない。すなわち、事物と命題、実詞と動詞、指示と表現をそれぞれ対立させる二元性の単なる一項ではない。意味は、境界でもあり、二項の間の差異の刃ないし連節でもある。また、意味は、意味に固有で意味がそこに反映される不可入性を駆使する。以上の故に、意味は、今度は内的なパラドックスの新しいセリーの中で自己展開するはずである。

後退のパラドックス、あるいは、無際限な増殖のパラドックス。私が何かを指示するとき、私は常に意味［＝方向］がそこで既に把握されていると想定している。ベルグソンが言うように、音からイマージュへ、イマージュから音へと進むことはない。「一気に」意味の中に身を置くのである。意味とは、可能な指示の操作を遂行し可能な指示の条件を思考するためにも、私が既に据えられている球面のようなものである。意味は、私が話し始めるや常に前提とされている。この前提がなければ、私は始めることはできないだろう。別の言い方をするなら、私は、私が語ることの意味を語ることは決してない。しかし、その代わりに、私は、私が語ることの意味を、別の命題の対象として捉えることは常にできる。今度は、私は、その命題の意味を語らないわけだが。こうして、私は、前提とされるものの無限後退に入り込む。話す者の最大の無力と言葉の最高の力能が、同時にこの後退によって証される。すなわち、私が語ることの意味を語れないという私の無力、同時に何かを語りその意味を語ることができないという私の無力と、語について話すことのできる言葉の無限の力である。要するに、事物の状態を指示する命題が与えられると、その命題の意味を、別の命題が指示するものとして捉えることが常にできるのである。命題を名前と見なすと取り決めるなら、明らかに、対象を指示するすべての名前は、当の名前の意味を指示する新たな名前の対象となることができる。すなわち、名前$n_1$が与えられると、名前$n_1$は、名前$n_1$の意味を指示する名前$n_2$に差し向けられ、さらに、名前$n_2$は名前$n_3$に差し向けられ、等々。各名前に対して、当の名前の意味に対する名前が言葉には含まれているはずである。こうした言語的存在者性の無限の増殖は、フレーゲのパラドックスとして知られている[1]。しかし、それはルイス・キャロルのパラドックスでもある。そのパラドックスは、厳密には、鏡の向こう側で、アリスが騎士に出会うときに現出する。騎士は、これから歌う歌の題名を告げる。「歌の名前は、タラの両眼と呼ばれる」。「ああ、それが歌の名前なの」とアリスが言った。「そうじゃない。あなたはわかってない。それは、歌の名前を呼ぶものだ。本当の名前は、老いた、老いた人間」と騎士が言った。「じゃあ、私はこう言うべきだったのね。そのように歌は呼ばれているのかって」とアリスは訂正した。「いや、あなたはそうすべきではなかったろう。それはまったく別のことだ。歌は、道と手段と呼ばれている。しかし、それはただ歌を呼ぶものだ。わかるか」。「でも、歌は何なの」。「そこについては、歌は、実は、柵に座って、だ」と騎士は言った。

キャロルの用語法に忠実であろうとしたために、極めて不器用な翻訳にしかならなかったが、このテクストは名辞的存在者性のセリーを区別している。このテクストは、無限後退に従わず、むしろ自己に限界を設けるために、有限と取り決められた前進に従って進行している。したがって、われわれは、終わりから出発して、自然な後退を復元しなければならない。(1) キャロルは言っている。歌は実は「柵に座って」である、と。つまり、歌そのものが命題、名前（$n_1$とする）なのである。「柵に座って」は、この名前、歌である名前であり、最初の節から現出している。(2) しかし、それは歌の名前ではない。歌そのものが名前であるために、歌は別の名前によって指示される。この第二の名前（$n_2$とする）が、「道と手段」である。これは、第二・三・四・五節のテーマを形成している。したがって、道と手段は、歌を指示する名前であり、歌を呼ぶものである。(3) しかし、キャロルは付け加えている。本当の名前は「老いた、老いた人間」である、と。実際、これは歌の全体に現出する。つまり、指示する名前そのものが、新たな名前（$n_3$とする）を形成する意味を持つのである。(4) しかし、今度はこの第三の名前は、第四の名前によって指示されなければならない。言いかえるなら、$n_2$の意味、これを$n_3$としたが、それが$n_4$によって指示されなければならない。この第四の名前が、歌の名前を呼ぶもの、「タラの両眼」であり、これは第六節に現出している。

キャロルの分類では、名前は四つある。歌の実態［＝リアリティ、歌詞］としての名前。歌の実態を指示し、したがって、歌を指示し、あるいは、歌を呼ぶものを代表する名前。新たな名前や新たな実態を形成するこの名前の意味。この新たな実態を指示し、したがって、歌の名前の意味を指示し、あるいは、歌の名前を呼ぶものを代表する名前。われわれとしては、幾つか指摘しておかなければならない。先ず、ルイス・キャロルは意志的に自己に限界を設けている。というのも、キャロルは、個別に各節を考慮することをしないからであり、セリーを前進的に提示することで、恣意的な出発点「タラの両眼」を取ることができているからである。しかし、当然にも、セリーを後退的方向で取り出すなら、本当の名前とその実態を指示する名前の交代を無限に引き延ばすことができる。他方で、キャロルのセリーは、われわれがここで指し示した以上に複雑であると指摘されるだろう。実際、先ほどは、次のことだけが眼目であった。すなわち、何ものかを指示する名前は、この名前の意味を指示する別の名前に差し向けられ、無限に続くということであった。キャロルの分類では、この状況を明確に表象するのは、$n_2$と$n_4$だけである。$n_4$は$n_2$の意味を指示する名前であるからである。ところで、ルイス・キャロルはそこに二つの別の名前を加えるわけである。第一の名前については、指示される当初の事物を、それ自身が名前（歌）であるとしてキャロルは取り扱うからである。第三の名前については、指示する名前の意味を、次にそれを指示することになる名前とは独立に、それ自身が名前であるとしてキャロルは取り扱うからである。したがって、ルイス・キャロルは、無限に置換する四つの名辞的存在者性によって後退を形成しているのである。言いかえるなら、キャロルは、各カップルを分解して固めて、そこから追加のカップルを引き出すのである。その理由は後に見ることにする。ここでは、交代する二つの項、すなわち、何ものかを指示する名前とこの名前の意味を指示する名前による後退だけで十分であろう。この二つの項による後退は、無際限な増殖のための最低条件である。

これのかなり単純な表現が、『不思議の国のアリス』に現出している。公爵夫人が、あらゆる事物から教訓・道徳性を引き出して見出すところである。少なくとも、命題である事物からということだが。というのは、アリスが話さないと、公爵夫人は取り付く島を失うからである。「いとしい人、あなたは何かを考えているわね。そんなことでは、あなたは話すのを忘れてしまうわ。その間、私はあなたに何がその教訓かを言えないのよ」。ところが、アリスが話し出すや、公爵夫人は教訓を見出す。アリスは、「今はゲームがうまく行きそう」と言った。公爵夫人は言った。「本当ね、その教訓はこうよ。おお、愛よ、世界を回すのは愛である」。アリスは呟いた。「誰かが言ってた。自分のことだけにかまけていれば、世界は回るって」。公爵夫人は言った。「そうね、それはほとんど同じことを言ってるわね。……その教訓はこうよ。意味に配慮せよ、そうすれば音は自分で配慮する」。観念の連合、文と文の連合が、この条の眼目ではない。そうではなくて、各命題の教訓は、当の命題の意味を指示する別の命題にある。意味を新たな命題の対象とすることは、命題が増殖し「音が自分で配慮する」状況で、「意味を配慮すること」である。意味の論理と倫理・教訓・道徳性の深い結び付きの可能性が確認される。

### 不毛な複製化

不毛な複製化のパラドックスあるいは乾いた繰り返しのパラドックス。無限後退を避ける手段はたしかにある。事物と語の極限にある薄皮として意味を命題から引き出すまさにその時に、命題を固定すること、命題を不動化することである（ここから、先にキャロルで確認したように、後退の各段階における再複製化が出て来る）。しかし、この次元なしで済ませられないことは意味の運命だろうか。また、その次元に到達するや為す術のないことも意味の運命だろうか。命題から、中立化された複製、乾いた幽霊、厚みのない幻影を引き出す以外の何をしたことになるだろうか。それゆえに、意味は命題の中の動詞によって表現されるから、この動詞を、例えば、神-存在すること、空の青-であること、空は青-であるかという不定形・分詞形・疑問形の下で表現するわけである。意味は、肯定と否定の中断［＝宙吊り］の操作を遂行する。「神は存在する、空は青である」といった命題の意味は、そんな中断のことであろうか。事物の属性として、意味は外-存在である。意味は、存在者に属するのではなく、非-存在者に適合する何か（aliquid）である。命題の表現されるものとして、意味は、実在せず、命題の中で存続し存立する。物体だけが能動し受動し、能動と受動だけからの成果である非物体的なものは能動も受動もしないというこの意味－出来事の不毛性は、ストア派の論理学の最も注目すべき点の一つであった。したがって、このパラドックスをストア派のパラドックスと呼ぶことができる。表現されるものの輝ける不毛性の宣言は、フッサールにまで鳴り響いてノエマの地位を確認する。「表現の層は、ここに表現の独自性があるのだが、表現を他のすべての志向性に授けるのでなければ、生産的ではない。あるいは、こう言ってもよい。表現の層の生産性・ノエマ的作用は、表現することにおいて使い尽くされる」(2)。

意味は、命題から引き出され、命題から独立している。というのも、意味は、命題の肯定と否定を中断しながらも、命題の消え去る複製であるからである。キャロルの猫なき微笑み、あるいは、蠟燭なき炎のように。そして、無限後退のパラドックスと不毛な複製化のパラドックスは、あれかこれかの二者択一を形成する。そして、前者の無限後退のパラドックスが最高の力と最大の無力を結合させることを強いるとするなら、後者の不毛な複製化のパラドックスは、本書のずっと先で果たされるべきこれを類似した任務を課す。すなわち、意味が引き出される命題に対する意味の不毛性と、命題の諸次元に関する意味の発生の力能を結合する任務である。いずれの場合も、二つのパラドックスが二者択一をなすことを、ルイス・キャロルはありありと意識していたようである。

『不思議の国のアリス』では、涙の池に落ちた登場人物が体を乾かすためには、二つの可能性しかない。一つは、ネズミの歴史物語、知られる限り最も「乾いた」歴史物語を聞くことである。というのも、その歴史物語は、幽霊的なそれの中で命題から意味を隔離するからである。もう一つは、コーカス・レースに乗り出すことである。そこでは、任意のときに停止し、勝者も敗者もなく、無限に増殖するサーキットの中で、命題から命題へと周回していく。いずれにせよ、乾燥は、後になって不可入性と名付けられることになる。そして、二つのパラドックスは、吃音の本質的な二つの形態を表象している。すなわち、周回的に増殖する連発型の痙攣的ないし間代的な形態と不動化する阻止型の強直的ないし難発的な形態である。「詩人は作られるのであり生まれるものではない(*Poeta fit non nascitur*)」の中で言われるように、痙攣［例：「タタタタタマゴ」］と口笛［例：「…タマゴ」の…の気息］は詩の二つの規則である。

**中立性、あるいは、本質の第三身分**

中立性のパラドックス、あるいは、本質の第三身分のパラドックス。第二のパラドックスは、必然的にわれわれを第三のパラドックスに投げ込む。というのは、命題の複製としての意味が肯定に対しても否定に対しても無関与であるなら、また、もはや意味が能動でも受動でもないなら、命題のいかなる様式も意味に影響しえないからである。質の観点、量の観点、関係の観点、様相の観点からすると相互に対立する諸命題に対して、意味は厳格に同じままにとどまる。というのは、これらの観点が関与するのは、指示と、事物の状態が指示を実現したり充足したりするさまざまな相であって、意味や表現ではないからである。先ず、質、すなわち、肯定と否定、例えば、「神は存在する」と「神は存在しない」は、同じ意味を持たなければならない。意味は、指示されるものの実在に対して自律しているからである。これが、一四世紀において非難の対象であった、ニコラウス・ドートルクールの幻想的なパラドックス、互いに矛盾するものは同じものを意義する（*contradictoria ad invicem idem significant*）、である。[3]

次に、量。あらゆる人間は白い、いかなる人間も白くない、ある人間は白くない……。そして、関係。意味は、関係が逆になっても、同じままでなければならない。というのも、関係は、意味が狂気－生成のすべてのパラドックスを再浮上させる限りにおいて、意味に対して常に二つの方向で確立されるからである。意味は、常に二方向であり、関係に一つの善き方向があるのを排除する。出来事は、決して別の出来事の原因ではなく、準－原因性の関係に入り込む。この関係は、リアルではない幽霊的な原因性であって、絶えず二つの方向を振り向いている。私はより若い、かつ、より老いているということは、同時のことではないし、同じものと比較してのことでもない。そうではなくて、同時に、私はより若くなり、かつ、より老いるようになるのであり、同じ関係によってそうなるのである。ここから、キャロルの作品に散りばめられた無数の事例が出て来る。「猫はコウモリ（＝禿げた－ネズミ）を食べる」と「コウモリは猫を食べる」、「私は私が思考することを語る」と「私は私が語ることを思考する」、「私は与えられるものを愛する」と「私が愛するものが与えられる」、「私が眠るとき私は呼吸する」と「私が呼吸するとき私は眠る」は、唯一の同じ意味を持っている。『シルヴィーとブルーノ』の最後の事例に到っては、命題「みんながシルヴィーを愛するだろう」を刻んだ赤い宝石と命題「シルヴィーはみんなを愛するだろう」を刻んだ青い宝石は、唯一の同じ宝石の二つの側面であって、生成の法則に従うなら、人は当の宝石に比して当の宝石を選好することしかできないのである（一つの物から物を選び出すこと（*to choose a thing from itself*））。

最後に、様相。指示される対象の可能性・現実性（＝リアリティ）・必然性は、どのように意味に影響するというのであろうか。というのは、出来事の方は、出来事の現前を無限に分割する未来と過去の中で、唯一の同じ様相を持つはずだからである。そして、出来事が未来の中で可能的で過去の中で現実的であるなら、出来事は未来と過去においても同時に分割されるからには、当然にも出来事は一回で可能的で現実的である。これは出来事が必然的であるということであろうか。偶発的未来のパラドックスが想起されるし、ストア派におけるその重要性も想起される。さて、必然性の仮説は、矛盾律を、未来を言表する命題に適用することに依拠している。このパースペクティヴを受けて、ストア派は、必然性を免れるために、そして、必然的なものではなく「運命的」なものを肯定するための神業を編み出している(4)。だが、むしろ、そのパースペクティヴを脱して、ストア派のテーゼをあえて別の平面で見出す必要がある。というのは、矛盾律は、一方で指示の実現の不可能性に、他方で意義の最低条件に関与しているからである。しかし、たぶん、矛盾律は意味には関与しない。意味は、可能的でも現実的でも必然的でもなく、運命的で……。出来事は、それを表現する命題の中で存続するとともに、表面において、存在者の外側で事物にやって来る。後で見るように、それは「運命的」である。だから、命題が出来事を未来として語るのは当然であるだけでなく、命題は出来事を過去として語るのも当然なのである。まさに、すべては言葉によって過ぎ行き、すべては言葉の中を通り過ぎるから、キャロルの一般的技巧は、出来事を二回提示することになる。すなわち、一回目は、出来事が存続する命題の中で、二回目は、出来事がその表面にやって来る事物の状態の中で提示することである。一回目は、出来事を命題に関連付ける歌の節で、二回目は、出来事を存在者・事物・事物の状態に関連付ける表面効果において提示することである（例えば、トゥイードルダムとトゥイードルディーの戦いや、ライオンと一角獣の戦い。そして、『シルヴィーとブルーノ』で、キャロルは、庭師の歌の節が出来事に従って構築されているか、あるいは、節に従って出来事が構築されているかを見抜くことを読者に求めている）。しかし、常に一回でであるからには、二回と言う必要があるだろうか。というのも、同じ表面の同時的な二つの顔、すなわち、内部と外部、「存立」と「外‐存在」、過去と未来は、常に連続的で可逆的であるからには。

命題の様式［様相］によって影響されない意味を示すこれら中立性のパラドックスを、

どのように要約することができるだろうか。哲学者アヴィセンナは、本質の三つの身分［＝状態］を区別した。本質を一般的に思考する知性に対する普遍的身分。本質を受肉する特殊な事物に対する単独的身分。しかし、これら二つの身分は、本質そのものではない。動物は、単なる動物以外のものではない。「動物は、端的な動物でなければ、ありはしない（*animal non est nisi animal tantum*）」。それは、普遍と単独に対して、特殊と一般に対して無差別である。(5) 本質の第一の身分は、概念の秩序と概念の含意の秩序において、命題が意義する本質である。本質の第二の身分は、本質が踏み入る特殊な事物において、命題が指示する本質である。しかし、本質の第三の身分は、意味としての本質、表現されるものとしての本質である。常に、乾燥、輝ける不毛性や中立性、端的な動物（*animal tantum*）における本質である。普遍と単独、一般と特殊、人格と集団、肯定と否定などに対して無差別、要するに、すべての相対立するものに対して無差別な本質である。というのは、すべて相対立するものは、指示と意義の関係の下で見られた命題の様式でしかなく、命題が表現する意味の特徴ではないからである。このようにすべての対立を乗り越えることが、純粋な出来事の地位、出来事に伴う運命（fatum）の地位であろうか。すなわち、私的でも公的でもなく、集団的でも個人的でもなく……同時にすべてであるからには、それだけ、その中立性において怖ろしくて力のある地位であろうか。

**不条理、あるいは、不可能な対象**

不条理のパラドックス、あるいは、不可能な対象のパラドックス。前のパラドックスから別のパラドックスが出て来る。すなわち、矛盾する対象を指示する命題は、そのものとしては意味を持つのである。しかしながら、その命題の指示は、いかなる場合においても、実現されえない。また、その命題は、指示の実現の可能性の類を定めるようないかなる意義も持たない。それは、意義がない、言いかえるなら、不条理である。それでも意味を持つ。そして、不条理という知見と無－意味という知見は混同されてはならない。不可能な対象、すなわち、丸い正方形、延長なき物質、永久運動体（*perpetuum mobile*）、谷なき山などは、「祖国なき」対象であり、存在者の外部にあるが、外部において精確で判明な位置を有している。不可能な対象は、「外－存在」に属し、事物の状態の中では実現不可能な理念的な純粋出来事に属する。われわれは、このパラドックスを、マイノングのパラドックスと呼ぶべきである。マイノングは、そこから最も美しく見事な効果を引き出すからである。われわれが、指示の質料である現実的なものの存在者と意義の形態である可能的なものの存在者の二種類の存在を区別するなら、われわれは、さらに、現実的なもの、可能的なもの、そして不可能なものにさえも共通の最小のものである外－存在を付け加えなければならない。というのは、矛盾律は、可能的なものと現実的なものには適用されるが、不可能なものには適用されないからである。不可能なものは、この最小のものに切り詰められた外－実在者であり、そのようなものとして命題の中に存立する。

(1) G・フレーゲ「意義と意味について」『フレーゲ著作集』4（土屋俊訳、勁草書房）参照。存在者性の無限増殖の原理は、多くの現代論理学者の抵抗を喚起したが、その抵抗はさほど正当化されるものではない。以下もそうである。カルナップ『意味と必然性』（永井成男他訳、紀伊國屋書店）§29-30。
(2) フッサール『イデーン』Ｉ-Ⅱ（渡辺二郎訳、みすず書房）第一二四節。
(3) ユベール・エリー（Hubert Elie）, *Le Complex significabile*, Vrin, 1936とモーリス・ド・ガンディヤック（Maurice de Gandillac）, *Le Mouvement doctrinal du IX*$^{e}$ *au XIV*$^{e}$ *siècle*, Bloud et Gay, 1951. p. ［原書に頁数表記欠く］参照。
(4) 偶発的未来のパラドックスとストア派の思考におけるその重要性については、P・M・シュル（P. M. Schuhl）の研究、*Le Dominateur et les possibles*, P.U.F., 1960. 参照。
(5) エティエンヌ・ジルソン（Etienne Gilson）の註解、*L'Être et l'essence*, éd. Vrin, 1948, pp. 120-123. 参照。

# 第6セリー　セリー化

## セリー形態と異質なセリー

他のすべてのパラドックスを派生させるパラドックスは、無際限な後退のパラドックスである。ところで、後退は必ずセリー形態をとる。指示する名前は意味を持ち、この意味は別の名前によって指示されるはずである。$n_1 \to n_2 \to n_3 \to n_4$……。名前の継起だけが考慮されるなら、セリーは同質のものの総合を遂行しており、各名前は、添え字・次数・タイプだけで先行する名前と区別されることになる。実際、「タイプ」理論に従うなら、先行する名前の意味を指示する名前は、先行する名前と先行する名前が指示するものより高次の次数になる。しかし、名前の単なる継起ではなく、この継起の中で交代するものが考慮されるなら、各名前は、最初は名前が遂行する指示において、次に名前が表現する意味において捉えられているのが明らかになる。別の名前によって指示されるものの役を果たすのは意味であるからである。ルイス・キャロルの提示の仕方が優れていたのは、まさにこうした本性の差異を現出させるからであった。今度は、異質なものの総合が眼目になる。あるいはむしろ、セリー形態は、必ずや、少なくとも二つのセリーの同時性によって実現される。その同質な項がタイプや次数だけで区別される均一なセリーは、必ず二つの異質なセリーを包摂しており、この各セリーは同じタイプや次数の項によって構成されているが、二つのセリーの項は本性を異にしている（もちろん、両者は次数〔＝程度〕で異なっていることもある）。したがって、セリー形態は、本質的に多セリー的であり、既に数学でそうなっている。すなわち、数学では、ある点の近傍で構築されるセリーは、別の点の周りで構築される別のセリーとの関係にだけ関与し、両者のセリーが合わせられると収束したり発散したりする。『不思議の国のアリス』は、口唇的後退〔＝退行〕の歴史物語である。ただし、「後退」は、先ず論理的な意味で、名前の総合の意味で把握されなければならない。そして、この総合の同質性の形態は、口唇性の二つの異質なセリー、食べること‐話すこと、消費可能な事物‐表現可能な意味を包摂している。こうして、セリー形態そのものは、先ほど記述しておいた二元性のパラドックスへわれわれを送り返すわけだが、われわれとしてもこの新たな観点からそれらのパラドックスを捉え直さざるをえなくなる。

　実際、異質な二つのセリーは、さまざまな仕方で決定されうる。考え付くものとしては、出来事のセリーと、出来事を実現したり実現しなかったりする事物のセリー。あるいは、指示する命題のセリーと、指示される事物のセリー。あるいは、動詞のセリーと、形容詞や実名詞のセリー。あるいは、表現と意味のセリーと、指示と指示されるもののセリー。このように違うものを挙げても、異質なセリーの組織化の自由度を表わすだけであるから、そのことは重要ではない。既に見たように、同じ二元性が、外部では出来事と事物の状態の間を通り、表面では命題と指示される対象の間を通り、命題の内部では表現と指示の間を通るのである。しかし、より重要なことは、われわれは外見的には同質な形態で二つのセリーを構築することができるということである。そうして、われわれは、事物の二つのセリーや事物の状態の二つのセリーを考え付くことができる。あるいは、出来事の二つのセリー、あるいは、命題の二つのセリー、指示の二つのセリー、あるいは、意味の二つのセリーや表現の二つのセリーを考え付くことができる。では、セリーの構成は恣意に委ねられるということであろうか。

## 異質なセリーの構成

同時的な二つのセリーの法則は、二つのセリーは決して対等ではないということである。一方はシニフィアン［＝意義するもの］を表わし、他方はシニフィエ［＝意義されるもの］を表わす。ただし、われわれの用語法の故に、これら二つの用語は特殊な語義をとることになる。われわれとしては、自己の内で何らかの意味の相を示すすべてのシーニュ［＝サイン］を「シニフィアン」と呼び、反対に、この意味の相に対する相関項の役を果たすもの、言いかえるなら、この相に双対的に定められるものを「シニフィエ」と呼ぶ。したがって、シニフィエとは、決して意味そのものではない。シニフィエとは、狭い語義としては、概念のことであり、広い語義としては、意味の特定の相の区別に対応して定められうる事物のことである。こうして、先ず、シニフィアンは、事物の状態の理念的な論理的属性としての出来事であり、シニフィエは、リアルな形質と関係を伴う事物の状態である。次に、シニフィアンは、指示と表出と狭い意味でのシニフィカシオン［＝意義］の次元を担う限りでの命題総体であり、シニフィエは、それらの次元に対応する独立項、言いかえるなら、概念であり、しかしまた、指示される事物や表出される主体である。最後に、シニフィアンは、表現の唯一の次元である。表現されるものとしての意味は表現の外には実在しないから、実際、表現は、独立項に対して相対的なものではないという特権を有している。そのとき、シニフィエは、いまや、指示、表出、あるいは、狭い意味でのシニフィカシオンですらあり、言いかえるなら、意味や表現されるものから区別される限りでの命題である。さて、セリーの方法を拡張して、出来事の二つのセリー、事物の二つのセリー、命題の二つのセリー、表現の二つのセリーを考慮するとき、同質性は外見的なものでしかない。常に、一方にはシニフィアンの役割が、他方にはシニフィエの役割がある。観点を変えるなら、役割は交換されるが。

ジャック・ラカンは、エドガー・ポーの物語に二つのセリーが実在することを明確にした。第一のセリー。国王、すなわち、王妃が受け取った危険な手紙を見ていない国王。王妃、手紙を人目につくように放置することによってかえってうまく手紙を隠したはずだと気が楽になった王妃。大臣、すべてを見ていて、その手紙を横取りする大臣。第二のセリー。警察、大臣の邸宅で何も見付けられない警察。大臣、手紙をうまく隠すためにそれを人目につくように放置することを思い付いた大臣。デュパン、すべてを見て、手紙を取り戻すデュパン。[1] 明らかに、セリー間の差異は大きくなったり小さくなったりする。ある作家においては極めて大きいし、無限小の変異だが効果的な変異を導入する別の作家においては極めて小さい。また明らかに、シニフィアンのセリーとシニフィエのセリーを相互に関係させて両者の関係を保証しうるものとして、極めて簡単で明快なやり方としては、歴史物語の連続性、状況の類似性、人物の同一性がある。しかし、どれも本質的なものではない。反対に、本質的なものが現出するのは、小さな差異であれ大きな差異であれ、それが類似性に打ち勝つとき、差異が一次的であるとき、それゆえに、まったく異なる二つの歴史物語が同時に展開するとき、人物たちがうまく定まらない揺れる一つの同一性を有するときである。

われわれは、範例的な形式主義のセリー技法をその都度創造しえたさまざまな作家を引き合いに出すことができる。ジョイスが、ブルームを意義するシニフィアンのセリーと『オデュッセイア』が意義されるシニフィエのセリーの関係を保証するのは、物語様式の考古学、数字の照応のシステム、秘教的な語の並外れた使用、問-答法、思考の流れの創設や思考の多数列（キャロルの二重思考（*double thinking*）だろうか）を備える多数の形態によってである。レイモン・ルーセルが、セリーの交流を設立するのは、音韻関係によってであり（「年老いた盗賊（*pillard*）の群れ」「古びた撞球台（*billard*）のクッション」＝b/p)、差異の一切を埋めるのは、$p$を意義するシニフィアンのセリーと$b$が意義されるシニフィエのセリーが再び結び付く驚くべき歴史物語によってである。この歴史物語は、この方式では一般にシニフィエのセリーは隠されたままでありうるので、それだけ謎めいたものになる。(2)ロブ＝グリエは、事物の状態を描写するセリーと小さな差異を厳密に指示するセリーを設定し、適切なテーマを固定しておいて、それをめぐって両セリーを転回させながら、各セリーの中で当のテーマを知覚不可能な仕方で変化させ移動させていく。ピエール・クロソウスキーは固有名ロベルトを当てにするが、それは、人物を指示するためや同一性を表出するためではなく、反対に、「一次的強度」を表現するため、一次的強度の差異を配分して一次的強度の複製を二つのセリーに従って生産するためである。第一のシニフィアンのセリーは、「妻はふと気付くようにさせられているとふと気付くとしか思い描かない夫」に向けられ、第二のシニフィエのセリーは、「主導権をとっても配偶者の見方を認めるだけになるとき、自らの自由を確信するべくますます主導権を取ろうとする」妻に向けられる。(3)ヴィトルド・ゴンブローヴィッチは、吊り下げられた動物のシニフィアンのセリー（しかし何を意義するのか）と女性の口のシニフィエのセリー（しかし何において意義されるのか）を確立する。あるときは過剰によって、あるときは不足によって、各セリーはサインのシステムを展開する。また、介在する奇妙な対象とレオンが発する秘教的な語によって各セリーは相互に交流する。(4)

## セリーは何に収束するのか

さて、三つの特徴によって、セリーの関係と配分一般を明確にすることができる。先ず、セリーの項は、他のセリーの当の項に対して相対的に永続的に移動する（例えば、ポーの二つのセリーにおける大臣の位置）。本質的な不一致があるわけである。この不一致、この移動は、決して、セリー間に二次的な変異を導入してセリー間の類似性を覆い隠しに来るような仮装ではない。反対に、この相対的移動は、一次的な変異であり、それがなければ、各セリーは他のセリーの中で複製されないであろう。各セリーは、この複製化において自己を構成し、この変異によってのみ相互に関係する。したがって、一方のセリーが他方の上に、あるいは、一方のセリーが他方の下に、二重の仕方で滑り込むのであり、このことによって、二つのセリーは相互に永続的に不均衡な仕方で構成される。第二に、この不均衡そのものには、方角があるはずである。すなわち、二つのセリーの一つ、精確には、シニフィアンと決められるセリーは、他のセリーに対して過剰を提示する。混信するシニフィアンの過剰が常にある。最後に、最も重要な点であるが、二つのセリーの相対的移動と一方の他方に対する過剰を保証するものは、極めて特殊でパラドックス的な審級であるということである。この審級は、セリーのどの項にも還元されないし、項の間のどの関係にも還元されない。例えば、ラカンがエドガー・ポーの物語に加えた註解によるなら、手紙である。あるいはまた、ラカンは、フロイトの症例である狼男に註解を加えて、無意識の中に二つのセリーが実在することを明確にしている。そこでは、父のセリーがシニフィエで息子のセリーがシニフィアンであるが、ラカンは、二つのセリーにおける特殊な要素、すなわち、借財の特別な役割を示している。[5]『フィネガンズ・ウェイク』でも、カオス－コスモス（chaos-cosmos）における世界のすべてのセリーを交流させるのは手紙である。ロブ＝グリエにおいては、指示のセリーが、厳密になるにつれ、また、厳密に記述的になるにつれて、未決定ないし過剰決定の対象の表現へと収束していく。消しゴム、細紐、昆虫の斑点といった対象である。クロソウスキーによるなら、名前ロベルトは、「複数の」人物を指示したり表出したりする以前に、一つの「強度」を、言いかえるなら、一つの強度の差異を表現している。

### ラカンのパラドックス：奇妙な要素（空虚な位置、あるいは、位置なき占有者）

　このパラドックス的な審級の特徴は何であろうか。パラドックス的審級は、絶えず二つのセリーの中で循環する。まさにそれゆえに、パラドックス的審級は、二つのセリーの交流を保証する。パラドックス的審級には二つの顔があり、シニフィアンのセリーとシニフィエのセリーに等しく現前する。パラドックス的審級は鏡である。だから、パラドックス的審級は、同時に語かつ事物、同時に名前かつ対象、同時に意味かつ指示されるもの、同時に表現かつ指示などである。したがって、パラドックス的審級は、それが駆け巡る二つのセリーの収束を保証する。ただし、精確には、二つのセリーを絶えず発散させるという条件においてであるが。これは、パラドックス的審級には、自己自身に対して常に移動させられる特性があるということである。各セリーの項が相互に相対的に移動させられるのは、初めに各項そのものが絶対的な位置を持つからであり、しかも、この絶対的位置が、二つのセリーの中で自己に対して絶えず移動するこの要素との隔たりによって常に決定されているからである。パラドックス的審級については、探されている所には決してないし、逆に、存在する所では決して見付けられないと言うべきである。ラカンが言うように、パラドックス的審級は自分の位置を欠いている。(6) そしてまた、パラドックス的審級は、自分の自己同一性を欠き、自己自身との類似性を欠き、自己自身の平衡を欠き、自己自身の起源を欠いている。したがって、パラドックス的審級が賦活する二つのセリーのうち、一方が根源的で他方が派生的だとは言えないであろう。たしかに、二つのセリーは、一方が他方に対して根源的あるいは派生的であることもありうるし、一方が他方を継続することもありうる。しかし、二つのセリーがそこで交流する審級に対しては、二つのセリーは厳格に同時的である。二つのセリーは同時的であるが決して対等ではない。というのも、審級には二つの顔があり、常にどちらかが欠けているからである。したがって、パラドックス的審級がシニフィアンとして構成するセリーの中では、パラドックス的審級は過剰の内にあり、シニフィエとして構成する他のセリーの中では、パラドックス的審級は不足の内にあることに当然なる。パラドックス的審級は、本性的に、自己に対して、半端であり不揃いである。パラドックス的審級の過剰は常に自己自身の不足へと差し向けられ、逆に、パラドックス的審級の不足は自己自身の過剰へと差し向けられる。こうして、これらの規定はまだ相対的であることになる。というのは、一方の側で過剰の内にあるものは、極端に可動的な空虚な位置以外であるだろうか。そして、他方の側で不足の内にあるものは、極めて動きやすい対象、常に員数外で常に移動させられる、位置なき占有者ではないだろうか。

**雌羊の店**

実際、二つの顔を持つ事物ほど、不等ないし不揃いの二つの「半分」を持つ事物ほど、奇妙な要素はない。ゲームなら、空虚な桝目と駒の永続的移動とが結合するところに立ち会うようなものである。あるいはむしろ、雌羊の店のようなものである。アリスがそこで体験することは、「空っぽの棚」と「常に下にある見事な事物」が相補的であるということ、占有者なき位置と位置なき占有者が相補的であるということである。「最も奇妙なのは（最も奇妙（oddest）とは、最も半端で、最も不揃いということ）、アリスが任意の棚を見据えてそこに乗っているものを正確に数えるたびに、周りの他の棚は割れんばかりに一杯なのに、そう特定される棚は常に絶対に空っぽであるということであった。終に、アリスは、泣くような調子で言った。ここでは物は消え去ってしまうようだ、と。それは、大きな輝かしい物を一分間ほど無駄に追いかけて後のことだった。その物は、ときに人形に、ときに手芸箱に似通っていて、いつも、アリスが見詰める棚の上の棚に見出されるのだった……私は一番上の棚まで追いかけて行く、まさか天井を突き抜けはしないに違いないもの。ところが、この計画も失敗した。当の物は、この上なく静かに、まるで長きにわたる習慣ででもあるかのように、天井を通り過ぎて行った」。

(1) ジャック・ラカン「《盗まれた手紙》についてのゼミナール」『エクリ』I（宮本忠雄他訳、弘文堂）。
(2) ミシェル・フーコー『レーモン・ルーセル』（豊崎光一訳、法政大学出版局）第二章（特にセリーについては）八三頁以下参照。
(3) ピエール・クロソウスキー『歓待の掟』「はしがき」（若林真・永井旦訳、河出書房新社）五頁。
(4) ヴィトルド・ゴンブローヴィッチ『コスモス』（工藤幸雄訳、恒文社）。以上については、付論II－I参照〔原書はIと表記〕。
(5) セリーの方法にとって肝要でありながら、『エクリ』には所収されていないラカン（Lacan）のテクスト《Le Mythe individuel du névrosé》C.D.U. 参照。
(6) 『エクリ』I二六頁。ここでわれわれが記述しているパラドックスは、ラカンのパラドックスと名付けられるべきである。ラカンの書物にしばしば現われるキャロルの影響がそこに示されている。

# 第７セリー　秘教的な語

## セリー上の縮約の総合（連結）

ルイス・キャロルは、文学のセリー技法の探検者であり設立者である。キャロルには、セリー展開の複数の方式が見出される。第一に、内的で微小な差異のある出来事の二つのセリーが、奇妙な対象によって制御される。例えば、『シルヴィーとブルーノ』では、若い自転車乗りの事故が、あるセリーから別のセリーへ移動する（第二十三章）。そして、たしかに二つのセリーは相前後して継起するが、奇妙な対象に対して二つのセリーは同時的である。ここでの奇妙な対象とは、八本の針と逆のネジ巻きの時計である。時計が時間につれて進行するのではなく、反対に、時間が時計につれて進行する。この時計は二つの仕方で出来事を回帰させる。一つには、狂気－生成に向かって逆に回帰させ、もう一つには、小さな変異を付してストア派的運命（fatum）へと回帰させる。若い自転車乗りは、第一のセリーでは箱に乗り上げて転倒するが、今や無傷のまま通り過ぎる。しかし、時計の針が元の位置に戻るとき、若い自転車乗りは、新たに負傷して荷車の上に横たわり、そのまま病院へ運ばれる。まるで、時計は、事故を、すなわち、出来事の時間的実現を祓うことはできたにしても、〈出来事そのもの〉、成果、永遠真理としての傷を祓うことはできなかったかのようである……。あるいは、『シルヴィーとブルーノ』後編（第二章）では、前編の光景と少しだけ異なる光景が再生産されている（老いた人間の位置が変わるが、これは奇妙な対象である「財布」によって決定されている。この財布は、自己に対して移動している。というのも、女性主人公は、その財布を返却するには、妖精のような速さで走らざるをえないからである）。

第二に、内的に大きな加速された差異のある出来事の二つのセリーが、命題によって、あるいは少なくとも、雑音やオノマトペによって制御される。これが、ルイス・キャロルが記述したような鏡の法則である。「元の部屋から見えたものは、ごく普通で関心を惹かなかったが、残りのものすべてはまったく異なっていた」。『シルヴィーとブルーノ』の夢－現実の二つのセリーは、一方のセリーから他方のセリーへの人物の複製化と各セリー内部での人物の再複製化とともに、発散の法則に従って構築される。キャロルは、後編の序文で、人間の状態と妖精の状態の詳細な図表を掲げていて、これが書物の進行に沿った二つのセリーの対応を約束している。セリー間の移行と交流を一般に保証するのは、一方のセリーで開始して他方のセリーで終了する命題や、両方のセリーに参入するオノマトペと雑音である（理解し難いことだが、キャロルの最良の註釈者でさえ、とりわけフランスの註釈者は、『シルヴィーとブルーノ』に対してあれこれと留保を付けて軽率な批判を行なっている。ところが、『シルヴィーとブルーノ』は、『不思議の国のアリス』と『鏡の国のアリス』に比しても、まったく更新された技法を示しているのである)。

第三に、著しく不釣合いな命題の二つのセリー（あるいは、命題のセリーと「消費」のセリー、あるいは、純粋表現のセリーと指示のセリー）が、秘教的な語によって制御される。しかし、先ずは、キャロルの秘教的な語には、極めて異なるタイプがあることを見ておかなければならない。第一のタイプは、一つの命題や継起する複数の命題の音節要素を縮約するだけである。例えば、『シルヴィーとブルーノ』(第一章)では、「わんか」(*y'reince*)が「われらが殿下よ」(*Your royal Highness*)に置き換わる。この縮約が目指すのは、命題全体の大域的意味を引き出して、それを唯一の音節で、キャロルの言う「発音不可能な単音節」で名指すことである。他の方式は、既にラブレーとスウィフトで認められる。例えば、子音の積み重ねによる音節の引き延ばし、あるいは、子音だけを残す単純な脱母音化（まるで、子音が意味を表現するに相応しく、母音は指示の要素でしかないかのように）などである[1]。いずれにせよ、この第一のタイプの秘教的な語は、連結を、すなわち、一つだけのセリー上での継起の総合を形成する。

## 二つのセリーの調整の総合（結合）

ルイス・キャロルに固有の秘教的な語は、別のタイプである。ここでは共存の総合が眼目である。この総合が目指すのは、異質な命題の二つのセリーの結合、あるいは、命題の次元の結合（両者は同じことになる。というのも、諸命題が特定の次元を受肉するようにして、一つのセリーの諸命題を構築することがいつでもできるからである）を保証することである。既に見たように、主要な事例は、語・スナークである。この語は、口唇性の二つのセリー、つまり、食物のセリーと記号学のセリーを、あるいは、命題の二つの次元、つまり、指示の次元と表現の次元を横切って循環する。『シルヴィーとブルーノ』には、別の事例もある。すなわち、フリッズ・味なき果実や、アジグムープディングである。この類の名前が多いことは簡単に説明が付く。それらは、循環する語そのものではなく、むしろ循環する語を指示する名前であるからである（「語を呼ぶもの」）。循環する語そのものは、別の本性である。すなわち、原理的に、循環する語は、空虚な桝目、空虚な棚、空白の語である。ルイス・キャロルは、臆病な人が手紙を書くときは、ある語を空白のままにすることを勧めることがある。だから、その語は、消失と移動を印すさまざまな名前によって「呼ばれる」ことになる。スナークは不可視であるし、フリッズは消失するもののオノマトペのようである。あるいは、その語は、まったく不確定な名前で呼ばれることになる。何か（aliquid）、それ（it）、あれ、物、何とか（truc）、誰かさん（machin）である（ネズミの歴史物語のそれ、あるいは、雌羊の店の物を参照）。あるいは、最後に、その語は、まったく名前を持たないが、各節を横切って交流させる歌のリフレイン全体によって名指されることになる。あるいは、庭師の歌のように、二つの種類の前提を交流させる各節の結部によって名指されることになる。

第四に、強く分岐するセリーが、カバン－語によって制御され、必要な場合には、前のタイプの秘教的な語によって構成される。実際、カバン－語そのものが、新しいタイプの秘教的な語である。手始めにカバン－語を定義すると、カバン－語は複数の語を縮約し複数の意味を包含する（「湯気怒った」＝湯気立つ＋怒った）と言うことになるが、問題は、いつカバン－語が必然的になるかを知ることである。というのは、カバン－語はいつでも見付けられるし、善意の解釈であれ恣意的解釈であれ、どの秘教的な語も上のごとく解釈できるからである。しかし、実は、カバン－語が形成され設立されるのは、必ず、カバン－語が、それが指示すると見なされる秘教的な語の特別な機能と一致する場合だけである。例えば、一つだけのセリー上での縮約という単純な機能を有する秘教的な語（わんか）は、カバン－語ではない。例えばまた、有名な「ジャバーウォックの歌」で、多くの語は、空想的動物学を描いているが、必ずしもカバン－語を形成するわけではない。トーヴ（穴熊－トカゲ－栓抜き）、ボロゴーヴ（鳥－箒）、ラース（緑の豚）、動詞・わくさめる（わめく－くしゃみをする－うなる）である。[2] 例えば、最後に、二つの異質なセリーを包摂する秘教的な語も、必ずしもカバン－語ではない。先に見たように、この包摂の二重の機能は、フリッツ、物、あれ……タイプの語によって十分に果たされていた。

しかしながら、これらの水準において既に、カバン－語が現出することは可能である。

スナークはカバン－語であるが、空想的な動物ないし合成された動物しか指示しない。すなわち、シャーク＋スネイク、サメ＋ヘビである。しかし、スナークはただ二次的ないし付随的にカバン－語である。というのは、スナークの字面そのものは、秘教的な語としての機能と一致しないからである。その字面では、スナークは合成動物に差し向けられるが、他方その機能では、スナークは、合成されているにせよ動物に関わるセリーと非物体的意味に関わるセリーの二つのセリーを共示している。したがって、スナークは、「カバン」の面で、その機能を果たすのではない。逆に、ジャバーウォッキーは、たしかに空想的動物であるが、カバン－語でもあり、今度は、その字面は機能と一致する。実際、キャロルが示唆するように、ジャバーウォッキーは、子どもや果実を意義する *wocer* や *wocor* と、早口の激しい冗舌な議論を表現する *jabber* から形成されている。したがって、カバン－語としてこそ、ジャバーウォッキーは、スナークの二つのセリーに類似したセリーを、すなわち、指示可能で消費可能な対象に関わる動物の子孫や植物の子孫のセリーと表現可能な意味に関わる言葉の増殖のセリーを共示することになる。それでもやはり、これら二つのセリーは別の仕方でも共示されることが可能であるから、カバン－語の必然性の基礎が二つのセリーには見出されないことに変わりはない。したがって、複数の語を縮約し複数の意味を閉じ込めるものというカバン－語の定義は、名目的な定義にすぎないのである。

「ジャバーウォッキー」の第一節を注解しながら、ハンプティ・ダンプティは、カバン

－語として *slithy*（「しべねな」＝しなやかな－べとべとした－ねばねばした）や *mimsy*（「虚陰な」＝虚弱な－陰気な）……を提示している。ここでわれわれの困難は倍増する。たしかに見られるごとく、その都度、複数の語と複数の意味が縮約されている。しかし、それらの要素は、大域的な意味を合成するように一つのセリーの中で簡単に組織される。したがって、いかにしてカバン－語が単純な縮約や連結的継起の総合と区別されるのか明らかではなくなる。たしかに、第二のセリーを導入することはできる。キャロル自身が説明していたように、解釈の可能性は無限なのである。例えば、われわれは、「ジャバーウォック」を、指示可能な対象（消費可能な動物）と意味を運ぶ対象（『スナーク狩り』での「銀行員」「切手」「勤勉」、さらに「鉄道会社の株」のタイプの記号的な存在者や機能的な存在者）の二つのセリーを伴うものとして、庭師の歌の図式に帰着させることはできる。そのとき、「ジャバーウォッキー」の第一節の終わりの解釈としては、一方で、ハンプティ・ダンプティ流に、「緑の豚（*raths*）が、家を離れて（*mome* = *from home*）、わめき－くしゃみをし－うなった（*outgrabe*）」を意義するとする解釈も、他方で、「利率、特恵相場（*rath* = *rate*+*rather*）が、出発点から離れて、捕獲不可能になった（*outgrab*）」を意義するとする解釈も可能である。しかし、この道を取ってしまうと、セリーのどんな解釈でも受け入れられうるし、それでは、いかにして、カバン－語が、共存の結合の総合と区別されるのか、あるいは、二つないし複数の異質のセリーの調整を保証する秘教的な語と区別されるのかわからなくなる。

### 分離の総合、あるいは、セリーの分岐の総合：カバン－語の問題

解決は、キャロルによって、『スナーク狩り』の序文で与えられる。「私は問われる。貧乏人よ、どの国王の治世下か。話せ、さもなくば、死ね。私は、その国王がウィリアムかリチャードか分からない。そこで、私はリルチアムと答える」。明らかに、カバン－語の基礎は、厳格な分離［＝選言］の総合にある。そして、これは単なる一例ではなく、その都度、隠されているだろう分離を引き出すならば、われわれはカバン－語一般の法則を見出すことになる。例えば、「湯気怒った」（怒ったと湯気立った）に対しては、「あなたの思いがほんの少しでも湯気立ったの側に傾くなら、あなたは、湯気立った－怒ったと言うだろう。あなたの思いが、髪の毛の太さ程度でも、怒ったの側に向くなら、あなたは、怒った－湯気立ったと言うだろう。しかし、あなたが、最も稀なる賜物、完全に均衡した精神を持つなら、あなたは、湯気怒ったと言うだろう」。したがって、必然的な分離は、湯気立ったと怒ったの間にあるのではない。というのは、たしかに一度に湯気立ったと怒ったであることはできるが、必然的な分離は、一方の湯気立った－かつ－怒ったと、他方の怒った－かつ－湯気立ったの間にあるからである。この意味において、カバン－語の機能は常に、それが挿入されるセリーを分岐させることである。だから、カバン－語は一つだけで実在することはない。カバン－語は、先行したり後続したりする別のカバン－語にサインを発し、この別のカバン－語は、すべてのセリーが予め

原理的に分岐しており依然として分岐可能であるようにする。ミシェル・ビュトールは見事に述べている。「どの語も転轍機のようになりうるだろう。そして、われわれは、語から語へと多数の軌道を通って行くだろう。そこから、単に一つの歴史を語るのではなく、多数の歴史の海を語る書物という観念が出て来る」[3]。したがって、われわれは、最初に提起した問いに答えることができる。秘教的な語が、異質な二つのセリーを共示したり調整したりする機能だけでなく、セリーに分離を導入する機能も持つとき、カバン－語が必然的になるか必ず設立される。言いかえるなら、そのとき、秘教的な語そのものが、カバン－語によって「呼ばれる」か指示される。秘教的な語は、一般に、空虚な枡目と位置なき占有者に同時に差し向けられる。しかし、われわれは、ルイス・キャロルにおいては、三種類の秘教的な語を区別しなければならない。縮約するもの。これは、一つだけのセリー上で継起の総合を遂行し、命題や一連の命題の音節要素に関わってそこから合成された意味を引き出す（「連結」）。循環するもの。これは、異質な二つのセリーの共存と調整の総合を遂行し、一度に二つのセリーの各意味［＝方向］に直接的に関わる（「結合」）。分離するもの、あるいは、カバン－語。これは、共存するセリーの無限の分岐を遂行し、語と意味、音節要素と記号論的要素に同時に関わる（「分離」）。カバン－語の実在的定義を与えるのは、分岐させる機能、あるいは、分離の総合である。

(1) ラブレーとスウィフトの方式については、*Oeuvres de Swift*, Pléiade, pp. 9-12におけるエミール・ポンス

(Emile Pons) の分類を参照。

(2) アンリ・パリゾ (Henri Parisot) とジャック・B・ブリュニュ (Jacques B. Brunius) はそれぞれ見事な「ジャバーウォッキー」の翻訳を行なった。パリゾのものは、その *Lewis Carroll*, éd. Seghers に再録されている。ブリュニュのものは、語の註解付きで、*Cahiers du Sud*, 1948, n° 287 に再録されている。両者ともに、「ジャバーウォッキー」の各国語訳を引いている。われわれはあるときはパリゾから、あるときはブリュニュから用語を借用している。本書の先で、アントナン・アルトーが行なった最初の節の書き替えについて考察する。この驚くべきテクストは、もはやキャロルの問題ではない問題を提起することになる。

(3) ミシェル・ビュトール「フィネガンのための敷居の粗描」『現代作家論 ジェイムズ・ジョイス』(清水徹訳、早川書房) 二九七頁。

# 第8セリー　構造

## レヴィ゠ストロースのパラドックス

レヴィ゠ストロースは、ラカンのパラドックスに類似したパラドックスを、二律背反の形態で示している。すなわち、二つのセリーが与えられるとき、一方はシニフィアンのセリーで他方はシニフィエのセリーであって、一方は過剰を提示し他方は不足を提示する。過剰と不足によって、二つのセリーは、永遠に不均衡で、永続的に移動しながら、相互に関係する。『コスモス』の主人公が言うごとく、シニフィアンの記号〔゠シーニュ〕には、常に余分のものがある。原初のシニフィアンは、言葉の秩序に属している。ところで、いかなる仕方で言葉が獲得されるにせよ、言葉の要素は、一挙に集合全体として与えられたはずである。言葉の要素は、相互の可能な示差的関係から独立して実在するわけではないからである。しかし、シニフィエは、一般に、認識されるものの秩序に属している。ところで、認識されるものは、前進的運動の法則に服していて、部分から部分へ、部分の外の部分（*partes extra partes*）へと進んで行く。そして、いかに認識が全体化を遂行しようとも、認識の全体化は、言語あるいは言葉の潜在的全体性に漸近的なままにとどまる。シニフィアンのセリーは予め全体性を組織するが、シニフィエのセリーは生産される全体性を順序付けるわけである。「宇宙は、それが何を意義するかが知られ始める前から、意義している。……人間は、誕生以来、シニフィアンの総体を駆使しているが、シニフィエが与えられてもそれが認識されないまま与えられるために、シニフィアンをシニフィエに割り当てるのにひどく困惑する。常にシニフィアンとシニフィエの間には不適合がある」(1)。

このパラドックスは、ロビンソンのパラドックスと名付けることができよう。というのは、明らかに、無人島のロビンソンが社会の類似物を再構築できるのは、相互に含意し合う規則と法のすべてを、その規則と法の対象がまだないときであっても、一挙に自己に与える場合だけだからである。反対に、自然の征服は、部分から部分へと、前進的で部分的である。どんな社会も、愛と労働の、親族と婚姻の、隷属と自由の、生と死の法的・宗教的・政治的・経済的規則のすべてを一度に手に入れるが、社会による自然の征服は、それなくして社会は規則なき場合以上に社会たりえぬのであるが、エネルギー源からエネルギー源へ、対象から対象へと、前進的に行なわれる。それゆえに、法の対象が知られる前から、法の対象が精確に知られえぬまま、法はその全重量でもって重くのしかかるのである。この不均衡こそが革命を可能にする。革命は技術的前進〔=進歩〕によって決定されるということではまったくない。そうではなくて、革命を可能にするのは、部分的な技術的前進に応じて経済的で政治的な全体性を再－改修することを要請する二つのセリーの間の懸隔である。したがって、二つの実は同じ誤りがある。改良主義やテクノクラシーは、誤って、技術的達成のリズムに合わせて社会関係の部分的改修を推進したり強制したりすることを主張する。全体主義は、誤って、当の時期に実在する社会全体のリズムに合わせて、意義しうるものと認識されるものの全体化を構成することを主張する。それゆえに、テクノクラートは、生まれながらにして、独裁者の友であり、電子計算機と専制の友である。しかし、革命家は、技術的前進と社会的全体性を切り離す懸隔の中で生き、そこに永久革命の夢を書き入れる。ところで、この永久革命の夢は、それだけで、行動であり、リアリティであり、既成秩序全体に対する効果的な脅威であって、自ら夢みるものを可能にするのである。

　レヴィ＝ストロースのパラドックスに戻ろう。シニフィアンのセリーとシニフィエのセリーの二つが与えられると、シニフィアンのセリーには自然な過剰が、シニフィエのセリーには自然な不足がある。必然的に、「浮遊するシニフィアン」がある。浮遊するシニフィアンは、すべての有限な思考を束縛するものであるが、すべての技法、すべての詩、すべての神話的で美的な発明をも保証する」し、付け加えるなら、すべての革命を保証するものである。次に、他方で、一種の浮遊させられるシニフィエがある。このシニフィエは、シニフィアンによって与えられるが「だからといって認識されない」し、指定されたり実現されたりするわけではない。レヴィ＝ストロースが目指すのは、このような仕方で、何とか（truc）、誰かさん（machin）、何ものか、何か（aliquid）といった語を、そして有名なマナ（あるいはまた、それ）をもこの仕方で解釈することである。「意味が空虚であり、それゆえに、いかなる意味をも受け入れ可能で、その唯一無比の機能は、シニフィアンとシニフィエの間の懸隔を埋めることである」という価値、「零記号の価値、言いかえるなら、既にシニフィエを充塡された記号に対して補足的な記号内容が必要であることを印すのだが、使用可能なストックの一部をなす場合には任意の価値を持ちうるような記号……」。ここで把握されるべきは、二つのセリーのうち、一つは過剰で、もう一つは不足で印されるということと同時に、二つの規定「過剰と不足」は決して均衡することなく交換されるということである。というのは、シニフィアンのセリーの中の過剰の内にあるものは、文字通りに、空虚な桝目、占有者なき位置であり、これは常に移動するし、シニフィエのセリーの中の不足の内にあるものは、位置付けられず認識されない員数外の所与、位置もなく常に移動させられる占有者であるからである。それらは、二つの顔を持つ同じものである。ただし、二つの顔は対をなさず、そのことによって、セリーは互いの差異を失うことなく交流する。これが、雌羊の店に到来する冒険、あるいは、秘教的な語が語る歴史物語である。

## 構造の条件

たぶん、われわれは、構造一般の最低条件を決定することができる。(1) 少なくとも二つの異質なセリーが必要である。一つは「シニフィアン」と、もう一つは「シニフィエ」と決定されるだろう（構造を形成するには、一つのセリーだけでは足りない）。(2) 各セリーを構成する項は、相互に保ち合う関係を通してのみ実在する。この関係、あるいはむしろ、この関係の価値に対して、極めて特殊な出来事が、言いかえるなら、構造の中で指定可能な特異性が対応する。まさに微分計算法において、微分関係の値に対して特異点の割り当てが対応するようなものである。(2) 例えば、音素の間の微分［＝示差的］関係は、言語の中で特異性を指定し、この特異性の「近傍」で言語に特徴的な音響性と意義が構成される。さらに、明らかに、セリーに隣接する特異性は、複雑な仕方で、他のセリーの項を決定する。あらゆる場合において、構造には、基底のセリーに対応する特異点の二つの配分が備わっている。それゆえに、構造と出来事を対立させることは不正確なのである。構造には、理念的出来事の台帳、言いかえるなら、構造に内的な全歴史が備わっている（例えば、セリーに「人物」が備わっているなら、歴史は、二つのセリーの中での人物の相対的位置に対応する全特異点を結び付ける）。(3) 二つの異質なセリーは、パラドックス的な要素に向かって収束する。このパラドックス的な要素は、二つのセリーの「差異化子［＝差異化するもの］」のようなものである。パラドックス的な要素は、特異性の放出の原理である。この要素はいずれのセリーにも属さない。あるいはむしろ、この要素は、同時に二つのセリーに属し、絶えずセリーを横切って循環する。だから、パラドックス的な要素の特性とは、自己自身に対して常に移動すること、「自分の位置を欠くこと」、自己同一性、自分との類似性、自分の均衡を欠くことである。パラドックス的な要素は、同時に他のセリーの中で不足として現出する条件で、セリーの中で過剰として現出する。ただし、一方の過剰の内にあるのは、空虚な桝目の資格において、他方の不足の内にあるのは、員数外の駒や桝目なき占有者の資格においてである。パラドックス的な要素は、同時に語かつ対象である。すなわち、秘教的な語、かつ、顕教的な対象である。

## 特異性の役割

パラドックス的な要素の機能とは、二つのセリーを相互に連節すること、二つのセリーを相互に反射させること、二つのセリーを交流させ共存させ分岐させることである。また、二つのセリーに対応する特異性を「もつれた歴史」の中で結び付けること、特異性の割り当てから別の割り当てへの移行を保証することで、要するに、特異点の再配分を遂行することである。また、パラドックス的な要素が過剰の内に現出する方のセリーをシニフィアンとして、パラドックス的な要素と相関的に不足の内に現出する方のセリーをシニフィエとして決定すること、とりわけ、シニフィアンのセリーとシニフィエのセリーの二つのセリーの中での意味の贈与を保証することである。というのは、意味は、シニフィカシオン〔意義〕と混同されないし、シニフィアンをシニフィアンとしてシニフィエをシニフィエとして決定するように自己に帰属するものであるからである。以上の結論として、セリーがなければ、各セリーの項の関係がなければ、この関係に対応する特異性がなければ、構造はない。とりわけ、すべてを機能させる空虚な桝目がなければ、構造はないのである。

(1) C・レヴィ＝ストロース「マルセル・モース論文集への序文」(M・モース『社会学と人類学』有地亨他訳、弘文堂) 四〇－四一頁。

(2) 微分計算法との比較対照は、恣意的で時代遅れに見えるかもしれない。しかし、時代遅れなのは、微分計算法の無限論的解釈だけである。十九世紀末には、ワイエルシュトラースが順序的で静的な有限解釈を与えており、これは数学的構造主義に極めて近いものである。そして、特異性の理論が微分方程式理論の本質的部分であることに変わりはない。微分計算法と現代の構造的解釈についての最良の研究は、C・B・ボイヤー (C. B. Boyer), *The History of the Calculus and Its Conceptual Development*, Dover, New York, 1959.

# 第9セリー　問題性

## 特異性と出来事

理念的な出来事とは何であろうか。それは特異性である。あるいはむしろ、特異性の集合であり、数学的曲線、物理的な事物の状態、心理的・道徳的人格を特徴付ける特異点の集合である。特異点とは、方向転換点、屈曲点などである。また、尖点、結節点、渦状点、渦心点である。また、溶解点、凝固点、沸点などである。また、涙と喜びの点、病気と健康の点、希望と不安の点、いわゆる感覚点である。しかしながら、このような特異性は、言説で自己表現する者の人格性とも、命題によって指示される事物の状態の個体性とも、姿形や曲線によって意義される概念の一般性や普遍性とも決して混同されない。特異性は、指示・表出・意義の次元とは別の次元の部分をなしている。特異性は、本質的に前-個体的であって、人格的ではなく、非-概念的である。特異性は、個人と集団、人称と非人称、特殊と一般に対して、また両者の対立に対して無差別である。特異性は中立的である。逆に、特異性は「正則〔＝通常〕」ではない。特異点は正則点に対立する。[1]

われわれは、特異性の集合は構造の各セリーに対応すると言っておいた。逆に、各特異性はセリーの源泉であって、そこからセリーは一定の方角へ別の特異性の近傍まで延びていく。この意味においてこそ、構造の中に発散する複数のセリーがあるというだけではなく、各セリーそのものが複数の収束する下位‐セリーによって構成されているということになる。基底の主要な二つのセリーに対応する特異性を取って見るなら、特異性が区別されるのは、特異性の割り振りの二つの場合によることがわかる。ある割り振りから別の割り振りに移ると、ある特異点は、消失したり二分［＝複製化］したりするし、あるいは、本性と機能を変えたりする。二つのセリーが共鳴し交流すると同時に、われわれは、ある割り振りから別の割り振りへと移行する。言いかえるなら、パラドックス的な審級がセリーを駆け巡ると同時に、特異性は、移動し再配分され変換され、集合的に変化する。特異性が真の出来事であるとするなら、特異性は、絶えず特異性を再配分する〈唯一の同じ出来事〉において交流し、特異性の変換は、歴史を形成するのである。ペギーは、歴史と出来事がこのような特異点と切り離せないことを深く見ていた。「温度の臨界点、溶解・凝固・沸騰・凝縮の点、また、凝結の点、結晶化の点があるように、出来事の臨界点がある。そして、出来事には、未来の出来事の断片の投入だけによって、沈殿し結晶化し決定される過溶解の状態さえもある」[2]。そして、ペギーは、特異性が正則点の線へ延びて別の特異性を取り戻し別の集合の中へ再配分される（二つの反復、悪しき反復と善き反復、束縛する反復と救済する反復）次第を語るための、夢想される限りで最も病理学的で最も美学的な言葉の間で、一つの全き言葉を発明することができたのである。

出来事は理念的である。ノヴァーリスが語ったことであるが、理念的な出来事と現実的で不完全な出来事の、二つの出来事の列がある。例えば、理念的なプロテスタンティズムと現実のルター主義である。(3) しかし、この区別は、二種類の出来事の間にではなく、本性的に理念的な出来事と事物の状態の中での空間的‐時間的実現の間にある。出来事と事故の間の区別である。出来事は、〈唯一の同じ出来事〉において交流する観念的な特異性である。だから、出来事は永遠真理を有しており、出来事の時間（＝時制）は、決して出来事を実現して実在させる現在ではなく、出来事が存続し存立する限りないアイオーン、不定形である。出来事だけが理念性である。プラトン主義の転倒とは、先ずは、本質を解任し、それに代えて特異性の噴出としての出来事を取ることである。二重の闘いの目的は、出来事と本質の独断論的混同を阻止することと出来事と事故の経験論的混同を阻止することである。

**問題と出来事**

出来事の様態は、問題性である。問題的な出来事があると言うべきではなく、出来事はもっぱら問題に関わり問題の条件を定めると言うべきである。幾何学での定理の考え方と問題の考え方を対比させる見事な箇所で、新プラトン派の哲学者プロクロスは、本質から演繹されるがままの特性に関わる定理に対して、問題のことを、論理的質料に影響を与えにやって来る出来事によって定義している（切断、除去、添加など）[4]。出来事は、それだけで問題的であり、問題化するものである。実際、問題を決定するのは特異点だけであり、特異点は問題の条件を表現する。われわれは、だからといって、それで問題が解かれるとは言わない。反対に、そこでは、問題が問題として決定されるのである。例えば、微分方程式の理論においては、特異性の実在と割り振りは、方程式そのものが定める問題的な場に相関的である。解については、解が現出するのは、積分曲線と、積分曲線がベクトル場の中の特異性の近傍でとる形態とを伴う場合だけである。したがって、明らかに、問題を問題として決定する条件によるなら、問題には常にそれに値する解があることになる。そして、実際、特異性が、方程式の解の発生を取り仕切っている。それでもやはり、ロトマンが語ったように、問題－審級と解－審級が本性を異にすることに変わりはない[5]。理念的出来事と空間的－時間的実現が異なるように。こうして、われわれは、思考の長きにわたる慣習と縁を切らなければならない。すなわち、問題性を、われわれの認識の主観的カテゴリーと見なす慣習、また、知が獲得されるなら解消されるがそれまでは必ずや悲しくも無知のまま不完全な仕方で歩まざるをえない経験的な時期と見なす慣習と縁を切らなければならない。いかに問題が解によって覆い隠されるにせよ、それでも問題は、問題を解に関係付け、解そのものの発生の条件を組織する〈理念〉の中に存続しているのである。この〈理念〉がなければ、解には意味がないであろう。問題性は、認識の客観的カテゴリーであると同時に、完全に客観的な存在の類である。「問題性」は、まさしく理念的客観性を形質化する。おそらく、カントが初めて、問題性を、一時的な不確実性とはせずに、〈理念〉に固有の対象とし、そうして、到来したり現出したりするすべてのものに不可欠の地平としたのである。

### 楽しい数学

そのとき、新しい仕方で数学と人間の関係を理解することができる。人間の特性を量化したり計測したりすることが眼目ではなく、一方では人間の出来事を問題化すること、他方では人間の出来事に相応する問題の条件を展開することが眼目である。キャロルが夢みた楽しい数学には、この二相がある。第一の相は、「もつれた歴史［＝もつれっ話］」と題されたテクストにはっきりと現出する。この歴史は、各回の問題に対応する特異性を取り囲む結節点で形成されている。その登場人物たちは、特異性を受肉し、問題から問題へと移動しては再配分され、第十番目の結節点の中で、親族関係の網の目に捕えられて再会することになる。消費可能な対象や表現可能な意味に差し向けられていたネズミのそれは、今では、あるときは食物の贈与に差し向けられ、あるときは問題の所与［＝贈与］や条件に差し向けられるデータ［*data*＝贈与されたもの］に置き換えられる。第二のより深い試みは、「小辞の力学」に現出する。「二本の線が平坦な表面を横切って単調な道を行くのを見ることができた。老いた方の線は、長い実践によって、若々しくて衝動的な場所では辛いやり方になるが、線の端点の極限まで公平に延びていく技法を獲得していた。しかし、若い方の線は、少女の激しさのままに、いつも逸れては双曲線や限りないロマン的曲線になりがちであった。……運命と中間の面とによって、これまで二つの線は引き離されたままであったが、それももう長くは続かなかった。一本の線が二本の線に交差して、二つの内対角の和は二直角より小さくなってしまったのである……」。

このテクストにも、『シルヴィーとブルーノ』の有名なテクスト「昔、合致は、小事故を伴って散歩に出発した」にも、単純なアレゴリーも数学の安易な人間化も見られないだろう。外角を熱望する平行四辺形、円に内接できぬことを嘆く平行四辺形、「切断と除去」を被って苦しむ曲線、こうしたものについてキャロルが語るとき、むしろ想起すべきは、心理的で道徳的な人格も前人称的な特異性で作られるということ、また、人格の感情、人格のパトスは、特異性の近傍で、危機・方向転換・沸騰の感覚点、結節点と渦状点の近傍で構成されるということである（例えば、キャロルが、平易な怒り（*plain anger*）［plain angle は平面角］や正しい怒り（*right anger*）［right angle は直角］と呼ぶもの）。キャロルの二つの線は、二つの共鳴するセリーのことを想起させる。二つの線の熱望は、もつれた歴史の流れの中で一方から他方へ移行し再配分される特異性の割り振りのことを想起させる。ルイス・キャロルが言うように、「平坦な表面は、言説の特徴なのである。

そこでは、任意の二つの点が与えられるなら、話す方の点は、二点が定める方角からまったく誤った方に延びるように決定されている」[6]。まさに「小辞の力学」において、キャロルは、セリーの理論と、セリーの中で順序付けられる小辞の次数や乗数の理論を素描しているのである（「*LSD*、大きな数値の関数（*a function of great value*）……」［「土曜日のリーダー（Leader in the Saturday）」を識別＝微分する（differentiate）。するとLSD（ポンド・シリング・ペンス£.s.d.）が得られる。これは大きな価値の役職＝関数」］）。

## 無作為抽出点と特異点

出来事について語ることができるのは、その出来事によって条件が決定される問題の中においてだけである。出来事について語ることができるのは、問題的な場で展開されてその近傍で解を組織する特異性として語るときだけである。それゆえに、問題と解の方法が、キャロルの全作品を駆け巡って、出来事とその実現についての学的言葉を構成する。ただし、各セリーに対応する特異性の割り振りが問題の場を構成するとするなら、セリーを駆け巡り共鳴させ交流させ分岐させて、全再開と全変換と全再配分を命令するパラドックス的な要素を、どのように特徴付けることができるだろうか。この要素そのものは、問いの場所として定められるはずである。問題は、セリーに対応する特異点によって決定されるが、問いは、空虚な桝目や可動的な要素に対応する無作為抽出点［＝運任せ点＝運点］によって決定される。特異性の変身や再配分は歴史を形成し、各組み合わせ、各割り振りが出来事である。しかし、パラドックス的な審級は、そこですべての出来事が交流して配分される〈出来事〉であり、他のすべての出来事がその断片と破片である〈唯一無比の出来事〉である。問題の方法に裏を張る問い－答えの方法、〈問題性〉の基礎となる〈審問性〉、これにジョイスが意味を与えることになるだろう。問いは問題の中で展開され、問題は基礎的な問いの中に包含される。そして、解は問題を削除することはなく、反対に、それがなければ解に意味がなくなる条件が問題において存続するのが見出されるのと同様に、答えは決して問いを削除も満たしもしないし、問いはすべての答えを横切って継続している。したがって、問題が解なきままで、問いが答えなきままでいる相があることになる。この意味において、問題と問いは、それだけで、観念的な対象性を指示し、固有の存在、最小の存在を持つのである（『不思議の国のアリス』の「答えなきクイズ」参照）。既に見たように、秘教的な語は、問題と問いに本質的に結び付いている。一方で、カバン－語は問題と切り離せない。問題は、分岐するセリーの中で展開する。そして、主観的不確実性を表現するのではなく、反対に、到来したり現出したりするものの地平を前にする精神の客観的均衡を表現する。すなわち、リチャードなのかウィリアムなのか、湯気立った－怒ったなのか怒った－湯気立ったなのかという問題は、その都度、特異性の配分を伴うのである。他方で、空白の語、あるいはむしろ、空白の語を指示する語は、セリーを横切って包摂され展開される問いと切り離せない。この要素は、自分の位置、自分自身への類似性、自己同一性を常に欠いているが、それに伴って移動する根本的な問い、すなわち、スナークとは何か、フリッツとは何か、〈それ〉とは何かという問いは、当然にも、この要素を対象とするのである。リフレインが巡ってくるたびにその節がセリーを形成していくような歌のリフレイン、すべての名前がそれを「呼ぶ」語でありながら、いかなる語もその空白を埋めることのないマジック・ワード、こうしたパラドックス的な審級こそが、かの特異な存在、つまり、問いそのものに対応し、問いに答えることなく問いに対応する「対象性」である。

(1) 先ほどは、「中立」としての意味は、他の様相に対してと同様に単独〔＝特異＝単称〕にも対立するように見えた。その際には、単独性が、指示と表出との関係において定められただけであり、点的なものとしてではなく、個人的ないし人格的なものとしてだけ定められていたのである。今は、反対に、単独性は中立的領野の部分をなしている。

(2) ペギー『歴史との対話—クリオ—』（山崎庸一郎訳、中央出版社）三八九—三九〇頁。

(3) ノヴァーリス（Novalis), *L'Encyclopédie*, tr. Maurice de Gandillac, éd. de Minuit, p. 396.

(4) プロクロス（Proclus), *Commentaires sur le premiere livre des Eléments d'Euclide*, tr. Ver Eecke, Desclee de Brouwer, pp. 68 sq.

(5) アルベール・ロトマン（Albert Lautman), *Essai sur les notions de structure et d'existence en mathématiques*, Hermann, 1938, t. II, pp. 148-149. et *Nouvelles recherches sur la structure dialectique des mathématiques*, Hermann, 1939, pp. 13-15. 参照。また、特異性の役割については、*Essai*, II, pp. 138-139 ; et *Le Problème du temps*, Hermann, 1946, pp. 41-42.

ペギーは、彼なりに、出来事や特異性と、問題と解のカテゴリーとの本質的関係を見ていた。『歴史との対話—クリオ—』三八九—三九〇頁参照。「そして、終わりが見えない問題、出口なき問題……」など。

(6) われわれは、原文の動詞 *lie* の二つの意味を、「誤った方に延びる」と訳してみた。

# 第10セリー　理念的なゲーム

## 通常のゲームの規則

ルイス・キャロルは、ゲームを発明したり既知のゲーム（テニス、クロッケー）の規則を変えたりするだけでなく、一見したところ意味と機能を見出し難い、ある種の理念的なゲームを引き合いに出す。例えば、『不思議の国のアリス』のコーカス・レースでは、誰もが望むときにスタートし、誰もが思いのままにストップする。クロッケーの試合では、球はハリネズミ、打球槌はピンクのフラミンゴ、ゲートは、絶えず試合場の端から端まで移動する兵士である。これらのゲームの共通点は、極めて流動的であること、明確な規則がなく、勝者も敗者もないように見えることである。われわれは、自己矛盾するように見えるこんなゲームを「認識すること」はない。

既知のゲームは一定数の原理に対応しており、それら原理は理論の対象になりうる。この理論は、規則の本性が異なるだけの二種類のゲーム、つまり技巧のゲームにも偶然のゲームにも当てはまる。(1) 規則の集合が、ゲームの実行以前に先在し、ゲームが為されるなら、定言的な価値を持つことがともかく必要である。(2) 規則が決定するのは、偶然を分割する仮説、失点と得点の仮説である(もし……ならば、行なわれることは)。(3) 仮説は、複数の指し手[=一手、プレイヤーによるプレイ]を基礎にゲームの実行を組織する。指し手は、リアルに区別されたり数的に区別されたりするが、各指し手は、固定した配分を操作して一定の場合分けを行なう(指し手が一回のゲームのときでも、指し手が指し手としての価値を持つのは、当の指し手が操作する固定した配分と指し手の特定の数値によっている)。(4) 指し手の帰結は、「勝利か敗北」の二者択一に向けて整理される。以上より、標準的ゲームの特徴は、先在する定言的規則、[場合を]配分する仮説、固定した数的に区別される配分、遂次的[=帰結的]な成果である。標準的なゲームは、二つの資格で部分的である。それは人間の活動の一部を占めるにすぎないからであり、また、たとえそれを絶対的なものに押し上げるとしても、それは幾つかの点で偶然を留置するにすぎず、残るところを、帰結への機械的展開や原因性の技法としての技巧に委ねてしまうからである。したがって、標準的なゲームは、それ自体としては混合的なので、労働や道徳といった他のタイプの活動に差し向けられざるをえない。かくて、標準的ゲームは、労働や道徳の戯画や代償であり、労働や道徳の要素を新たな秩序に統合することになる。賭けをするパスカルの人間であれ、チェスをするライプニッツの神であれ、ゲームが明示的にモデルとして採用されるのは、ゲームそのものがゲーム以外のものを暗黙のモデルとしているからにすぎない。すなわち、〈善〉や〈最善〉の道徳的モデル、原因と結果、手段と目標の経済的モデルを暗黙のモデルとしているのである。

## 異常なゲーム

人間の小さなゲームに「大きな」ゲームを、また、人間のゲームに神のゲームを対比させるだけでは足りない。ゲームを純粋にする別の原理、外見的には適用不可能な原理を想像する必要がある。(1) 先在する規則がなく、指し手ごとに規則が発明され、指し手が当の規則に書き込まれる。(2) 偶然を分割して一定数のリアルに区別される指し手にするのではなく、指し手の集合が、全体として偶然を肯定し、絶えず偶然を各指し手へと分岐させていく。(3) したがって、指し手は、リアルにも数的にも区別されない。指し手は、質としては区別されるが、存在論的には一つの、唯一の同じ投擲の質的な形態になる。各指し手そのものがセリーであるが、ただし思考可能な連続的時間の最小より小さい時間のセリーである。このセリーの最短に特異性の配分が対応するわけである。①各指し手は、特異点を放出して、サイコロの点を放出する。ところが、指し手の集合は、無作為抽出点の中に包括される。この無作為抽出点は、唯一無比の投擲であって、思考可能な連続的時間の最大より大きい時間で、すべてのセリーを横切って絶えず移動している。指し手は、相互に継起的であるが、この無作為抽出点に対しては同時的である。この点は、常に規則を変更し、対応するセリーを分岐させて調整し、各セリーの全径路に偶然を吹き込んでいる。唯一無比の投擲はカオスであって、各指し手はその破片ということになる。各指し手は、特異性の配分、布置［＝星座］を操作する。しかし、仮説に順応して固定された成果の間の閉空間を分割するのではなく、可動的な成果が、唯一無比の投擲の分割されない開空間の中で割り振られる。これが定住的ではないノマド的な配分［＝分布］であり、そこでは、特異性の各システムが、他のシステムと交流して共鳴し、最大の投擲の中で、同時に相互に含み合っている。これが、もはや定言的なものと仮言的なもののゲームではない、問題と問いのゲームである。

(4) 規則なきゲーム、勝者も敗者もいないゲーム、責任なきゲーム、無垢のゲーム、技巧と偶然が区別されないコーカス・レース、こんなゲームには何のリアリティもないように見える。しかも、こんなゲームは誰も楽しまないだろう。それは、間違いなく、パスカルの人間のゲームでも、ライプニッツの神のゲームでもない。実際、パスカルの道徳的な賭けには実に多くの誤魔化しがあるし、ライプニッツの経済的な組み合わせの中には実に多くの悪しき指し手がある。間違いなく、それらは、芸術作品の世界に属するものではない。われわれが語っている理念的なゲームは、人間や神によっては実行されえないものである。理念的なゲームは、思考されるしかないし、しかも無 - 意味として思考されるしかない。まさしく、理念的なゲームは、思考そのもののリアリティである。理念的なゲームは、純粋思考の無意識である。各思考こそが、意識的に思考可能な連続的時間の最小より小さい時間でセリーを形成する。各思考こそが、特異性の配分を放出する。あらゆる思考は、〈一つの長い思考〉において交流する。この長い思考は、自らの移動にノマド的な配分の全形態や全姿形を対応させ、到る所に偶然を吹き込み、各思考を分岐させ、「あらゆる回」に代わる「各回」を「一回」で結び付ける。というのは、すべての偶然を肯定すること、偶然を肯定の対象とすること、これをできるのは思考だけであるからである。そして、このゲームを思考の中以外でやろうとしても何も到来しないし、芸術作品以外の成果を生産しようとしても何も生産されない。したがって、理念的なゲームは、思考と芸術のために確保されたゲームである。そこでは、偶然を支配するために、賭けるために、稼ぐために偶然を分割するのではなく、遊ぶことができる者、言いかえるなら、偶然を肯定し分岐させることができる者のためにだけ勝利がある。思考の中にしかなく芸術作品以外の成果のないこのゲームは、思考と芸術をリアルにするものであり、世界のリアリティを、世界の道徳性と経済を攪乱する。

## 時間の二つの読み方：アイオーンとクロノス

既知のゲームでは、偶然は、一定の点に、例えば、ルーレットの運動と投擲された球の運動という独立した因果的セリーが出会う点に固定される。一回、出会いが起こってしまえば、セリーは混じり合って、一切の新たな介入から保護されながら同じレールを辿って行く。突然プレイヤーが身を傾けて、球を加速したり逆行させたりするために全力で息を吹きかけたなら、そのプレイヤーは捕まえられて追い出され、その回の指し手は無効にされるだろう。しかしながら、プレイヤーは、少しばかりの偶然を再送入する以外の何をしたというのだろうか。かくてボルヘスはバビロンのくじをこう記述している。「くじが偶然の強化でありカオスのコスモスへの定期的注入であるなら、偶然が介入すべきは、くじ引きの一段階ではなくすべての段階であるのが相応しくはないだろうか。偶然が誰かに死を命じておきながら、当の死の状況が偶然に服さないのは明らかに不条理ではないであろうか。死の留保、死の公開、死の一時間か一世紀かの遅延なども偶然に服すべきではないのか。現実には、くじ引き［の本数・回数］は無限である。いかなる決定も最終決定ではなく、すべての決定は分岐していく。無知な者は、無限のくじ引きは無限の時間を要すると思っている。実際は、時間が無限に下位分割可能であれば十分である。〈亀との争い〉の有名な寓話が示すように(2)」。このテクストが投げかける根本的な問いは、無限である必要はないがただ「無限に下位分割可能である」時間とは何かということである。その時間が、アイオーンである。既に見たように、過去・現在・未来は、同じ時間性の三つの部分ではなく、時間についての排反的な二つの完備な読み方を形成する。一方で、常に限られる現在は、原因としての物体の能動と、深層の物体の混在の状態を計測する（クロノス）。他方で、本質的に限られることのない過去と未来は、効果である限りでの非物体的出来事を表面で取り集める（アイオーン）。ストア派の思考が偉大なのは、二つの読み方が共に必要であることと相互排他的であることを同時に示したからである。あるときは、こう言われよう。現在だけが実在し、現在が自己の内に過去と未来を吸収して縮約し、縮約を重ねるにつれ深くなって、〈宇宙全体〉の限界に達してコスモス的な生ける現在になる。そのとき、〈宇宙〉が再開始して、そのすべての現在が回復されるためには、弛緩の順序に従って進行すれば十分であることになる。したがって、現在の時間は、常に限られる時間であるが、循環的であるが故に無限であり、〈同じもの〉の回帰としての物理的な永遠回帰に命を吹き込み、〈原因〔＝大義〕〉の智恵としての道徳的な永遠の智恵に命を吹き込む。反対に、あるときは、こう言われよう。過去と未来だけが存続し、過去と未来が、いかに小さくとも現在を無限に下位分割し、その空虚な線上に現在を並べる。各現在は無限に過去と未来に分割されるから、過去と未来の相補性は明らかである。あるいはむしろ、このような時間は自己に戻らないが故に無限というのではなく、純粋な直線の両端は絶えず過去と未来へ遠ざかっていくので、限られてはいないのである。アイオーンには、クロノスの迷路とはまったく異なるより怖ろしい迷路がないだろうか。また、別の永遠回帰と別の倫理（〈効果〔＝結果〕〉の倫理）を命ずる迷路がないだろうか。再びボルヘスの言葉に注意を向けよう。「私は、ギリシアの一直線の迷路を知っている。……今度あなたを殺すときには、一本の途切れぬ直線からなる見えない迷路にご案内しよう」(3)。

ある場合には、現在がすべてであり、過去と未来が指し示すのは、より小さな広がりの現在と、より大きな広がりを縮約する現在という二つの現在の相対的な差異だけである。別の場合には、現在は、何ものでもなく、純粋な数学的瞬間であり、現在を分割する過去と未来を表現する理論上の存在である。要するに、二つの時間のうち、一つは入れ子状の現在だけで合成され、もう一つは過去と未来に分解されて伸ばされていく。一つは常に確定され能動的か受動的であり、もう一つは永遠に〈不定〉であり永遠に中立的である。一つは、循環的であって、物体の運動を計測し、時間を限定し充足する物質に従属する。もう一つは、表面の純粋な直線であって、非物体的であり、限られることはなく、時間の空虚な形態であり、すべての物質から独立している。「ジャバーウォッキー」の秘教的な語の一つ*wabe*（パリゾによるとl'alloinde［並木道遠し］）は二つの時間に感染する。というのは、第一の意味として、*wabe*は動詞*swab*［拭き取る］や*soak*［浸す］から出発して把握されねばならず、*wabe*は日時計を取り囲む雨に濡れた芝生を指示する。それは可変的な生ける現在の物理的で周期的なクロノスである。しかし、別の意味として、*wabe*は、前にも後ろにも延びる並木道、*way-be*［道－（前－後）に］、「前に長き道、後ろに長き道（*a long way before, a long way behind*）」である。それは、広げられた非物体的なアイオーンであり、物質を厄介払いして自律的になり、過去と未来の二つの方向に一回で逃げ去る。そこでは、『シルヴィーとブルーノ』の仮説に従えば、雨さえも水平に降るのである。ところで、直線で空虚な形態のアイオーンは、出来事－効果の時間である。現在が計測するものは、出来事の時間的実現、言いかえるなら、作用する物体の深層での出来事の受肉化、事物の状態の中での出来事の物体化であるのに対して、出来事そのものは、その非情と不可入性のために現在には属しておらず、一回で二つの方向へ後退かつ前進する。そして、出来事は、何が通り過ぎにやって来るのか、何が通り過ぎてしまったのかという二つの問いの不断の対象である。そして、出来事は常に、通り過ぎにやって来ると共に通り過ぎてしまった何ものかであって、決して通り過ぎている何ものかではないということが、純粋な出来事が不安にさせる所以である。それが通り過ぎてしまったと感知される $x$ は「小説」の対象である。また、通り過ぎにやって来る $x$ は「譚」の対象である。純粋な出来事は、譚と小説であって、決して報道［＝現代性＝現実性］ではない。この意味において、出来事はサインである。

## マラルメ

ストア派は、サインは、常に現在であり、現在の事物のサインであると語ることがある。すなわち、致死的な傷を負った者について、その者は傷つけられた、かつ、その者は死ぬであろうと語ることはできず、その者は傷つけられたのである、かつ、その者は死ぬであろうはずであると語ることができるというわけである。この現在はアイオーンとは矛盾しない。反対に、それこそが理論的存在としての現在であって、これが、通り過ぎてしまった何ものかと通り過ぎにやって来る何ものかに無限に下位分割され、常に一回で二方向に逃げ去るのである。別の現在、生ける現在の方は、通り過ぎて出来事を実現する。それでも、出来事はアイオーン上で永遠真理を失いはしない。アイオーンは、永遠に出来事を近い過去と間近な未来に分割し、絶えず出来事を下位分割し、出来事を押しやりながらも相変らず差し迫ったままにしておく。出来事とは、アイオーンの空虚な現在の中では、永遠性の中では、誰も死んでないが、常に誰かが死んだばかりで、常に誰かが死なんとしているということである。パントマイムで演じられるべき殺人の純粋な理念性を記述しながら、マラルメはこう語っている。「ここでは先取りし、あそこでは思い出し、未来へ、過去へ、現在という偽りの外観の下で。これがパントマイム師の遂行することである。パントマイム師の演技は、不断の暗示にとどまり、鏡を割ることはない」。(4) 各出来事は、近い過去と間近な未来に分割されるから、最小の時間であり、思考可能な連続的時間の最小より小さい時間である。しかしまた、各出来事は、絶えずアイオーンによって下位分割されアイオーンの限りない線に等しくされるから、最長の時間であり、思考可能な連続的時間の最大より長い時間である。こう解そう。アイオーン上の各出来事は、クロノスの中の最小の下位区分より小さいが、クロノスの最大の分割者、言いかえるなら、周期全体よりも大きいのである。一回で二つの方向に限りなく下位分割されて、各出来事は、アイオーンに沿って延びて、二つの方向でアイオーンの直線と共外延的になる。そのとき、われわれは、周期とは何の関係もない永遠回帰が近づくのを、あるいは、一本の厚みのない直線の迷路であるだけにますます怖ろしい迷路に既に入っているのを感知するだろうか。アイオーンとは、無作為抽出点が引く直線である。各出来事の特異点は、常に無作為抽出点に対して、この線上で配分される。無作為抽出点は、特異点を無限に下位分割し、そのことで特異点を相互に交流させ、特異点を全直線上に延伸する。各出来事はアイオーン全体に相応しくなり、各出来事は相互に交流して、すべての出来事が、〈唯一の同じ出来事〉、アイオーンの出来事を形成する。そこで各出来事は永遠真理を持つ。ここに出来事の秘密がある。すなわち、出来事はアイオーンの上にあるがアイオーンを満たしはしないのである。どうして非物体的なものが非物体的なものを満たせるだろうか。どうして不可入なものが不可入なものを満たせるだろうか。物体だけが侵入されるし、クロノスだけが、それが計測する事物の状態と対象の運動で満たされる。しかし、時間の広げられた空虚な形態たるアイオーンは、そこに住み着かずに取り付くもの、つまり、あらゆる出来事に代わる〈出来事〉を無限に下位分割する。それゆえに、出来事や効果の間の統一性は、物体的原因の間の統一性とまったく異なるタイプになるのである。

アイオーンこそ、理念的プレイヤーあるいはゲームである。吹き込まれて分岐する偶然である。アイオーンこそ、唯一無比の投擲であり、すべての指し手はそれとは質的に区別される。アイオーンは、少なくとも二つの図表で、二つの図表の接点で、ゲームをするかゲームをされる。アイオーンは、接点に二等分線を引く。アイオーンは、その直線に沿って、二つの図表に対応する特異性を取り集めて割り振る。二つの図表ないしセリーは、天空と大地、命題と事物、表現と消費のようなものである。キャロルなら、掛算の図表と食事の図表［＝テーブル］と言うだろう。アイオーンは、精確には二つの図表の境界であり、二つの図表を分離する直線であるが、二つの図表を連節する平坦な表面、不可入な硝子や鏡でもある。だからこそ、アイオーンは、セリーを横切って循環し、絶えずセリーを反転させて分岐させ、一つの顔の下では、唯一の同じ出来事を命題の表現可能なものにし、もう一つの顔の下では、事物の属性にする。これが、マラルメのゲーム、言いかえるなら、「書物」である。すなわち、二つの図表〈折られた同じ一枚の紙の最初の紙葉と最後の紙葉〉、特異性を授けられる内部の多数のセリー〈交換可能な動く紙、星座-問題〉、セリーを反転させ分岐させる二つの顔を持つ直線〈「中央の純度」「ヤヌス神の下の方程式」〉を伴う書物であり、そして、この直線上で絶えず移動し、一方で空白の桝目として他方で員数外の対象として現出する無作為抽出点〈頌歌とドラマ、あるいは、「神父の少し、踊り子の少し」、あるいは、書物の建築学的要素として、書類棚のある漆塗りの家具と、桝目〔＝引き出しの仕切り〕を外れた帽子〉を伴う書物である。ところで、マラルメの〈書物〉について少し練り上げている四つの断片では、微かにキャロルのセリーに呼応して何ものかがマラルメの思考で共鳴している。ある断片は、二重のセリーを、すなわち、事物や命題、食べることと話すこと、摂取することや供与されること、招く婦人を食べることか招待に応ずることを展開している。次の断片は、語の「有り難い確固とした中立性」、命題に対する意味の中立性と命令を聞く者に対する表現される命令の中立性を解き放っている。別の断片は、二人の交錯する女性の姿形でもって、命題の意味としての一面と事物の状態の属性としての一面を提示する常に不均衡な〈一つの出来事〉の唯一無比の線を示している。最後に、別の断片は、線上を移動する無作為抽出点を示している。すなわち、『イジチュール』や『骰子一擲』の点であり、これは、飢え死にする老人と、「というのは、飢え死には老人に再開始する権利を与えるから……」との話し言葉から生まれる子どもによって二重に指し示される点である。(5)

(1) 最短の連続的時間より短い時間の観念については、付論I－II参照。

(2) J・L・ボルヘス「バビロンのくじ」『ボルヘス「伝奇集」』(鼓直訳、福武書店) 六五－六六頁。(「亀との争い」は、ゼノンのパラドックスだけでなく、先に見たルイス・キャロルのパラドックスも示唆していると思われる。ボルヘスは「亀の変容」『ボルヘス・コレクション 論議』(中島信明訳、国書刊行会) 二〇二－二〇四頁で後者を要約している)。

(3) ボルヘス「死とコンパス」『ボルヘス「伝奇集」』一四二頁 (ボルヘスはそれほど先に進めておらず、迷路を循環的ないし周期的としか見ていないようである)。

ストア派の思考の註釈者の中では、特にヴィクトル・ゴルトシュミット (Victor Goldschmidt) が時間の二つの捉え方の共存を分析していた。一つは、可変的な現在、もう一つは、過去－未来への限りない下位分割である (*Le Système stoïcien et l'idée de temps*, Vrin, 1953, pp. 36-40.)。ゴルトシュミットは、二つの方法、二つの道徳的態度がストア派にあることも示している。しかし、二つの態度が二つの時間に対応するのかという問いは曖昧にされている。ゴルトシュミットの註釈によれば、対応していないようである。ましてや、極めて異なる二つの永遠回帰が二つの時間に対応するのかという問いは、ストア派の思考には (少なくとも直接的には) 現出していない。われわれは後にこの点に立ち返る。

(4) マラルメ Mallarmé,《Mimique》, *Oeuvres*, Pléiade, Gallimard, p. 310.

(5) *Le*《*Livre*》*de Mallarmé*, Gallimard (「〈書物〉について」『マラルメ全集』別冊III (清水徹、筑摩書房) 参照)。「書物」の構造と特に四つの断片については、ジャック・シェレル (Jacques Scherer) の研究を参照 (pp. 130-138)。二つの作品が出会い幾つかの問題が共通するにもかかわらず、マラルメがルイス・キャロルを認知していたとは思われない。ハンプティ・ダンプティに関連するマラルメの「マザー・グース (ナーサリー・ライムズ)」でさえ、別の源泉に依拠している。

# 第11セリー　無-意味

## パラドックス的要素の特徴

パラドックス的要素、永久運動体（*perpetuum mobile*）などの特徴を要約しよう。パラドックス的要素の機能は、異質なセリーを駆け巡って、一方でセリーを調整し共鳴させて収束させ、他方でセリーを分岐させて各セリーに多数の分離を導入することである。パラドックス的要素は、同時に語＝ｘかつ事物＝ｘである。パラドックス的要素には二つの顔がある。というのも、パラドックス的要素は二つのセリーに同時に属するからである。しかし、二つの顔は決して相互に均衡せず結合せず対にならない。というのも、パラドックス的要素は常に自己自身に対して不均衡であるからである。この相関性と非対称性を説明するために、われわれはさまざまなカップルを用いてきた。すなわち、パラドックス的要素は、同時に、過剰と不足、空虚な桝目と員数外の対象、占有者なき位置と位置なき占有者、「浮遊するシニフィアン」と浮遊させられるシニフィエ、秘教的な語と顕教的な事物、空白の語と暗闇の対象である。それゆえに、パラドックス的要素は、常に二つの仕方で指示される。「スナークはブージャムだったから。よく想像せよ」。ブージャムがスナークの特別に恐るべき種類であると想像するのは避けるべきである。ここでは類と種の関係は適切ではなく、究極的な審級の非対称的な二つの半分ということだけが適切である。同様に、セクストス・エンペイリコスの伝えるところでは、ストア派は、意味を欠いた語・ブリテュリ（*Blituri*）を駆使したが、相関するスキンダプソス（*Skindapsos*）との二重語［語源を同じくする語］として用いていた[1]。ブリテュリはスキンダプソスだったから、よく見たまえ、と。一方のセリーでは語＝xであるが、同時に他方のセリーでは事物＝xである。おそらく、後で見るように、セリーが交流して共鳴し「もつれた歴史」を形成する限りでは、アイオーンに第三の相として行為＝xを付け加える必要がある。スナークは、未聞の名前であるが不可視の怪物でもあり、そして、途方もない行為に、すなわち、それを終えると狩人が消失して自己同一性を失うような狩りに差し向けられている。ジャバーウォックは、未聞の名前であり空想的な動物であるが、途方もない行為や大殺戮の対象でもある。

### 無-意味とは：無-意味の二つの姿形

先ず、空白の語は、任意の秘教的な語（それ・物・スナークなど）によって指示される。この空白の語や一階の秘教的な語の機能は、二つの異質なセリーを調整することである。次いで、秘教的な語の方は、カバン-語、つまり、セリーを分岐させる機能を持つ二階の語によって指示されうる。これら二つの位階に対応して、二つの異なる姿形がある。第一の姿形。パラドックス的要素は同時に語と事物である。言いかえるなら、パラドックス的要素を指示する空白の語や、空白の語を指示する秘教的な語は、やはり事物を表現する特性を持っている。パラドックス的要素は、まさに自己が表現するものを指示し、自己が指示するものを表現する語である。その語は、自己自身の意味を指示するのだが、自己が指示するものも表現する。ただ一回で、その語は、何かを語り、語られることの意味を語る。つまり、その語は自己自身の意味を語る。そのことによって、その語はまったく異常なのである。われわれの知るところでは、意味を授けられるすべての名前の標準的な法則は、まさしく名前の意味は別の名前によってのみ指示されうるということである（$n_1 \rightarrow n_2 \rightarrow n_3$……）。自己自身の意味を語る名前は、無-意味以外ではありえない（$N^n$）。無-意味は語「無-意味」と一体をなし、語「無-意味」は、意味のない語、言いかえるなら、無-意味を指示するために慣習的に用いられている語と一体をなす。第二の姿形。カバン-語は、それ自身二者択一の原理であり、その二つの項を形成する（湯気怒った＝湯気立った-かつ-怒った、あるいは、＝怒った-かつ-湯気立った）。このような語の潜在的な部分は、別の部分の意味を指示したり、この意味を指示する別の部分を表現したりする。この形態においても、語は全体としては自己自身の意味を語っており、それは新たな資格において無-意味である。実際、意味を授けられる名前の標準的な第二の法則は、名前の意味でもって、名前が入り込む二者択一を決定することはできないということである。したがって、無-意味には二つの姿形がある。一つは後退の総合に対応し、もう一つは分離の総合に対応する。

こう反論されよう。以上のすべては何も言ったことにはならない。無-意味が自己自身の意味を語ると想定するなど悪しき言葉遊びだろう。無-意味は、定義上、意味を持たないのだから。このような反論は成り立たない。無-意味は意味を持たないという意味があると語れば、言葉遊びである。しかし、われわれの仮説はそうではない。反対に、われわれが無-意味は自己自身の意味を語ると想定するとき、われわれが指し示したいことは、意味と無-意味には特殊な関係があるということ、その関係を真と偽の関係から転写できないということ、言いかえるなら、その関係を単なる排除の関係と見なせないということである。これはすぐれて、意味の論理の最も一般的な問題である。すなわち、意味と無-意味の間に、真と偽の関係に類似する関係を見出すためであるとしたら、真の球面から意味の球面へ上昇することが何の役に立つであろうか。既に見たように、条件付けられるものから条件へと上昇して、条件を条件付けられるもののイマージュに合わせて［=に似せて］単なる可能性の形態として認めることほど虚しいことはない。条件とその陰画の関係は、条件付けられるものとその陰画の関係と、同じタイプのものではありえない。意味の論理は、意味と無-意味の間に、独特なタイプの内在的な関係、余現前［=共現前］の様式を定立するように必ず決定されているのである。当面のところ、われわれとしては、無-意味を自己自身の意味を語る語として取り扱うことで、その内在的な関係と余現前の様式を示唆できるだけである。

## 無－意味から派生する不条理（意義なし）の二つの形態

パラドックス的要素は、先の二つの姿形をとる無－意味である。しかし、二つの姿形は標準的諸法則に真正面から対立するのではない。反対に、二つの姿形は、意味を授けられる標準的な名前を、自分には適用されないこれらの法則に従わせるのである。標準的な名前が意味を持つためには、当の意味が別の名前によって指示されるべきであり、当の意味が別の名前が埋めるべき分離を決定するべきであるというわけである。意味を授けられる名前がこれらの法則に服する限りで、その名前は意義の決定を受け取る。意義の決定は、法則とは同じことではなく、法則から派生することである。意義の決定によって、名前、言いかえるなら、語と命題は、概念、特性やクラスに差し向けられる。こうして、後退の法則によるなら名前の意味は別の名前によって指示されなければならないが、これら次数の異なる名前は、意義の観点からすると異なる「タイプ」のクラスや特性に差し向けられる。特性や個体を対象とする特性は、前者より高次のタイプでなければならず、対象を含むクラスは対象より高次のタイプでなければならない。そのとき、集合は、自己を要素として含むことも、異なるタイプの要素を含むこともできなくなる。同様に、分離の法則に合わせて、意義の決定が告げるところでは、特性や項に関して分類が行なわれる場合、その特性や項は、当の特性や項によって分類されるのと同タイプのグループに属することはできない。要素は、自己が決定する下位-集合の部分をなすことも、自己がその存在を前提とする集合の部分をなすこともできなくなる。したがって、無-意味の二つの姿形には、「意義を欠く」と定義されるものとパラドックスを構成するものの二つの不条理の形態が対応する。すなわち、自己を要素として含む集合、自己が想定する集合を分割する要素。また、あらゆる集合の集合、連隊の理髪師。したがって、不条理とは、ある場合には、後退の総合における形態の水準の混同であり、ある場合には、分離の総合における悪循環である。[2]意義の決定の関心事とは、無-矛盾の原理と第三項排除の原理〔=排中律〕を、既成のものとして受け取るのではなく産出することである。パラドックスは、意義を欠く命題の中で、矛盾の発生と〔矛盾の〕封入の発生を引き起こすのである。たぶん、こうした観点から、命題の結び付きについてのストア派の考え方を検討する必要がある。というのは、ストア派が「明ければ、明るい」や「この女性が乳を出すなら、彼女は出産した」の類の仮言命題に多くの関心を払うとき、註釈者たちが正しく警告するように、語の現代的意味における物理的遂次性の関係や因果性の関係が眼目ではないことは確かであるが、たぶん、註釈者たちはそこに同一性の結び付きの下での論理的帰結だけを見る点で間違えているからである。ストア派は、仮言命題の構成メンバーに番号を付していた。つまり、われわれは、「明るくなること」〔原書は「明けること」〕や「出産したこと」を、それが向かうこと（「明けること」〔原書は「明るくなること」〕「乳を出すこと」）より高次のタイプの特性を意義するものと見なすことができるのである。命題の結び付きは、分析的同一性や経験的総合に還元されるのではなく、意義の領野に属するのである。こうして、矛盾は、項と反対項との関係においてではなく、項と別の項の反対項との関係において産出されることになる。仮言命題の連言命題への変換に従うなら、「明ければ、明るい」が含意することは、明ける、かつ、明るくないことは可能ではないということである。というのも、そうでなければ、「明けること」は、それが想定する集合の要素になるし、それによって分類されたグループの一つに属することになってしまうからであろう。

**無‐意味と意味の余現前**

無‐意味は、意義の決定だけでなく、意味の贈与も遂行する。しかし、同じやり方ではない。というのは、意味の観点からするなら、後退の法則は、異なる次数の名前を、もはやクラスや特性に関係付けるのではなく、出来事の異質なセリーの中に割り振るからである。そして、たしかに、セリーの一つはシニフィアンと、もう一つはシニフィエと決定されるが、両者への意味の配分は、意義の精確な関係からはまったく独立している。それゆえに、既に見たように、意義を欠く項はそれでもやはり意味を持つのであり、意味そのものや出来事は、クラスや特性に影響する一切のモダリティから独立であり、それらすべての特徴に対して中立である。出来事は、特性やクラスとは本性を異にする。した意味を持つものは意義も持つが、意味を持つのはまったく違う理由のためである。

がって、意味は、意味の中での無-意味の現前を印す新しい類のパラドックスと切り離せない。これに対して、先ほどのパラドックスは、意義の中での無-意味の現前を印していたのである。今度は、一つは、無限下位分割のパラドックス、もう一つは、特異性の割り振りのパラドックスである。セリーの中では、各項は、他のすべての項との相対的位置だけによって意味を持つ。しかし、この相対的位置そのものは、各項の絶対的位置に従属するが、この絶対的位置は、無-意味として決定され絶えずセリーを横切って循環する審級＝xの関数である。意味は、シニフィアンに帰する意味とシニフィエに帰する意味として、この循環によって有効に生産される。要するに、意味は常に効果なのである。因果的な意味での単なる結果ではなく、「光学効果」や「音響効果」の意味での効果、あるいはむしろ、表面効果、位置効果、言葉の効果の意味での効果である。このような効果は、決して仮象や錯覚ではなく、表面で広げられて延びていく生産物である。そして、効果は、その原因に対して、厳密に言って余現前であり、余外延的である。また、効果は、この原因を、効果と切り離せない内在的原因として、効果そのものの外の純粋な無（*nihil*）あるいは$x$として決定する。このような効果や生産物は、慣習的に、固有名や単称名によって指示されている。むしろ、固有名を全き記号として見なせるのは、固有名がこの類の効果に帰せられる場合だけである。例えば、物理学では、「ケルヴィン効果」「ゼーベック効果」「ゼーマン効果」などと言われる。あるいは、医学では、症候の図表を仕上げた医師の名前で病気が指示される。この伝で行けば、項のセリーの中を駆け巡る要素＝ｘの循環によって常に生産される非物体的な効果としての意味の発見は、「クリュシッポス効果」や「キャロル効果」と名付けられるべきである。

最近、構造主義者と呼ばれる慣わしになっている作家たちには、たぶん、そう呼ばれること以外の共通点はない。とはいえ、次の点は肝要である。すなわち、意味は、何ら仮象としてではなく、表面と位置の効果として、構造のセリーの中での空虚な桝目の循環によって生産されるということである（死者の席、国王の位置、盲点、浮遊するシニフィアン、ゼロ価、舞台裏、不在の原因など）。構造主義は、意識的であるか否かは別として、ストア派的でキャロル的な着想との再会を言祝いでいるのである。構造はまさしく非物体的な意味を生産する機械である（スキンダプソス）。そして、この仕方で、構造主義が、意味は無－意味とその永続的移動によって生産され、意味はそれだけでは「シニフィアン」ではない要素の相対的位置から生まれることを示すとき、だからといってそこには、不条理の哲学と呼ばれたものに近いものは何も見られないだろう。ルイス・キャロルはウィだが、カミュはノンだ。というのは、不条理の哲学にとって、無－意味は、意味と単純な対立関係にあるものであって、そのために、不条理はいつでも意味の不足や欠如によって定義されてしまう（意味が十分にない……）。反対に、構造の観点からするなら、意味は、いつでも余分にある。自己自体を欠く無－意味が、過剰を生産し、過剰を過生産するのである。ヤコブソンの定義によると、ゼロ音素は、いかなる一定の音韻価も所有しないが、音素に対立するのではなく音素の不在に対立する。それと同じように、無 - 意味は、いかなる特定の意味も所有しないが、それが過剰に生産する意味に対立するのではなく意味の不在に対立するのである。そして、無 - 意味は、そう望まれがちではあるが、その生産物と単純な排除関係を保ちはしない(3)。無 - 意味とは、意味を持たないものであるが、同時に、そのままで、意味の贈与を遂行することである。意味の不在に対立するものである。そして、無 - 意味で理解されるべきは、このことである。

## 「効果」としての意味

結局のところ、哲学と思考全体における構造主義の重要性は、境界を移動させるということで計られる。意味の知見が、衰えた〈本質〉をリレーしたとき、哲学の境界は、意味を新たな超越性、神の新たな転身、変形された天空へと結び付けた者と、意味を人間とその深淵、新たに穿たれた地下の深層の中で見出した者の間に、据え付けられたと思われた。靄の立ち込めた天空（ケーニヒスベルクの天空）の新たな神学者と洞窟の新たなユマニスト［＝人間主義者］が、神 - 人間の名と人間 - 神の名を意味の秘密として掲げて、舞台を占めてきた。両者を見分けるのは、ときには難しかった。しかし、今日では両者を見分けるのは不可能である。というのは、先ず、われわれはこんな果てしのない言説にウンザリしているからである。すなわち、人間を背負うのはロバであるのか、あるいは、人間がロバを背負い自分自身をも背負うのかと自問するような言説である。

次に、われわれは、意味に対して純然たる反‐意味〔＝反動的‐意味＝誤‐解〕が遂行されているという印象を抱いている。というのは、天空であれ地下であれ、いずれにしても、意味は、〈原理〉・〈蔵〉・〈ストック〉・〈根源〉として提示されているからである。天空の原理については、根本的に忘却されて隠蔽されていると語られる。地下の原理については、深く削り取られ向きを変えられ譲り渡されていると語られる。しかし、削除跡の下と覆いの下で、意味を再び見出して復元するようにわれわれは呼びかけられるのだ。いまだ十分には把握されていないような何らかの神の中で、いまだ十分には探査されていないような何らかの人間の中で、というわけだ。したがって、今日、意味は決して原理や起源ではなく生産物であるという善き知らせが鳴り響くのは愉快である。意味は、発見されるべきものではないし、復元されるべきものでも再‐雇用されるべきものでもない。意味は、新しい機械設備によって生産されるべきものである。意味は、高所には属さないし、深層の中にあるのでもなく、表面からも表面固有の次元からも切り離せない表面効果である。意味が深層や高所を欠くというのではない。むしろ、高所と深層が、表面を欠き意味を欠くのであり、あるいは、意味を前提とする「効果」によって初めて意味を持つのである。もはや、われわれは、宗教の「根源的意味」は人間が裏切った何らかの神の中にあるのか、それとも、神のイマージュへと譲渡された何らかの人間の中にあるのかと自問することはない。例えば、われわれは、ニーチェの内に、転倒の預言者も乗り越えの預言者も探し求めはしない。神の死、禁欲的理念の高所での没落には、人間的なものの贋の深さと良心の疚しさやルサンチマンによって埋め合わせる限りでは何の重要性もないとする作家が一人いるとするなら、それこそがニーチェである。ニーチェは、自分の発見を警句と詩にも盛り込んでいる。その警句と詩は、神にも人間にも語らせず、意味を生産し、実効的な理念的ゲームを設立しながら表面を測量する機械である。われわれは、フロイトの内に、人間の深層や根源的な意味の探検家を探し求めはしない。われわれが、フロイトに探し求めているのは、意味を常に無‐意味の関数として生産する無意識の機械設備の並外れた発見者である。(4) そして、われわれの自由とわれわれの実効性がその場所を見出すのは、神的な普遍の中でも人間の人格性の中でもなく、われわれ自身以上にわれわれのものである特異性、神々よりも神的な特異性、詩と警句、永久革命と部分活動に具体的に命を吹き込む特異性の中であるとわれわれは感知しているのではないだろうか。民衆と詩という空想的な機械の中に、何か官僚制的なものがあるだろうか。「大いなる政治」が開始するためには、少し気を散らすだけで、表面にいるだけで、自分の皮膚を太鼓のように張るだけで十分である。人間のためでも神のためでもない空虚な枡目、一般的でも個人的でもなく人称的でも全称的でもない特異性、これらを循環・反響・出来事が横切って、かつて人間が夢みた以上の、神が認めた以上の、意味と自由と実効性を作り出す。空虚な枡目を循環させること、前‐個体的で非人称的な特異性をして語らせること、要するに、意味を生産すること、これが今日の務めである。

(1) セクストス・エンペイリコス『学者たちへの論駁2』(金山弥平・金山万里子訳、京都大学学術出版会) 第8巻一三三参照。ブリテュリは、竪琴の音のような音を表現するオノマトペである。スキンダプソスは、機械や道具を指示する。

(2) この区別は、ラッセルによる無-意味の二つの形態に対応する。これについては、フランツ・クラエ (Franz Crahay), *Le Formalisme logico-mathématique et le problème du non-sens*, éd. les Belles Lettres, 1957. 参照。ラッセルの区別は、フッサールが『論理学研究』(立松弘孝他訳、みすず書房) で行なう「無-意味」と「反-意味」の極めて一般的な区別より好ましいと思われる。なお、コイレ (Koyré) の *Epiménide le menteur* (Hermann, pp. 9 sq.) はフッサールの区別の影響下にある。

(3) 「ゼロ音素」についてのレヴィ=ストロースの指摘を参照。「マルセル・モース論文集への序文」(M・モース『社会学と人類学』) 四二頁。

(4) ルイ・アルチュセールの主要テーゼに合意している箇所で、オジェ (J.-P. Osier) は以下の区別を提案している。多かれ少なかれ失われた起源において意味は再び見出されるべきとする者 (この起源は、神的であったり人間的であったり、存在論的であったり人間論的であったりする) と、起源は無-意味であり、意味は常にエピステモロジー的な表面効果として生産されるとする者の間の区別である。この基準をフロイトとマルクスに適用して、オジェが評するところでは、解釈問題は、「派生的なもの」から「根源的なもの」へ移行することにあるのではなく、意味を二つのセリーで生産する機構を把握することにあるのである。意味は常に「効果」である。Préface à *L'Essence du christianisme* de Feuerbach, éd. Maspéro, 1968, 特にpp. 15-19参照。

# 第12セリー　パラドックス

## 良識の本性とパラドックス

パラドックスは『数学原理』よりルイス・キャロルにお似合いと言ったところで、パラドックスは厄介払いされない。キャロルにとって善きものは、論理学にとっても善きものである。連隊の理髪師も異常な集合も実在しないと言ったところで、パラドックスは厄介払いされない。というのは、逆に、連隊の理髪師も異常な集合も言葉の中に存立しているからであり、あげて問題は、言葉そのものがこのような存在者性を存立させることなくして機能することができるのかということである。パラドックスは、思考の偽りのイマージュ、本当らしさもなく無用に複雑なイマージュを与えるなどとはもはや言えないであろう。思考は単純で自らにとっても明晰な活動であり、無意識と無意識内部の無‐意味の全力能を運用するものではないと信ずるには、途方もなく「単純」である必要があろう。思考の発意と見なされるときは、パラドックスは娯楽でしかないが、「思考の〈受難〉」と見なされるときには、もう娯楽ではない。そのとき、言明不可能なものと思考不可能なものでありながらも、思考されることしかありえぬもの、話されることしかありえぬものが発見されるのである。〈精神の空虚〉、アイオーン。結局、［パラドックスに］送入される存在者性の矛盾した特徴に助けを求めてはならないし、理髪師は連隊に所属することはありえないなどとも言ってはならない。パラドックスは矛盾的であるのではなくわれわれを矛盾の発生に立ち会わせるところに、パラドックスの力がある。矛盾律は、現実的なものと可能的なものに適用されるのであって、矛盾律を派生させる不可能なものには、言いかえるなら、パラドックスには、あるいはむしろ、パラドックスが表象［＝上演］するものには適用されないのである。

意義のパラドックスとは、本質的には、異常な集合（自己を要素として含む集合や異なるタイプの要素を含む集合）と反抗的な要素（自己がその実在を前提とする集合の部分となり、自己が決定する二つの下位－集合に属する要素）である。意味のパラドックスとは、本質的には、無限下位分割（常に過去－未来であって決して現在ではない）とノマド的配分（閉空間を割り振るのでなく開空間内部で割り振られる）である。しかし、いずれにしても、これらのパラドックスの特徴は、一回で二方向へ行くことと同定を不可能にすることである。場合によって、強調点はどちらかの効果に置かれる。これが、アリスの二重の冒険、狂気－生成と名前－喪失である。パラドックスは、ドクサ（doxa）［＝意見＝臆見］に対立する。つまり、ドクサの二相、良識［＝善き意味＝善き方向］と常識［共通の意味＝共通の方向＝共通の感覚器官］に対立する。さて、良識は一つの方角について語られる。良識は唯一無比の方向である。良識は、選択されて維持されるべき方角が従う秩序の要請を表現する。この方角は、より分化したものから、より未分化なものへ、諸事物の方［＝分け前＝取り分］から火の方へ進む方角として簡単に決定される。この方角に従って、時間の矢の方角が定められる。というのも、最も分化したものは、個別的なシステムの起源を定義する限りで、必然的に過去として現出するし、最も未分化なものは、未来と終局として現出するからである。したがって、この過去から未来への時間の秩序は、現在に対して、言いかえるなら、当該の個別的なシステムの中で選ばれる時間の特定の局面［＝フェイズ］に対して創設されることになる。こうして、良識は、予見するという本質的機能を果たすための条件を自己に与えることになる。予見が、逆の方角に向かって不可能であるのは明らかであろう。すなわち、最も未分化なものから最も分化したものへ進むのでは、例えば、当初は識別不可能な気温が分化するように進むというのでは、不可能であろう。それゆえに、良識は、熱力学においてかくも深く自己を再び見出すことができたのである。しかし、もともと、良識はもっと高度なモデルを要求する。良識は本質的に割り振る者である。良識の定式は「一方と他方」である。ただし、良識が遂行する割り振りのための条件は、差異が初期に設定されてから、差異を補塡し均等化し取消し補償すると見なされる運動に、そのように予め指揮された運動に、差異が取り込まれるということである。まさにそれが、事物の方から火の方へ、世界（個別的システム）の方から神の方へということである。良識が含意するこの割り振りは、まさに固定的ないし定住的な配分と定義される。良識の本質とは、特異性に従属しながら特異性を祓って希薄にする正則［＝通常］点と正規点、これの線全体に特異性を引き延ばすために、特異性を自己に与えることである。良識は、実に燃料と食糧を消費する。良識は農業である。良識は、土地の問題や囲い地の設定と切り離せないし、取り分は補償され統御されると見なす中産階級の操作と切り離せない。蒸気機関と囲い地での牧畜、また、所有と階級［＝特性とクラス］は、良識の生ける源泉である。良識にとって、所有と階級は、単に特定の時代に出現する事実のごときものではなく、永遠の原型のようなものである。そして、単なる隠喩としてではなく、「所有」「階級」という用語のすべての意味を統合する仕方でそうなのである。したがって、良識のシステムの特徴はこうなる。唯一の方角の肯定。唯一の方角を、最も分化したものから最も未分化なものへ、特異的なものから正規のものへ、注目すべきものから正則のものへ進む方角として決定すること。この決定に従い、過去から未来へと時間の矢の方角を定めること。この方角決定における現在の指導的な役割。このようにして可能にされる予見の機能。定住的な配分のタイプ、そこでこれらすべての特徴が結合される。

良識は、意義の決定において主要な役割を演じているが、意味の贈与においては何の役割も演じてはいない。というのも、良識は常に二番目にやって来るからであり、また、良識が遂行する定住的配分は、囲い地の問題が、当初は自由で開けた限りない空間、小山や丘の斜面を前提とするように、別の配分を前提とするからである。とすると、パラドックスは、精神の慰みでしかない気まぐれによって、良識の方角とは別の方角に従い、最も未分化のものから最も分化したものへと進むと言うだけで足りるであろうか。有名な事例を取るなら、温度が分化しながら進むなら、あるいは、粘性が加速的に生ずるなら、「予見する」ことはできなくなるだろうということは確かである。しかし何故か。事物が別の方向へ通り過ぎたからではない。別の方向とは、依然として唯一無比の方向であろう。ところで、良識は、唯一無比の方向の特定の方角を決定するにとどまらない。先ず良識は、唯一無比の方向一般の原理を決定して、この原理がひとたび与えられるや、それによって、われわれは、他ならぬ特定の方角を選択することを強いられることを示そうとさえする。とすれば、パラドックスの力能は、別の方角に従うことではなく、意味が常に、一回で二つの方向を、一回で二つの方角を取るのを示すことになる。善き意味［＝良識］の反対は、他の意味［＝方向］ではない。他の意味は、精神の娯楽、精神の慰みの発意にすぎない。しかし、受難としてのパラドックスによって発見されることは、二つの方角を切り離せないということ、思考の真面目さのためであれ、労働のためであれ、唯一無比の方向を創設できないということ、娯楽や小さなゲームのためであれ、唯一無比の方向の逆方向を創設できないということである。粘性が加速的に生ずるなら、動体は停止状態から引き出されるだろうが、予見不可能な方向へ引き出されるだろう。どの方向へ、どの意味で、とアリスは問い尋ねる。この問いに答えはない。というのも、意味の固有性は、方角を持たないこと、「良識」を持たないこと、無限に下位分割され延ばされる過去‐未来において常に一回で二つを持つことであるからである。物理学者のボルツマンが説明していたように、過去から未来へと進む時間の矢は、個別的な世界やシステムの中でだけ、当のシステムの内部で決定される現在に対してだけ妥当する。「したがって、〈宇宙全体〉にとっては、時間の二つの方角を区別するのは不可能である。空間においては、上も下もないのと同じことである」（言いかえるなら、高所も深層もない）。[1] われわれはアイオーンとクロノスの対立を再び見出す。クロノスとは、唯一実在する現在であり、過去と未来を自己が向かう二つの次元とする現在である。こうして、部分世界や部分システムの内部で幾つもの現在が相継ぐ限りで、いつでも過去から未来へと進む次第となる。アイオーンとは、抽象的時期［＝瞬間］の無限下位分割における過去‐未来であり、絶えず一回で二つの方向に分解され、永久に一切の現在を逃れる。というのは、あらゆるシステムのシステムないし異常な集合としての〈宇宙〉には、いかなる現在も指定可能ではないからである。現在の方角が決定された線は、個別的システムにおいて線が受け取る各特異点を「統制する［＝正規化する］」が、これに対して、アイオーンの線は、前‐個体的な特異性から別の特異性へと跳躍し、すべての特異性を別の特異性の中で取り戻し、あらゆるシステムをノマド的な配分［＝分布］の姿形によって取り戻す。このノマド的配分では、各出来事は、下位分割において、既に過去と未だ未来であり、一回でプラスとマイナスであり、常に前日と明日であり、その下位分割は、過去と未来、プラスとマイナス、前日と明日を集合として交流させる。

## 常識の本性とパラドックス

常識［＝共通感覚器官＝サンス・コマン＝コモンセンス］において、「サンス」はもはや方角についてではなく器官について語られる。それが共通と語られるのは、それが、任意の雑多性を〈同じもの〉の形態へ関係付ける器官・機能・同定能力であるからである。良識が予見するのに劣らず、常識は同定し再認する。主観的には、常識は、魂のさまざまな能力や身体の分化した器官を包摂して、〈我〉と語ることのできるユニットへ関係付ける。唯一の同じ我が、知覚し想像し想起し知る等々、呼吸し睡眠し歩き食べる……。言葉で自己表現し自己表出して、己の為すことを語るそんな主体を外したら、言葉は可能であるようには見えないわけである。客観的には、常識は、所与の雑多性を包摂して、対象の特定の形態や世界の個体化された形態のユニットへ関係付ける。同じ対象を、私は見て私は嗅いで私は味わって私は触れて、同じ対象を、私は知覚して私は想像して私は想起して……。同じ世界の中で、私は呼吸して私は歩いて私は目覚めたり眠ったりして、一定のシステムの法則に従って対象から対象へと進んで行く。ここでも、言葉が指示するそんな同一性を外したら、言葉は可能であるようには見えないわけである。良識の力と常識の力の相補性は明らかである。良識が自己を越えて、主体の同一性の形態と対象や世界の永続性の形態へと雑多なものを関係付ける審級へ到るのでなければ、また、初期から終局まで現前すると想定されている審級へ到るのでなければ、良識は、いかなる初期も、いかなる終局も、いかなる方角も指定できないであろうし、いかなる雑多性も配分できないであろう。逆に、同一性の形態が自己を越えて、此処で開始して彼処で終了する特定の雑多性によってその形態を決定することができる審級へ到るのでなければ、また、部分の均一化に要する時間の間は継続すると想定されている審級へ到るのでなければ、常識における同一性の形態は空虚なままであろう。形質は、停止されるとともに計測され、帰属させられるとともに同定されることが必要なのである。良識と常識のこの相補性の中で、我と世界と神は同盟を結ぶ。ここに神とは、方角の最終的出口であり同一性の最高原理である。だからこそ、パラドックスは、良識と常識を同時に転倒するのである。パラドックスは、一方で予見不可能な狂気－生成の一回で二方向として現出し、他方で再認不可能な失われた同一性の無－意味として現出する。アリスとは、常に一回で二方向に進む者である。驚異の国（ワンダーランド（*Wonderland*））は常に下位分割される二重の方角にある。アリスとは、自分の同一性、事物の同一性と世界の同一性を失う者でもある。『シルヴィーとブルーノ』では、妖精の国（フェアリーランド（*Fairyland*））は、普通の〈場所〉（コモン－プレイス（*Common-place*））に対立する。アリスは常識の試練を受けるがすべて失敗する。器官としての自己の意識の試練、「あなたは誰だ」。再認としての対象知覚の試練、一切の同定を逃れ去る森。暗誦としての記憶の試練、「最初から最後まで間違いだ」。世界の統一性としての夢の試練、すなわち、各個別的システムは一つの宇宙のために解体し、そこでは人は常に他の誰かの夢の一要素であるという夢の試練、「私は他人の夢の一員にはなりたくない」。もはや良識のないアリスが、どうして常識を持てるだろうか。言葉において自己表現したり自己表出したりする主体がなければ、指示されるべき対象がなければ、固定秩序に従って意義されるべきクラスと特性がなければ、とにかく言葉は不可能であるように見える。

しかしながら、まさにここで、一切の良識と常識に先行する領域で、意味の贈与が遂行されるのである。そこでは、言葉がパラドックスの受難によって最高の力能に到達する。良識の彼方で、ルイス・キャロルの二重語は、狂気－生成の一回で二方向を表象している。先ず、『不思議の国のアリス』での、帽子屋と三月ウサギ。それぞれ別の方角に住んでいるが、二つの方角は分離することができず、各方角は別の方向へと下位分割されるので、各方角に帽子屋と三月ウサギがともに見出される。狂人であるためには二人である必要がある。誰でも常に二人で狂人である。帽子屋と三月ウサギは、二者で［原書の il ont を ils ont と読む］「時間を殺戮した」日に、二者とも狂った。言いかえるなら、測度が破壊され、形質を固定的な何ものかへ関係付ける停止と静止が削除された日に狂った。帽子屋と三月ウサギは現在を殺した。現在は、帽子屋と三月ウサギの間では、苦しめられた仲間のオオヤマネが眠っているイマージュの中でしか生き残っていない。しかしまた、現在は、過去と未来に無際限に下位分割可能なティー・タイムという抽象的な時期の中でしか存続してない。こうして、帽子屋と三月ウサギは、常に遅すぎたり早すぎたりして、一回で二つの方角に、決して時刻に間に合わず、いまや絶えず位置を変えることになる。鏡の向こう側では、ウサギと帽子屋は、二人の使者として再現される。アイオーンの同時的な二つの方角に従って、一方は往路用で他方は復路用、一方は探索用で他方は報告用である。さらに、トウィードルダムとトウィードルディーが、両者の家を指し示す分岐点において、二つの方角の識別不可能性と、二つの方向が各方角へと無限に下位分割可能なことを証す。しかし、二重語が、生成の全測度、形質の全停止を不可能にし、したがって、良識の一切の行使を不可能にするのと同様に、ハンプティ・ダンプティは、単純性の王者、語の〈支配者〉、意味の〈贈与者〉であり、常識の行使を破壊して、いかなる固定的形質も、いかなる計測された時間も、同定可能ないし再認可能な対象に関係付けられないように差異を配分する。ハンプティ・ダンプティは、その胴体と首、ネクタイとベルトが混じり合い、分化した器官も常識も欠き、動き回り「脱集中化する」特異性だけで作られている。ハンプティ・ダンプティは、アリスを再認しないだろう。というのは、アリスの各特異性は、ハンプティ・ダンプティにとっては、器官の通常の集合内部（眼・鼻・口）に摑まえられているように見え、皆と同じように組織された極めて正規の顔の普通の〈場所〉の部分をなすように見えるからである。パラドックスの特異性においては、何も開始せず何も終了せず、一切が一回で未来の方向と過去の方向へ進む。ハンプティ・ダンプティが語るように、一方が拡大すれば必ず他方は縮小するから、二つが拡大するのをいつでも妨げることができる。パラドックスが無意識の力能であるとすれば、ここで驚くことはない。パラドックスは常に、良識に逆らって二つの意識－間を通り過ぎ、常識に逆らって意識の背後を通り過ぎる。いつ禿げになるのか、いつ山積みがあるのかという問いに対して、クリュシッポスはこう語って答えた。数えるのを停止したほうがいいだろう、眠りに行くこともできる、次にはよく見えてくるだろう、と。カルネアデスは、クリュシッポスが目覚めたらすべてが再開して同じ問いが立てられると反論するとき、クリュシッポスの答えをよく把握していないようである。クリュシッポスはもっと明解である。すなわち、いつでも二つの切り抜け方がある、傾斜がきつくなるときは馬の手綱を緩めること、あるいは、片手で［手綱の］長さを増やして片手で減らすことである、と。[2] というのは、「何故、他ならぬこの時期なのか」「何故、水は0°で形質を変えるのか」を知るのが眼目なら、0°が温度の目盛りの正則点と見なされている限り、問いは正しく立てられてはいないからである。そして、反対に、0°が特異点と見なされるなら、0°は、0°の内を通り過ぎる出来事と切り離せないのである。そして、0°は、出来事の実現との関係においては常に零［零度］と名付けられるわけだが、この零は常に来たるべきものであり既に通り過ぎたものである。

**無－意味、意味、言葉のいわば第二次組織**

こうして、われわれは、表面での言葉の発達と、命題と事物の間の境界での意味の贈与とについて図表を提出することができる。この図表は、言葉に固有の、いわば第二次組織を表象する。この図表に命を吹き込むのは、われわれがさまざまな二重－名前を与えてきたパラドックス的要素や無作為抽出点である。そして、この要素を表面で二つのセリーを駆け巡るものとして提示することや、この要素を二つのセリーの間にアイオーンの直線を引くものとして提示することは同じことに帰着する。この要素は、無－意味であり、無－意味の語の二つの姿形を定める。ところで、まさに無－意味は意味と根源的な内的関係にあるから、パラドックス的な要素は、各セリーの項に意味を供給するものでもある。項の相対的な位置は、パラドックス的な要素に対する項の「絶対的」位置に従属するからである。意味は常に、セリーを駆け巡る審級によってセリーの中で生産される効果である。それゆえに、意味そのものは、アイオーンの上に取り集められるがままで、パラドックス的な要素の非対称的な顔に対応する二つの顔を持つ。一つは、シニフィアンとして決定されるセリーに向かい、もう一つは、シニフィエとして決定されるセリーに向かう。意味は二つのセリーの一方（命題）の中で存立する。意味は、命題の表現可能なものであるが、それを表現する命題と混じり合わない。意味はもう一つのセリー（事物の状態）にやって来る。意味は、事物の状態の属性であるが、それが帰属する事物の状態とも、それを実現する事物や形質とも混じり合わない。したがって、一定のセリーがシニフィアンと、別の一定のセリーがシニフィエと決定されるようにするのは、まさしく、意味の二つの相、すなわち、存立と外－存在であり、そして、無－意味の二つの相、あるいは、意味の二つの相を派生させるパラドックス的な要素の二つの相、すなわち、空虚な桝目と員数外の対象、一つのセリーの中の占有者なき位置ともう一つのセリーの中の位置なき占有者である。それゆえに、意味そのものは、無－意味の姿形を復元する基礎的な諸パラドックスの対象なのである。ところが、意味の贈与が起こると必ず、意義の条件が決定される。そして、一度意味を供給されたセリーの項は、第三次組織の中で、後には意義の条件に従わされ、可能な標示と表出の法則（良識、常識）に関係付けられることになる。表面での展開全体のこの図表は、各点において、極度に執拗な脆弱性の影響を必然的に受けることになる。

(1) ボルツマン（Boltzman),《Complements aux theories relatifs a l'equilibre thermique dans des gaz a molecules complexes》*Leçon sur la théorie des gaz*, tr. fr. Gauthier-Villars éd., t. II,p.253.
(2) キケロ（Ciceron), *Premiers académiques*, § 29. 参照。また、恣意的にカルネアデスの肩を持つキルケゴールの『哲学的断片』(『キルケゴール著作全集』第六巻、大谷長訳、創言社）での指摘も参照。

# 第13セリー　分裂病者と少女

## アントナン・アルトーとルイス・キャロル

表面ほど脆弱なものはない。第二次組織は、ジャバーウォックとは別の力能の怪物によって脅かされないだろうか。すなわち、先に見たような、意味に内在する二つの姿形の無-意味とはまったく異なっている底無しの無形態の無-意味によって脅かされないだろうか。当初は、脅威は知覚不可能である。ところが、数歩進むだけで、ひび割れが広がっているのに気づく。表面の組織は既に消失してしまった。表面の組織は、恐ろしい第一次秩序へと倒れ落ちてしまった。無-意味は、もう意味を与えることなく、一切を食べてしまった。当初は、同じ要素［＝境位］の中や要素の近くにとどまっていると信じていた。要素が変わって嵐に見舞われたと気づく。それでもまだ、少女や子どもの一員なのだと信じていた。ところが、既に、不可逆的な狂気に入り込んでいるのだ。文学的探求の先端に、言葉と語の創意の最高段階にいると信じていた。ところが、既に、痙攣的な生命の争論の中に、身体の病理的な創造の夜に入り込んでいるのだ。それゆえに、観察者は気をつけないといけない。例えば、これはカバン－語だとの口実で、子どもの数え歌、詩の実験、狂気の経験を混在させるのを見ることはほとんど許し難い。偉大な詩人なら、自分の子ども時代や自分が愛する子どもと直接的に関係しながら書くことはありうる。狂人なら、狂人はそのままで直接的に詩人であったし絶えず詩人であるわけだから、膨大な詩作品をわが身に携えていることはありうる。だからといって、子ども・詩人・狂人なるグロテスクな三位一体は決して正当化されない。あらん限りの賞賛と敬意を払って、われわれは、大雑把な類似性の下にある深い差異を明らかにする地滑りに気をつけなければならない。われわれは、無－意味のまったく異なる機能と深淵に、カバン－語の異質性に気をつけなければならない。カバン－語を創意する者とカバン－語を援用する者のアマルガムを作ることは許されないのだ。少女なら「パンパニケイユ」と歌うことがあるし、芸術家なら「湯気怒った」と書くことがあるし、分裂病者なら「ペルスパンディカス」と語ることがある。(1)だが、われわれには、大雑把には類似した成果であるから問題も同じであるなどと信ずべき理由はない。ババールのシャンソンとアルトーの叫び－息「ラタラ ラタラ ラタラ アタラ タタラ ラナ オタラ オタラ カタラ……」を混同するようでは真摯とは言えない。付け加えておくなら、論理学者が無－意味について語る際に犯す過ちとは、あたかも、少女の歌、偉大な詩人の語り、分裂病者の話しに一度も耳を傾けたことがないかのように、自分の論証用に手間かけて構築した貧寒な事例を提出することである。いわゆる論理学の事例は悲惨なものである（いつもルイス・キャロルから着想を得ていたラッセルは除いて）。ただし、反対に、ここでも、論理学者が物足りないからといって、論理学者に対抗して、三位一体を作り直すことが認可されるわけではない。問題は、臨床の問題である。言いかえるなら、ある組織から別の組織への地滑りの問題、前進的で創造的な脱組織の形成の問題である。また、問題は、批判の問題である。言いかえるなら、無－意味が姿形を変え、カバン－語が本性を変え、言葉全体が次元を変える異なる［＝示差的な］水準の決定の問題である。

さて、大雑把な類似性には罠が張られている。われわれは、類似性の罠が仕掛けられた二つのテクストを考察してみよう。最初はハンプティ・ダンプティの章の改変で、次いでルイス・キャロルを裁いているロデーズからの手紙で、アントナン・アルトーがキャロルと対決したことがある。アルトーが翻訳した「ジャバーウォッキー」の第一節を読むと、印象としては、最初の二行はまだキャロルの基準に応じていて、パリゾやブリュニュのフランス語訳の翻訳規範に充分に類似した規範に従っている。しかし、第二行の最後の語から、そして、第三行目から、地滑りが生産され、創造的に中心の崩壊も生産される。そして、われわれは、別の世界へ、まったく別の言葉へと連れて行かれる(2)。恐れおののいて、われわれは苦もなく認める。それは分裂病［統合失調症］の言葉である、と。カバン－語でさえ、気絶状態に陥って過剰に喉音を負荷されて、別の機能を持ってしまうかのようである。同時に、われわれは、表面に放出されるキャロルの言葉と身体の深層で刻まれるアルトーの言葉の隔たりを、すなわち、二人の問題の差異を計測する。

そのとき、われわれは、ロデーズからの手紙でのアルトーの宣言において、問題の全射程を見ることができる。「私はジャバーウォッキーの翻訳をしたのではない。私はその断片の翻訳を試したが嫌になってしまった。私は一度もこの詩人を好きになったことがない。いつでも、装われた幼稚さに見えたのだ……。私は表面の詩を愛してはいない。あるいは、表面の言葉を愛してはいない。表面の詩と言葉は、幸福な余暇と知性の成功を呼吸している。知性は肛門に支えられているが、知性が肛門に魂や心を置くことはない。肛門は常に恐怖である。糞を失っておきながら、魂も失って引き裂かれることがないなど、私は認めない。ジャバーウォッキーには魂がないのだ……。言語を発明して、文法から外れた意味の純粋な言語を語らせることはできるだろう。だが、その意味は、それ自体で価値を持つ必要がある。つまり、苦悶から由来する必要がある。ジャバーウォッキーは、たっぷりと給仕された食事を飽食したので、知的にたらふく食うことを望み、他者の苦痛もたらふく食うことを望む搾取者の作品である……。存在者のうんこと存在者の言葉のうんこを掘り下げるとき、詩は悪しき臭いがするはずである。すべての偉大な詩人は、苦悩の子宮内存在者に身を浸し、そこから生まれ落ちながら悪しき臭いを発するものだが、ジャバーウォッキーの作者は、子宮的存在者の中に留まらないように身を守ったのだ。ジャバーウォッキーに糞便性の条りはある。しかし、英国スノッブの糞便性だ。英国スノッブは、焼きごてで巻き毛にするように、猥褻性も自己の内で縮れさせてしまうのだ……。たらふく食べた男の作品だ。彼の書き物に感じ取られることだ」[3]。要約しよう。アルトーは、キャロルを倒錯者と見なしている。しかも、表面の言葉の創設に固執して、深層の言葉の真の問題、すなわち、苦悩の分裂病的な問題、死と生の分裂病的な問題を感じなかった小－倒錯者と見なしている。アルトーには、キャロルのゲームは子どもじみたものに映ったし、キャロルの食べ物は余りに世俗的に映ったし、キャロルの糞便性でさえも偽善的で余りに高尚に映ったのである。

## 食べること－話すこと、分裂病的な言葉

アルトーの天才からは離れて、やはり臨床的である濃密で美しい別のテクストを考察しよう[4]。「言語を研究する」病人ないし分裂病者と自称する者が、口唇性の二つのセリーの実在と分離を体験している。すなわち、事物－語、消費－表現、消費可能な対象－表現可能な命題の二元性である。この食べることと話すことの二元性は、もっと激しく、支払うこと－話すこと、糞をする－話すと表現されることがある。しかし、とりわけ、その二元性が移送されて再び見出されるのは、二種類の語、二種類の命題、二種類の言葉においてである。すなわち、本質的に食物的で排泄物的な母の言語である英語と、病人が習得に努めている本質的に表現的な外国の言語においてである。母は、病人を等価な二つの仕方で脅して、後者の言語で進歩するのを妨げている。一つは、箱の中に隠されていた美味しそうだが消化しにくい食物を、病人の前で振り回すこと、もう一つは、突然に立ち現われて、病人が耳を塞ぐ間もなく、病人に英語で話しかけることである。

病人がそんな脅迫を避けるための方式全体が、だんだんと完成されていく。先ず、病人は、がつがつとたらふく食べて、箱を踏み鳴らしながら、絶えず何か外国の語を繰り返す。より深めて、病人は、二つのセリーの共鳴を確保し、音韻要素に従って英語の語を外国の語に翻訳しながら（子音が最重要になる）、一方のセリーから他方のセリーへの転換を確保する。例えば、木の英語*tree*は、フランス語にも見出されるRとヘブライ語にも見出されるTをもって転換される。そして、ロシア人が木を*derevo*と言うように、同様に*tree*を*tere*に変換できる。この際、TはDになる。病人が連合を介在させるという観念を抱くとき、既に複雑なこの方式は、一般化された方式に取って代わられる。*early*（早く）の子音RとLは特に微妙な問題をもたらすが、*early*はフランス語の連想された成句の中へ変換されることになる。すなわち、suR-Le-champ〔すぐに〕、de bonne heuRe〔早く〕、matinaLement〔朝早く〕、à la paRole〔話しに〕、dévoRer L'espace〔間を貪り食う〕へ変換される。あるいは、ドイツ語の響きを同じくする虚構の秘教的な語*urlich*にさえ変換される（レイモン・ルーセルがフランス語内部でセリーを構成して転換するために発明した技法では、狭義の第一の方式と連合を基礎にする一般化された第二の方式が区別されていたのが想起される）。ところが、厄介な語があって、あらゆる方式に抗って、堪え難いパラドックスに命を吹き込むことがある。例えば、*ladies*〔婦人〕である。これは人の半分にだけ適用され、*leutte*や*loudi*と書き換えざるをえないのだが、反対に、後者の方は人類全体を指示する具合になるのである。

ここでも、最初の印象としては、キャロルのセリーとの何らかの類似性がある。食べること－話すことという口唇性の大きな二元性は、ルイス・キャロルにおいても、あるときは、二種類の命題や二種類の命題の次元に移動して移行するし、あるときは、強張って、支払うこと－話すこと、排泄物－言葉になる（アリスは雌羊の店で卵を買わなければならないし、ハンプティ・ダンプティは語に支払う。糞便性に関しては、アルトーが言うように、キャロルの作品の到る所で下に隠れている）。同様に、アントナン・アルトーが、自分自身の二律背反的セリー「存在することと服従すること、生きることと実在すること、行動することと思考すること、物質と魂、身体と精神」を展開するときには、自分でもキャロルとの尋常でない類似性の印象を抱いている。だからこそ、アルトーは、ハンプティ・ダンプティの魚の詩に関しても「ジャバーウォッキー」に関しても、キャロルは時間を逆行してアルトーを盗用し盗作したと言いながらも、翻訳を行なったのである。にもかかわらず、何故、アルトーは、自分はキャロルと縁がないと付け加えるのだろうか。何故、尋常でない家族的類似性は、根源的で決定的な異邦性でもあるのだろうか。もう一回、どこで、いかに、キャロルのセリーが組織されるかを自問すれば足りる。二つのセリーは表面で連節されている。命題と事物の二つのセリーや命題の次元の二つのセリーの境界は、表面の上の線としてである。この線に沿って、意味が、同時に、命題の表現されるものと事物の属性として、表現の「表現可能なもの」と指示の「帰属可能なもの」として仕上げられている。したがって、二つのセリーは両者の差異によって連節されているわけであるし、意味は自己自身の線上に留まりながらも表面の全体を駆け巡るわけである。そして、たしかに、この非物質的な意味は、物体的な事物、その混在、その能動と受動の成果であるが、当の成果は物体的な原因と本性をまったく異にするわけである。それゆえに、常に表面で、効果としての意味は、非物体的な準－原因に差し向けられる。この準－原因たる無－意味は、常に可動的であり、秘教的な語とカバン－語によって表現され、そして、意味を二つの側に同時に配分するわけである。このように、まさに表面の組織において、鏡の効果たるキャロル作品は戯れているのである。

## 分裂病と表面の破綻

アルトーは語る。それは表面的でしかない、と。アルトーの天才に命を吹き込む啓示、どんなに軽症の分裂病者でも認識し自分なりに生きている啓示はこうである。自分に表面がない、もはや表面はない。アルトーには、キャロルは、底の一切の問題から保護されて気取っている少女と映らぬはずがあろうか。分裂病的な最初の明証は、表面が裂けたということである。もはや事物と命題の間に境界はない。まさしく、もはや身体の表面がないからである。分裂病的な身体の最初の相は、ある種の身体－濾過器である。フロイトは、表面と皮膚に無数の小さな穴が開いていると捉えることを分裂病者の特質として強調していた(5)。その帰結として、身体全体が深層にほかならなくなり、一切の事物を、基礎の退縮（逆進化involution）を表象する大きく開いた深層の中へ運び去りくわえ取ってしまう。一切は物体になり、一切が物体的になる。一切が物体の混在に、一切が身体の中への物体の嵌め込み・浸透になる。アルトーが語るように、一切は物理的になる。「われわれは背中に苦痛の釘を一杯に打ち込まれた背骨を持っている。成り行きに抵抗して重荷を支える努力をして歩くと、背骨が互いに嵌め込み合う箱になってしまう」[6]。木が、柱が、花が、杖が、身体を貫いて伸びる。いつも、別の物体が、われわれの身体の中に浸透し身体部分と共存する。一切が、そのまま箱であり、箱の内の食物、排泄物である。表面がないので、内部と外部、納めるものと納められるものは、もはや正確な限界がなくなり、全般的な深層の中へ落ち込むか、あるいは、詰め込まれるにつれ狭まっていく現在の円環の中でぐるぐると回転する。ここから、矛盾を生きる分裂病的な生き方が由来する。つまり、身体を横切る深い開口部の中で生きたり、嵌め込まれて渦巻く断片的部分の中で生きたりする。身体－濾過器、身体－断片、身体－分離は、分裂病的な身体の最初の三つの次元である。

この表面の破綻で、語のすべては意味を失う。たぶん、語は何ほどかの指示の力は保つが、空虚なものに感じられる。何ほどかの表出の力も、無関心なものに感じられる。何ほどかの意義の力は、「虚偽」と感じられる。ただし、いずれにしても、語は意味を失う。言いかえるなら、身体の能動と受動と区別される非物体的な効果、その現在の実現と区別される観念的な出来事、これを取り集めたり表現したりする力能を失う。一切の出来事は、たとえ幻覚の形態をとってでも実現されてしまうのである。一切の語は、物理的になって、身体に直接的に影響を及ぼす。その方式は、以下の類である。しばしば食物に関わる本性を有する語は、語を貼り付けてその意味を解除するコラージュの中で印刷される大文字のように現出する。しかし、語が壁にピンでとめられると同時に、語は、炸裂して断片化して、音節、文字、とくに子音に分解する。この子音が、身体に直接的に作用し、身体に浸透し、身体を傷つける。既に見たように、言語を研究する分裂病者にとっては、母の言語が意味を解除されるのと、母の言語の音韻要素が傷つけるものになるのは同時である。語は事物の状態の属性を表現することを停止し、語の断片は、堪え難い音響的形質と混じり合い、身体の中に押し入って、混在、新たな事物の状態を形成し、これそのものが騒々しい有毒の食物や箱詰めされた排泄物であるかのごとくになる。分解された要素は、身体の部分、器官に攻撃を加え影響を及ぼして、その有り様を決定する。(7) この受動方式において、言葉の効果は、純粋な言葉－情動（＝影響）に取って代わられる。「書き言葉はすべて不潔だ」（言いかえるなら、停止されて記された語はすべて、食物的で排泄物的な騒々しい断片に分解される）。

**語－受動と破裂する文字の価値、語－能動と分節しない音調の価値**

そのとき、分裂病者にとっては、意味を修復することよりも、常に、裂けた表面の下の深層の中で、語を破壊すること、情動を祓うこと、あるいは、身体の苦しい受動を勝ち誇る能動に変換すること、服従を命令に変換することが眼目になる。あの言語の研究者が、母の言語における語の苦しい破裂を、外国の言語に対する能動に転換する手段の事例を提供している。そして、先ほどは、傷つけるものが、身体の部分に影響してそれを嵌め込んだり脱臼させたりする音韻要素の中にあったのと同じく、今は、勝利は、語－息、語－叫びの創設によってのみ獲得されうる。語－息と語－叫びにおいては、すべての文字価値・音節価値・音韻価値が、書かれることのない専ら音調的な価値によって置き換えられる。この音調的な価値に栄光の身体が対応し、これは、分裂病的な身体の新しい次元、部分なき有機体であり、一切のことを送風・吸気・気化・流体伝動によって行なう（アントナン・アルトーの高次の身体あるいは器官なき身体(8)）。そして、たしかに、受動の方式に対立させて、このように能動的方式を決定することは初めから不十分であるように見える。実際、流体は、断片に劣らず不吉であると思われる。しかし、不吉なのは、能動－受動の両価性のためである。この両価性が分裂病に写像されると、まさに写像された点で矛盾として生きられてしまうのである。受動と能動が両価性の切り離せない極であるのは、受動と能動が形成する二つの言葉が、切り離せない仕方で身体に、身体の深層に帰属するからである。したがって、部分なき有機体の理念的な流体が、寄生虫、器官の破片と固体食物の破片、排泄物の残余を運搬していないとは決して確信できない。ところが、不吉な力能が、この身体に受動の断片を移行させるために流体と送風を有効に用いていることは確かなのである。流体は必ず損なわれるわけだが、自ずとそうなるのではなく、流体が離れられない他の極によってそうなるのである。それでもやはり、流体が能動的な極や完全な混在状態を表象して、受動的な極である不完全な混在の嵌め込みや打ち傷に対立することに変わりはない。分裂病には、身体を変質させる部分的な混在と身体を元のままにする全面的で流体的な混在という二つの物体的な混在のストア派的な区別を生きる生き方がある。流体的な要素や送入される液体には、「〈大海〉の原理」である能動的混在の書かれざる秘密があって、嵌め込まれる部分の受動的混在に対立する。この意味で、アルトーは、海と魚についての、そして、服従と命令の問題についてのハンプティ・ダンプティの詩を変換するのである。

この第二の言葉、この能動の方式を実践的に定めるなら、子音・喉音・有気音を過剰に詰め込むこと、内部省略記号と内部アクセント、呼吸音を入れること、音節を区切ること、一切の音節価と文字価を置き換える抑揚である。語を分解不可能で崩壊不可能にするために語で能動を為すことが眼目である。分節なき言葉である。ところが、ここでのセメントは、非－有機的な湿の原理、海のブロック、大量の海水である。あの言語の研究者は、木のロシア語 *derevo* に関して、複数形の *derevja* があることを喜んでいる。語の内部の省略記号が、子音の融合を保証するように見えるからである（言語学者のいう軟音記号）。まるで、子音を切り離して発音可能にする代わりに、軟音記号に還元された母音が、子音を湿らせて分離不可能にし、子音を読解不可能で発音不可能にさえして、そこから連続的なひと息の中で能動的な叫びを作り出すかのようである[9]。叫びはそのまま息の中で溶接される。湿らす記号の中の子音、大海の中の魚、器官なき身体での血の中の骨のように。叫びは火の記号でもあり、アルトーは「気と水の間でためらう」波と語っていた。叫びは、息の中の火花の音である。

アントナン・アルトーが、その「ジャバーウォッキー」で、「ルルグエがルアルグエでラングムブドゥして持ちラングムドゥがルアルグハムブドゥをして持つまで」と語るとき、その眼目は、語を活性化し、語に息を吹き込み、語を濡らしたり燃やしたりして、語が、寸断された身体の受動にならずに、部分なき身体の能動になるようにすることである。語を軟音記号によって、圧密された子音、分解不可能な子音にすることが眼目である。この言葉の中には、いつでもカバン－語に等価なものを見出すことができる。「ルルグエ」と「ルアルグエ」に代わるものとして、アルトー自身は、ルエ・ルー・ルート・ルートアレグレ〔突進・車輪・道路・規則・規制道路〕を示している（アルトーがいたロデスの地方ル・ルエルグも付け加えられよう）。同様に、アルトーは、内部に省略記号のある「ユク,アティス」と語るときには、ユカズ〔勅令〕・アート〔急ぎ〕・アブリュティ〔ばか〕を示し、「正道から外れた月夜の豚のことを言わんとするヘカテーの下の夜の車輪の揺れ」と付け加えている。ところで、語がカバン－語として提示されるとき、語の構造とそこに付加される註解を通して、われわれはまったく別のことを納得する。アルトーの「ゴーレユク,アティス」は、迷える豚、キャロルの「モーム・ラース」、パリゾの翻訳の「ヴェルション・フルギュ」と等価なものではないのである。それらが相争っていたところは、こんな平面ではないのである。アルトーの「ゴーレユク'アティス」は、意味に従うセリーの分岐を保証するどころか、反対に、音調の要素と子音の要素の一連の連合を操作するのである。しかも、下層－意味の地域の中で、流体の原理と燃焼の原理に従って遂行するのである。この原理たるや、意味を生産するに応じて意味を実効的に吸収して解消してしまうのである。Uk'hatisユク'アティス（あるいは、月夜の迷える道楽者）とは、K'H・'KT・H'KT（独房・夜・ヘカテー）である。

**深層の無－意味と表面の無－意味の区別、言葉の第一次秩序と言葉の第二次組織の区別**

分裂病的な語の二元性は充分には指摘されてこなかった。すなわち、音韻価値へと破裂する語－受動と音調価値を溶接する語－能動の二元性である。これら二つの語は、寸断された身体と器官なき身体という身体の二元性と関係しながら展開される。二つの語は、二つの劇場に、すなわち、恐怖や受動の劇場と本質的に能動的な残酷の劇場に差し向けられる。二つの語は、二つの無－意味に、音韻要素に分解されて意味を剥奪される語の受動的な無－意味と、意味を剥奪されながらも分解不可能な語を形成する音調要素の能動的な無意味に差し向けられる。ここでは、一切が、意味の下で、表面から離れて、能動し受動して通り過ぎる。下－意味、非意味、下位意味（*Untersinn*）は、表面の無－意味から区別されなければならない。ヘルダーリンの語に従えば、「意味の空虚な記号」であり、二つの相を伴う言葉であるが、それは記号［＝シーニュ］であるにしても、身体の能動や受動と混じり合うのである。(10) それゆえに、分裂病の言葉を、シニフィアンのセリーがシニフィエのセリーの上を絶えず動転して滑っていくことと定義するのでは、まったく不十分であると思われる。実際、もはやまったくセリーはないのであり、二つのセリーは消えたのである。無－意味は表面で意味を贈与するのを停止した。無－意味は、シニフィアンの側でもシニフィエの側でも、すべての意味を吸い込んで呑み込む。アルトーが語るところでは、無－意味である〈存在〉には歯がある。第二次と呼んだ表面の組織の中では、物理的物体と音響的語は、非物体的な境界によって分離されて連節される。すなわち、一方で語によって純粋に表現されるものを表象し、他方で物体の論理的属性を表象する意味の境界によって、同時に分離されて連節される。そうして、意味は物体の能動と受動から由来するものの、意味は、能動でも受動でもなく、能動と受動とは本性的に異なる成果となって、物理的物体と混同されないように言葉の音を保護するのである。反対に、分裂病の第一次秩序の中では、物体の能動と受動の二元性しかなく、言葉は同時に能動と受動となって大きく開けた深層へ吸い込まれてしまう。命題が物体へ落下するのを妨げるものはないし、命題の音の要素と身体の嗅覚・味覚・消化の情動とが混じり合うのを妨げるものもない。もはや意味がないだけでなく、文法や統辞論もないし、極限的には、分節された音節要素・文字要素・音韻要素もない。アントナン・アルトーはそのエッセーを「ルイス・キャロルに対抗する反文法的な試訳」と題することができるわけである。キャロルの方は、たとえ語を反転して語に意味を与える鏡を通してのことでしかないにしても、物体の屈折と分節化から切り離して、語の屈折と分節化を取り集める責務を負った極めて厳格な文法を必要とするのである。[11] それゆえに、われわれは、逐一、アルトーとキャロルを、第一次秩序と第二次組織を対立させることができる。「食べること－話すこと」タイプの表面のセリーと外見的には同類の深層の極には、実は何の共通のものもない。セリーに意味を配分する表面での無－意味の二つの姿形と、意味を引き連れ意味を呑み込み意味を吸い込む無－意味の二つの潜行（下位意味（*untersinn*））には、何の縁もない。間代性と強直性という吃音の二形態は、分裂病的な二つの言葉とは、大雑把な類似しかない。表面の切れ目は、深い分裂（Spaltung）と、何の共通のものもない。アイオーンの非物体的な線の上での過去－未来の無限の下位分割において捉えられる矛盾は、物体の物理的な現在の中での極の対立と、何の縁もない。カバン－語さえもが、まったく異質の機能を持つのである。

　子どもは、表面に上昇する以前に、あるいは、表面を獲得する以前には、分裂病質「態勢［＝位置］」にいるのを見出すことができる。表面においてさえ、いつでも分裂的な断片を見出すことができる。というのも、まさに表面の意味は、深層から来る要素を組織して広げることであるからである。それでも、子どもにおける表面の獲得、分裂病者における表面の破綻、例えば倒錯者と呼ばれる者における表面の支配を、すべて混ぜ合わせてしまうのは憎むべきことであるし具合の悪いことである。ルイス・キャロルの作品から、ある種の分裂病的な物語を作り出すことはいつでもできる。英国の精神分析医は軽率にもそうしたものだ。すなわち、アリスの身体 - 望遠鏡、その身体 - 望遠鏡の嵌め込みと脱臼、食物への表立った偏執、排泄物への潜伏する偏執、「断片選集」も食物断片も指示する断片、直ぐに分解する食物語のコラージュと名札、同一性の喪失、魚と海、等々。庭師・三月ウサギ・オオヤマネはどんな種類の狂気を臨床的には表象するのかと自問することもできる。そして、アリスとハンプティ・ダンプティの対立において、「寸断された身体 - 器官なき身体」、濾過器身体と栄光身体の両価的な二極を見出すこともいつでもできる。アルトー自身も、他ならぬこの理由で、ハンプティ・ダンプティのテクストに対面したのである。しかし、まさしくその時期に、アルトーの告知が鳴り響く。「私は翻訳をしなかった……私は一度もこの詩を好きだったことはない……私は詩を好きではない。あるいは、表面の言葉を好きではない」と。悪しき精神分析は、二つの仕方で過ちを犯す。同一の素材を発見したと信じ込んで到る所で無理やりに再発見することと、あるいは、類似形態を発見したと信じ込んだ上で贋の差異を作り出すことである。精神科の臨床面での失敗と文学の批評面での失敗は連動している。構造主義が正しく思い出させてくれるように、形態と素材が影響力を持つのは、形態と素材が組織される根源的で還元不可能な構造の中においてだけである。精神分析は、歴史の逸話の分析である前に、幾何学の次元の分析であるべきである。というのは、人生は、性でさえも、肥沃な素材と産出される形態との中に入り込む前に、幾何学的次元の組織と方角決定の内部にあるからである。精神分析は、症例を指示し歴史物語を表出しコンプレックスを意義すれば事足りるものではありえない。精神分析は、意味の精神分析である。精神分析は、歴史的である前に、地理的なのである。精神分析は、異なる国を区別するのである。アルトーはキャロルでもアリスでもない。キャロルはアルトーではないしアリスですらない。アントナン・アルトーは、子どもを、身体的受動と身体的能動という深層での二つの言葉に合わせて、極端に暴力的な二者択一に追い込む。すなわち、子どもは生まれ出ない、言いかえるなら、子どもは、両親が姦淫する場所の下にとどまり、やがて脊柱になる箱から出て来ない（逆向きの自殺）か、あるいは、子どもは、器官も両親もない、燃え上がる栄光の流体的身体へと自己を作る（アルトーの言う、自分の生まれるべき「娘たち」）かという二者択一である。反対に、キャロルは、自分の非物体的な意味の言葉に相応しく、子どもを待ち望む。キャロルが待ち望むのは、母の身体の深層を離れて、まだ自己自身の身体の深層を発見してはいない時点と時期の子ども、また、自分自身の涙の池の中のアリスのように、水面にちらっと現われる短い時期の少女である。両者は、別の国、何の関係もない別の次元である。われわれは、表面には、スナークやジャバーウォックといった怪物や、怪物の恐怖と残酷があると思うことはできる。また、表面の怪物は、深層のものではないが、やはり鉤爪を持っていて、横から食いつきに来たり、追い祓ったと信じていた深淵にわれわれをまた突き落としたりできると思うこともできる。それでも、キャロルとアルトーが出会うことはない。註釈者だけが次元を変えることができるわけだが、それこそが、註釈者の最大の弱みであり、註釈者がどの次元にも住んでいないことのサインである。キャロルのすべてを引き換えにされても、われわれはアントナン・アルトーの一頁も与えないだろう。アルトーは、文学で絶対的に深かった唯一の者であり、自身で言うごとく、苦痛の力のおかげで、生ける身体を発見し、生ける身体の途方もない言葉を発見した唯一の者である。アルトーは、今日においても未知の下層－意味を探検したのである。ところが、やはり、キャロルは、表面の主人あるいは測量師である。表面のことはよく認識されていると信じ込まれているために、表面が探検されることはない。しかしながら、表面には、意味の論理のすべてがある。

(1)「ペルスパンディカス」は、ある分裂病者のカバン－語で、主体の頭上に聳える精神（ペルパンディキュレール［垂直］）と極めてペルスピカスな［炯眼の］精神を指示している。以下に引用されている。ジョルジュ・デュマ（George Dumas), *Le Surnaturel et les dieux d'après les maladies mentales*, P.U.F., 1946, p. 303.

(2)アントナン・アルトー（Antonin Artaud),《L'Arve et l'Aume, tentative anti-grammaticale contre Lewis Carroll》, *L'Arbalète*, nº 12, 1947.［下記二行目最後の enbrimbulkdriquant は、先に本文で論じられた原文の wabe に対応する］。

Il était ropatant, et les vliqueux tarands
Allaient en gibroyant et en brimbulkdriquant
Jusque là où la rourghe est à rouarghe a rangmbde et rangmbde a rouarghambde:
Tous les falomitards étaient les chats-huants
Et les Ghoré Uk'hatis dans le Grabugeument.

(3) Lettre à Henri Parisot, *Lettre de Rodez*, G.L.M., 1946.［以下参照。「アンリ・パリゾーへのロデーズからの手紙」『アルトー集成・後期1』（岡本健訳、河出書房新社）］。

(4)ルイ・ウォルフソン（Louis Wolfson),《Le Schizo et les langues ou la phonétique chez le psysique》, *Les Temps modernes*, n° 218, juillet 1964.

(5) フロイト「無意識について」『フロイト著作集』6（井村恒郎訳、人文書院）一一〇－一一三頁。一人は自分の皮膚について、もう一人は自分の靴下について、小さな穴のシステムが永遠に拡大していくリスクを懸念している二人の病人のケースを引いて、フロイトは、そこに、ヒステリー者にも強迫神経症者にも当てはまりえない分裂病固有の症候があることを示している。

(6) アントナン・アルトー（Antonin Artaud), in *La Tour de feu*, avril 1961.

(7) 文字－器官については、アントナン・アルトー「ペヨトルのダンス」『アルトー集成・後期Ⅰ』（宇野邦一訳、河出書房新社）参照。

(8) in *84*, 1948. 参照。「口もない 舌もない 歯もない 咽頭もない 食道もない 胃もない 腹もない 肛門もない 私がそれであるそんな人間を再構成しよう」（器官なき身体は骨と血だけで作られる）。

(9) ウォルフソン（Wolfson), *op. cit.*, p. 53. 参照。*derev'ya* の中で「湿音 *v* と *y* の間のコンマは、軟音と言われる記号を表わしている。このコンマ記号によって、完全子音 *y* は *v*（湿音）に続いて発音されることになる。音素 *v* は、軟音記号がなくても、後に続く軟母音によって、いわば湿らされるだろう。この軟母音は、ここでは音韻的には *ya* で表わされ、ロシア語では大文字の *R* を後ろ前にした形態の一文字で書かれる（*derev'ya* と発音しよう。強アクセントはもちろん第二音節に置かれる。*i* は開短母音。*d* と *r* と *v* は湿音化されるか半子音と融合する）」。また、ロシア語 *louD'Mi* についての分裂病者の註解p. 73を参照。

(10) 極めて見事な研究 *Structuration dynamique dans la schizophrénie* (Verlag Hans Huber, Berne, 1956)［『身体像の回復：精神分裂病の精神療法』、三好暁光訳、岩崎学術出版社、以下は原著仏訳の頁数］で、ジゼラ・パンコフ（Gisela Pankow）は、分裂病における記号の役割の探査を遠くまで推し進めている。パンコフ女史が報告するケースに関しては、以下のものが注目されよう。音韻の断片へと破裂して凝固した食物語の分析。例えば、キー－ャ－ラ－メ－ルの分析、p. 22。納めるものと納められるものの弁証法、極の対立の発見、そこで結び付く水と火のテーマ、pp. 57-60, 64, 67, 70。魚を能動的反抗の記号として、熱水を解放の記号として援用する興味深い例、pp. 69-72。二つの身体の区別、人間－花の分離し開けた身体と、その補足として役立つ器官なき頭、pp. 69-72。

しかしながら、パンコフ女史の解釈は器官なき頭の役割を過小評価していると思われる。そして、分裂病で生きられる記号の体制は、身体の記号－受動と身体的な記号－能動の区別によらなければ、意味の下では、把握されえないと思われる。

⑾ この意味で、キャロルの創意は、本質的に語彙に関わり、統辞論や文法に関わるものではない。そのとき、カバン－語は、セリーを分岐させて無限の可能な解釈を開くことができる。それでもやはり、厳密な構文法が一定数の可能性を除去しているのである。ジャン・パリス（Jean Paris）が示したように、ジョイスも同様である（*Tel Quel*, n° 30, 1967, p. 64）。その反対がアルトーである。ただし、厳密には、もはや意味の問題がないからであるが。

# 第14セリー　二重の原因性

## 非物体的な出来事ー効果、原因と準ー原因

意味の脆さは簡単に説明がつく。属性は、物体的形質とは別の本性である。出来事は、物体の能動と受動とは別の本性である。ところが、出来事は、物体の能動と受動からの成果である。意味は、物体的原因とその混在の効果である。こうして、意味が原因によってくわえ取られるリスクが常にある。意味が自らを救い出すのは、また、意味がその還元不可能性を擁護［＝肯定］するのは、因果関係に原因と結果の異質性が含まれている限りにおいてである。また、原因相互の結び付きと結果相互の連絡が異質である限りにおいてである。つまり、物体の能動と受動の成果としての非物体的意味が、物体的原因との差異を維持することができるのは、表面において、それ自身が非物体的な準ー原因に所属する限りにおいてである。これは、ストア派がよく見ていたことである。すなわち、出来事は二重の原因性に服しており、一方では出来事の原因である物体の混在に、他方では出来事の準ー原因である別の出来事に服している。(1) 反対に、エピクロス派が、

包むものと表面の理論を展開するには到らず、非物体的効果の観念に到らないのは、おそらく、「シミュラクル」が深層の物体の原因性だけに服したままであるからである。しかし、表面についての純粋に物理的な観点からでさえも、二重の原因性の要請が表明されることがある。すなわち、液体表面の出来事は、一方で、それが依存するリアルな原因である分子間の変化に帰せられ、他方で、それが依存する観念的ないし「仮想的」準-原因であるいわゆる表面張力の変分に帰せられる。われわれが試みてきたことは、表面と出来事の非物体的特徴に合わせて後者の原因性を設立することである。そして、われわれにとっては、無-意味や無作為抽出点として介入し、準-原因として操作し、効果の全き自律を保証するパラドックス的要素に、出来事が、言いかえるなら、意味が関係すると思われたのである。(もちろん、この自律が先の脆さを打ち消すわけではない。というのも、表面での無-意味の二つの姿形は、今度は受動と能動という深みの二つの無-意味に変形されることがあり、そうして、非物体的な効果が物体の深層に再び吸収されることがありうるからである。逆に、意味が固有の次元を駆使する限り、この脆さによって自律が打ち消されるわけではない)。

## 非情と発生

したがって、効果の自律は、先ず原因との本性の差異によって、第二に準-原因との関係によって定められる。ただし、この二つの面は、意味に対して、極めて異なる特徴、外見的には対立さえする特徴を与える。というのは、意味が、物体的原因、事物の状態、物理的な形質、混在とのその本性の差異を擁護する限りで、効果や出来事としての意味は、輝かしい非情（不可入性、不毛性、非実効性、非能動的・非受動的）を特徴とするからである。そして、この非情は、意味と、指示される事物の状態との差異の印であるだけでなく、意味と、意味を表現する命題との差異の印でもある。後者の側面においては、非情は中立性（命題から引き出される裏地、命題の様相の中断）として現出する。反対に、意味は、意味が、意味を生産して表面に配分する準－原因との関係において捉えられるや、意味は、この観念的な原因の力能を継承して分有し、さらに包含して所有する。既に見たように、観念的な原因は、効果の外では何ものでもないし、効果に取り付いて効果との内在的関係を維持するが、この関係によって、生産物〔効果〕が生産されると同時に、いいいい生産物は生産的な事物になる。繰り返すまでもないが、意味の特徴は、本質的に生産されたものである。決して根源的ではなく、常に原因を持つ派生したものである。それでもやはり、この派生物〔原書 dérive を dérivé と読む〕は、〔観念的原因の〕複製〔＝分身〕であり、準－原因と内在的に関係しながら道を創造し、そこを辿って道を分岐させる。そして、以上の条件の中で、表現される意味が命題の他の次元（意義・表出・指示）を産出すべきであるからには、われわれは、たしかに、この発生的な力を命題そのものとの関係で把握しなければならない。しかしまた、われわれは、この発生的な力を、命題の他の次元が充足される仕方との関係で、また最後には、特定の度合いと特定の仕方で次元を充足するものとの関係でも把握しなければならない。言いかえるなら、発生的な力を、指示される事物の状態、表出される主体の状態、意義される概念・特性・クラスとの関係で把握しなければならない。いかにして、一方に、事物の状態に対する非情や命題に対する中立性があり、他方に、命題と事物の状態そのものに対する発生の力能があるという矛盾する二つの面は和解するであろうか。いかにして、偽なる命題にも意味があるとする論理学的原理（かくて、真の条件としての意味は、真と偽に対して無関与にとどまる）と、命題には常に真理があるとする同様に確実な超越論的原理、すなわち、命題がそれに値し、命題の意味によって命題に帰される真理や真理の部門があるとする超越論的原理は、和解するであろうか。これら二つの面は自律の二つの姿形で説明されると言うだけでは十分ではないだろう。また、これら二つの面が、ある場合に、効果はリアルな原因と本性を異にするものとだけ見なされ、別の場合に、効果は観念的な準–原因に結び付けられるものとだけ見なされるということから出て来ると言うだけでは十分ではないだろう。というのは、われわれを矛盾に突き落としながらも、それを解消できなくするのは、当の自律の二つの姿形にほかならないからである。

### フッサールの理論

単純な形式論理学と超越論的論理の対立は、すべての意味の理論を貫いている。フッサール『イデーン』の例がある。フッサールは意味を作用のノエマや命題の表現されるものとして見出していたことが想起される。ストア派から続くこの道で、フッサールは、現象学的還元の方法のおかげで、表現における意味の非情を再び見出していた。というのは、当初から、ノエマは、表現的な命題の〔存在〕措定と様態（知覚されるもの、想起されるもの、想像されるもの）を中立化した複製を含んでいたからである。それだけでなく、ノエマは核を所有していたからである。すなわち、意識の様態と命題の措定的性格からまったく独立し、また、リアルとして定立される対象の物理的形質からもまったく区別される核を所有していたからである（例えば、ノエマ的色のような純粋述語には、対象のリアリティも対象の意識の仕方も介在しない）。ところで、このノエマ的意味の核の中において、さらに内奥の何ものか、「最高に」あるいは超越論的に内奥の「中心」が現出するのである。これは、意味そのものとリアリティにおける対象との関係にほかならない。そして、この関係とリアリティが、いまや超越論的な仕方で産出されるか構成されるかしなければならないことになる。フィンクに続いて、ポール・リクールは、『イデーン』「第四篇」におけるこの転回を指摘している。「意識が狙われた意味へ越え出ていくだけでなく、狙われた意味は対象へと越え出ていく。狙われた意味は、依然として内容にすぎなかったし、志向的内容であったにしてもリアルな内容ではなかった。……［しかし今や］ノエマの対象への関係そのものが、ノエマの究極的構造として、超越論的意識によって構成されるべきであろう」[2]。意味の論理の心臓部では、いつもこの問題が見出される。すなわち、不毛性から発生〔＝生殖〕への移行という処女懐胎である。

しかし、フッサール的発生は、手品を使っているように見える。というのは、核は属性と規定されたが、属性は、動詞ではなく述語と、言いかえるなら、出来事ではなく概念と把握されるからである（こうして、フッサールによるなら、表現は概念的なものの形態を生産する。あるいは、意味は一般性と切り離せない。このタイプの一般性は、類種の一般性と混同されないにしても）。それ以後、意味の対象への関係は、ノエマ的述語の何ものか＝ｘへの関係から当然にも派生することになる。この何ものか＝ｘは、ノエマ的述語の土台や統一原理の役目を果たすことができる。したがって、この何ものか＝ｘは、意味に内在し余現前する無－意味のようなものではまったくないし、産出されるべきものを前提としない零点のようなものでもない。それはむしろカントの対象＝ｘである。この対象＝ｘのｘは、ただ「任意の何か」を意義するにすぎず、意味からｘへの関係は、超越性という外在的で理性的な関係である。そして、対象＝ｘは、既成の指示の形態を自己に与えている。既に同様にして、述語化可能な一般性として意味は、既成の意義の形態を自己に与えていた。フッサールは発生のことを考えてはいるが、必然的に「パラドックス的」で厳密に言えば「同定可能ではない」（自己同一性も自己自身の起源もない）審級から出発するのではなく、反対に、任意のすべての対象の同一性を説明する任務を負わされた常識［＝共通感覚器官］なる根源的能力と、任意の対象の限りない同定の過程を説明する任務を負わされた良識［＝良き方向］の能力から出発するのは明らかである。(3) このことは、フッサールのドクサ（*doxa*）の理論からわかる。そこでは、信憑のさまざまな様式が、ウアドクサ（*Urdoxa*）〔＝根元ドクサ〕に応じて産出される。ウアドクサは、特殊な諸能力に対して共通感覚の能力として作用するわけである。既にカントにおいてあからさまになっていたことが、フッサールにも当てはまる。すなわち、この哲学は無能にも常識の形態と絶縁できないのである。こんな哲学が哲学であろうか。つまり、少なくとも暫定的にドクサの特殊な内容や様態と絶縁しなければ哲学たりえないだろうと感じておきながら、ドクサの本質的なものを、言いかえるなら、ドクサの形態を保存して、「根源的」と称される思考のイマージュの中での経験的でしかない行使を、超越論的なものにまで迫り上げて自己満足するような哲学が哲学であろうか。意義の次元だけが、一般的述語と見なされる意味に既製品として持ち込まれるのではない。また、指示の次元だけが、意味と、任意の規定可能で個別化可能な対象との間で想定された関係に持ち込まれるのではない。超越論的主観の位置の中に、表出の次元すべても持ち込まれるのである。この超越論的主観は、人格の形態、人格的意識の形態、主観の同一性の形態を守り、超越論的なものを経験的なものの特徴から転写して自己満足する。カントが心理的総合から直接的に三つの超越論的総合へと推論するときに歴然としていたことは、フッサールが知覚的「視」から出発して根源的で超越論的な「見る」を推論するときにも依然として歴然となる。

## 真の発生の条件：〈我〉なき、個体化の中心なき、超越論的な場

　こうして、意味の知見の中に、意味の知見によって産出されるべきものすべてが持ち込まれてしまう。もっと重大なことに、区別すると称しながら、表現が他の次元と混同されて意味の知見が混乱してしまうし、形式的に区別するつもりでいながら、表現が超越論的に他の次元と混同されてしまうのである。核という隠喩は、怪しげである。それは、問われていることをぼやけさせる。たしかに、フッサールにおいて意味の贈与は、徐々に後退する同質的セリーという適切な外見を、次いで、二面性のある審級（ウアドクサと任意の対象）が駆け巡るノエシスのセリーとノエマのセリーとの異質なセリーの組織という適切な外見を装ってはいる。[4] しかし、これは、真の発生の理性的な戯画、あるいは、真の発生が合理化された戯画にすぎない。同じく、セリーで実現されることによって真の発生を決定するべき意味の贈与についての戯画、準－原因として作用して意味の贈与を取り仕切るべき二重の無－意味についての戯画にすぎない。本当は、内在的な準－原因から出発する意味の贈与と、命題の他の次元に対して引き続く静的発生は、超越論的な場においてしか為されえないのである。この超越論的な場は、サルトルが一九三七年の決定的な論文で提示した条件に呼応しているだろう。すなわち、総合的な人称的意識の形態も主観的同一性の形態も持たない、非人称的な超越論的場に呼応しているだろう。そこでは、主観は常に構成されるものである。[5] 基礎が、基礎が設立するものに似ていることなど決してありえない。基礎について、それは他の歴史であると語るだけで

は十分ではない。基礎は、他の地理でもある。ただし、別の世界というわけではない。そして、意味の超越論的な場は、人格的なものの形態とともに、一般的なものの形態と個体的なものの形態を排除しなければならない。というのは、人格的なものの形態は、自己表出する主体だけの特徴であり、一般的なものの形態は、意義される対象的なクラスと特性だけの特徴であり、個体的なものの形態は、対象的な仕方で個別化される指示可能なシステムの特徴であり、また、個体化して指示する主観的な観点そのものに帰せられるからである。だから、フッサールが、超越論的な場に、カント流の〈我〉の形態を登録するよりはむしろ、ライプニッツ流の個体化の中心と個体的システムの中心、モナドと観点、〈自我〉を登録するとしても、実のところ、問題が前進するとはわれわれには思われない。[6] にもかかわらず、後に見るように、ここには極めて重要な変化はある。ただし、超越論的な場は、個体的でも人称的でもなく、一般的でも普遍的［＝全称的］でもない。では、超越論的な場は、姿形も差異もない底－無し、分裂病的な深淵ということになるであろうか。超越論的な場の表面の組織から始めるなら、そういうことにはならない。特異性の観念が、したがって反－一般性の観念が、しかし非人称的で前－個体的である反－一般性の観念が、いまや、超越論的な場と超越論的な場の発生の力能を規定するための仮説として役立つはずである。

(1) アレクサンドリアのクレメンス『雑録集』第八巻九（『初期ストア派断片集2』、水落健治・山口義久訳、京都大学学術出版会、四五三頁）［「ストロマテイス」『初期ギリシア教父』（秋山学訳、平凡社）参照］参照。「ストア派が言うには、物体は本来の意味で原因だが、非物体的なものは、隠喩的な仕方で、原因風である」。

(2) ポール・リクール（Paul Ricoeur), in *Idées* de Husserl, Gallimard, pp. 431-432.

(3) フッサール『イデーン』Ｉ－Ⅱ第一三五節。「さまざまな作用や作用のノエマに提供されるxは、異なる地位規定を持つが、必然的に意識によって同じものとして到達される……」。第一四二節。「真に実在するすべての対象に対して、本質の無条件な一般性のア・プリオリにおいて、可能的意識の観念が原理的には対応している。この意識においては、対象そのものは、根源的な仕方で、次いで完全に充全に捉えられうる……」。第一四三節。「この連続体は、精確には、あらゆる意味で無限として規定されるし、規定可能な同じxの現出のすべての相において合成される……」。

(4) フッサール『イデーン』Ｉ－Ⅱ第一〇〇－一〇一節、第一〇二節以下。

(5) サルトル「自我の超越」『哲学論文集』（竹内芳郎訳、人文書院）参照。「非人称的で前－個体的な」、〈我〉と〈自我〉を生産する、超越論的場の観念は大いに重要である。サルトルがこのテーゼのすべての帰結を展開するのを妨げられるのは、非人称的な超越論的場が、依然として意識の場として規定され、そうして、意識自身によって、〈我〉なしで、また、志向性の働きや留置［＝過去把持］の働きによって、自己統一されるべきものとされるからである。

(6)『デカルト的省察』（浜渦辰二訳、岩波文庫）では、モナド、視野や観点の中心が、統覚の総合的統一としての〈我〉と並んで重要な位置を占めている。フッサールの註解者の中で、この変化を強調したのはガストン・ベルジェの功績である。こうして、ベルジェはサルトルに反論することもできた。すなわち、前－人称的な意識は〈我〉を必要としないかもしれないが、意識は観点や個体化の中心を無しで済ませることはできない、とである。（G・ベルジェ（G. Berger), *Le Cogito dans la philosophie de Husserl*, Aubier, 1941, p. 154.［引用箇所は文献解題箇所で以下の訳書には訳出されていない。『フッサールのコギト』（北村浩一郎訳、せりか書房）］、*Recherches sur les conditions de la connaissances*, P.U.F., 1941, pp. 190-193. 参照）。超越論的な場が、構成する「意識」の場として依然として規定される限り、この反論は的を射ている。

# 第15セリー　特異性

## 戦争

意味の二つの契機〔＝時期〕、非情と発生、中立性と生産性は、一方が他方の外見と見なされるようなものではない。出来事の中立性と非情、すなわち、内部と外部の規定、個人的なものと集団的なものの規定、特殊的なものと一般的なものの規定などに対する無関与は、一つの定項でさえあって、これがなければ、出来事に永遠真理はないだろうし、出来事はその時間的〔＝現世的〕実現から区別されないだろう。戦争が、出来事の一例ではなく、出来事の本質に相応しい〈出来事〉であるのは、おそらく、戦争が同時に多くの仕方で実現され、各参加者が各々の現在の変化につれ実現の異なる水準で戦争を捉えることができるからである。こうして、スタンダール・ユゴー・トルストイが戦争を「見る」仕方と主人公に戦争を見させる仕方の比較が、古典的なものになったわけである。しかし、とりわけ、戦争がこんな出来事だからである。すなわち、戦争は、戦争の場の上を飛び、すべての時間的実現に対して中立的で、勝者と敗者に対して、臆病者と勇者に対して中立的かつ非情であって、それだけにますます怖ろしく、決して現在ではなく、常に未だ来たるべきものであり既に過ぎ去ったものであり、そして、このような戦争は、戦争そのものが無名の者に吹き込む意志によって、「無関与」の意志と呼ばれるべき意志によって捉えられるだけである。それは致死傷を負った兵士の中にある意志である。もう勇敢でも臆病でもなく、そしてもう勝者でも敗者でもありえず、こうして彼方に、〈出来事〉がとどまる彼方にとどまり、〈出来事〉の怖ろしい非情を帯びる、そんな瀕死の兵士の意志である。「どこ」に戦争があるのか。それゆえに、兵士は、出来事の永遠真理の高みの時間的な実現のそれぞれを眺めるように決定され、逃げながら自分が逃げるのを見るし、飛びかかりながら自分が飛びかかるのを見ることになる。出来事の永遠真理は、各実現に受肉し、そして、何たることか、兵士自身の肉体に受肉するのである。この勇気と臆病の彼方に達するためには、すなわち、「意志的直観」による出来事の純粋な把捉に達するためには、言いかえるなら、実現のタイプに対応する経験的直観と区別して、出来事が兵士に作り出す意志による出来事の純粋な把捉に達するためには、依然として兵士にとっての長征が必要である。(1) だから、出来事についての最も偉大な書物、この点ではスタンダール・ユゴー・トルストイより偉大な書物は、スティーヴン・クレインの『赤い武功章』である。そこでは、主人公は、匿名で、「若き人間」や「若き兵士」として指示されている。そこにはルイス・キャロルの戦争に少し似たものがある。キャロルの戦争では、大きな雑音、中立的な巨大な黒雲、騒々しい烏が、戦闘員たちの上を飛び、戦闘員たちを分離したり分散させたりしながら、戦闘員たちを見分けられなくしてしまう。たしかに戦争の神はいるが、すべての神の中で、戦争の神は、最も非情で、祈りが通らぬ神であり、「〈不可入性〉」、空虚な空、アイオーンである。

## 超越論的な場が意識の形態を守ることはありえない

命題のモード一般との関係で、意味の中立性は、観点に応じて複数の仕方で現出する。量の観点からは、意味は、特殊でも一般でもなく、全称でも人称でもない。質の観点からは、意味は、肯定と否定からまったく独立である。モダリティの観点からは、意味は、断言的でも必当然的でもなく、疑問形（主観的不確実性や客観的可能性の様相）でさえない。関係の観点からは、意味は、それを表現する命題の中で、指示・表出・意義と混じり合わない。最後にタイプの観点からすると、意味は、いかなる直観や意識の「定立」［命題態度］とも混じり合わない。後者は、先行する命題の特徴によって経験的に決定されるものであり、経験的な知覚・想像・記憶・知性・意志などがある。フッサールは、現象学的還元の方法の要請に応じて、これらのモードや観点の一部から意味が独立していることを示した。しかし、フッサールは、意味を全き（不可入な）中立性として認識するのを妨げられている。というのも、フッサールは過って、母型、「モード化されない母－形態」（ウアドクサ）として提示する良識と常識の理性的モードを、意味の中でも堅持しようと配慮するからである。このような配慮のために、フッサールは超越論的なものの中でも意識の形態を堅持することになる。こうして、意味の全き中立性が、意識そのものにおける分離の二つの側面の一方としてのみ到達されうるということになる。すなわち、理性の管轄の下にあるリアルなコギトの母－定立の側面であり、あるいは、「代償」、「非本来的コギト」、理性的管轄から逃れる非活動的で非情な「影や反射」として中立化される側面である。(2) このように意識の根本的な切れ目として提示されているものは、たしかに、意味の二つの相、モードに関する中立性と発生的力能に対応してはいるが、二つの相の一つを外見として取り扱う解決が満足すべきものではないのと同じく、二つの相を二者択一に割り振ることになる解決も満足すべきものではない。そんなことでは、発生が偽の発生になるだけでなく、中立性も擬似－中立性になってしまう。反対に、既に見たように、同じ事物が、存在者の変様と命題のモダリティに対して、意識の分離に従ってではなく二つの原因性の二重化と連結に従う、表面の中立的な効果かつ多産な生産の原理として捉えられなければならない。

**非人称的で前－個体的な特異性**

われわれが規定しようとしている非人称的で前－個体的な超越論的場は、対応する経験的な場に似てはいないし、しかしまた、未分化の深層と混同されない。超越論的な場を、意識の場として規定することはできない。サルトルの試みにかかわらず、人格の形態や個体化の観点を忌避しておきながら、意識を環境として堅持することはできない。

意識は統一化の総合がなければ何ものでもないし、〈我〉の形態や〈自我〉の観点がなければ意識の統一化の総合もない。反対に、個人的でも人称的でもないものは、特異性の放出である。その際には、特異性の放出は、無意識の表面で起こり、ノマド的配分による自己－統一化に内在的な可動的原理を有している。このノマド的配分は、意識の総合の条件である固定的で定住的な配分から根本的に区別される。特異性は、真の超越論的な出来事である。ファリンゲッティが「単独者の第四人称」と呼ぶものである。特異性は、個人的・人称的であるどころか、個体と人格の発生を取り仕切る。すなわち、それ自体としては〈自我〉も〈我〉も備えていない「ポテンシャル」の中に特異性が割り振られると、ポテンシャルは自己を現実化し自己を実現しながら〈自我〉と〈我〉を生産する。この現実化の姿形は、実現されたポテンシャルにはまったく似ないことになる。特異点の理論だけが、意識の中にある（あるいは、意識の中で起こる）人格の総合と個体の分析を乗り越える資格を有するのである。われわれは、同時に心理学・宇宙論・神学のすべてを巻き添えにする二者択一、すなわち、既に個体と人格に捉われた特異性か、あるいは、未分化の深淵かという二者択一を受け入れることはできない。無名でノマド的で非人称的・前－個体的な特異性が蠢いている世界が開かれるとき、終にわれわれは超越論的な場を踏む。先行する諸セリーにおいては、この世界の五つの主要な特徴が素描されていた。

第一に、特異性－出来事は、異質のセリーに対応する。異質のセリーはシステムに組織されるが、このシステムは、セリーの差異を配分するポテンシャル・エネルギーを備えていて、安定でも不安定でもなく「メタ［準］安定」なシステムである。（ポテンシャル・エネルギーは純粋出来事のエネルギーであり、現実化の形態は出来事の実現に対応する）。第二に、特異性は、常に可動的で移動する自己－統一化の過程を有している。その際には、パラドックス的要素が、セリーを駆け巡って共鳴させながら、対応する特異点を同じ一つの無作為抽出点に包み込み、すべての放出、すべての発射を同じ一つの投擲に包み込んで自己－統一化する。第三に、特異性ないしポテンシャルは、表面に取り付く。縁においてだけ発達する結晶においては、すべては表面を通り過ぎる。たしかに、有機体については同じではない。有機体は、絶えず内部空間で自己を取り集めるとともに外部空間へ自己を広げ、同化し外在化するからである。しかし、膜はやはり重要である。膜はポテンシャルをもたらし極性を再生する。膜は、内部空間と外部空間を隔たりとは関係なくまさしく接触させる。この接触の位相的表面だけが、内部と外部、深みと高みに生物学的価値を与えるのである。したがって、「最も深いもの、それは皮膚である」をまさに生物学的に把握しなければならない。皮膚は、本来的に表面にある生命的ポテンシャル・エネルギーを駆使する。そして、出来事が表面を占めるのではなく表面に取り付くのと同じく、表面エネルギーは表面で局所化されるのではなく表面の形成と再形成に結び付けられている。ジルベール・シモンドンは実に見事に述べている。「生体は、自己の限界で、自己の限界の上で生きている。……生命に特徴的な極性は、膜の水準にある。この場所で、生命は本質的な仕方で動的位相の一局面として実在する。この動的位相そのものは、メタ安定性を維持し、それによって生命は実在する。……内部空間の全内容は、位相的には、外部空間の内容と生体の限界で接触している。実際、位相において隔たりはない。内部空間にある生ける物質の集塊は、生体の限界上で活性化して外部世界に現前する。……内部環境の一部をなすという事実は、中にあるということだけでなく、限界の内側に向かっているということでもある。……分極化した膜の水準において、内部の過去と外部の未来が対峙する」[3]。

## 超越論的場と表面

したがって、第四の規定として、表面は意味の場所であると言えるだろう。「外から到来する」サインは、二つのセリー（二つのイマージュ－シーニュ、二つの写真、二つの録音帯など）の間の共鳴を保証する表面の組織の中に入り込まなければ、意味を欠いたままにとどまる。しかし、意味のこの世界は、いまだ方角の統一性も器官の共同性も含んではいない。統一性と共同性のためには、表面の地図を別の次元で継次的に段階付ける操作を行なえるレセプター装置が要求される。さらに、出来事－特異性を伴うこの意味の世界は、この世界に本質的である中立性を呈示する。というのも、意味の世界は、意義・表出・指示を獲得するような仕方で諸次元に従って意味の世界を配列していくのだが、これらの次元の上を飛ぶからである。それだけでなく、意味の世界は、そのポテンシャル・エネルギーの現実化、言いかえるなら、その出来事の実現の上を飛ぶからである。しかも、この出来事の実現は、隔たりを越えて表面の内外二つの側面の連続性を保証する接触表面や中立的表面境界に従い、内部的でも外部的でも、集合的でも個別的でもありうる。それゆえに、第五に、この意味の世界は問題性の地位を持つ。すなわち、特異性は、本来的に問題的な場に配分されて、そこに位相的な出来事としてやって来る。この位相的な出来事には何の方角も与えられてはいない。われわれは、化学の元素について、それが何であるのかを知る前に、それがどこにあるのかを知るのに少し似ているが、特異点の本性（鞍点、結節点、渦状点、中心点……）を認識する前に、特異点の実在と割り振りを認識する。既に見たように、こうして、「問題性」とその非決定性に対して、充分に客観的な定義を与えることができる。というのも、向き付きの特異性の本性と、方角なしの特異性の実在と割り振りは、客観的に区別される審級に依存しているからである。[4]

　そのとき、真の発生のための条件が現出する。意味は超越論的哲学固有の発見であり、意味が、古くからの形而上学的〈本質〉と置き換わったというのはその通りである。（あるいはむしろ、最初の一回目は、アリストテレス主義から訣別した命題の経験的論理学が、意味の非情な中立性の面を発見したとき、二回目は、形而上学と断絶した超越論的哲学が、意味の発生的生産性の面を発見したときである）。しかし、いかにして超越論的場が決定されるべきかという問いは、極めて複雑である。超越論的場に対して、カント流に、統覚の総合的統一性たる〈我〉の人格的形態を与えることは、たとえその統一性に普遍的射程を賦与するとしても、不可能であるとわれわれには思われる。この点について、サルトルの反論は決定的である。しかし、超越論的場に対して、意識の形態を保存することは、たとえこの非人称的意識を志向性や留置［＝過去把持］によって定義するとしても、いっそう可能ではない。志向性や留置は依然として個体化の中心を想定しているからである。超越論的なものを意識として規定することの誤りとは、超越論的なものを、それが設立すると見なされるもののイマージュ［＝似像］と類似性によって捉えることにつきる。そんなことをすれば、超越論的方法によって産出されるべきと称するものを既成のものとして自分に与えておいて、そして［原書にetを加えて読む］、構成する意識に属すると想定されるいわゆる「根源的」な意味の中に、その既成のものを与えてしまうことになる。あるいは、カント自身に従って、単純な超越論的条件付けにとどまるために、発生や構成を諦めることになる。しかし、だからといって、条件が条件付けられるもののイマージュを転写し、条件が条件付けられるものに帰せられるという悪循環を免れることはない。もちろん、超越論的なものを根源的意識として定める要請が正当化されるのは、認識のリアルな対象の条件が認識の条件と同じもの﹅﹅﹅でなければならないからであると言われている。この理由節がなければ、超越論的哲学は、一切の意味を失ってしまうだろうし、対象に対しては、古い形而上学の〈本質〉と〈神的存在〉を甦らせるような自立した条件を制定しなければならなくなるだろう。とすると、条件付けられるものの二重のセリー、言いかえるなら、経験的意識のセリーとその対象のセリーが設立されるのは、対象性の純粋形態（対象＝x）と意識の純粋形態を取り上げて、後者から出発して前者を構成する根源的なある審級においてでなければならないというわけである。

しかし、この要請は正当には見えない。形而上学と超越論哲学に共通するものは、何よりも、両者がわれわれに押し付ける二者択一である。すなわち、未分化な底、底－無し、形態なき非－存在、差異も特性もない深淵、あるいは、主権者として個体化される〈存在〉、強烈に人格化される〈形態〉、という二者択一である。この〈存在〉やこの〈形態〉の外では、あなたにはカオスしかなかろう……、というわけである。別の言い方をするなら、形而上学と超越論哲学は、決定可能な特異性を最高の〈自我〉や高次の〈我〉に既に幽閉されたものとしか認めないことで、互いに通じ合っているのである。こうして、まったく当然のごとくに、形而上学は、この最高の〈自我〉を、自らの概念によって無限かつ完備に決定され、よってすべての根源的なリアリティを所有する〈一つの存在〉を特徴付ける〈自我〉として定めることになる。この〈存在〉は必ずや個体化されてしまう。というのは、この〈存在〉は、非－存在や底－無しの深淵の中に、それだけではリアルなものを表現しないであろう一切の述語や特性を棄ててしまうからであり、また、この〈存在〉の被造物、言いかえるなら、有限な個体性に、限られたリアリティだけを表現する派生述語を受け取る任を委ねるからである。(5) 他方の極で、超越論哲学が選び取るのは、個体という無限に分析される存在者よりは、〈人格〉という有限な総合的形態である。そして、当然のごとく、超越論哲学は、この高次の〈我〉を人間の側から決定して、［神－人間を］〈人間－神〉へ大きく配置転換する操作を行ない、以後の哲学を長きにわたって満足させることになる。先ほど個体が〈存在〉と同じ広がりを有したように、この〈我〉は表象と同じ広がりを有する。しかし、どちらの場合でも、未分化な深淵か幽閉された特異性かという二者択一はそのままである。だから、当然にも、無－意味と意味は単純な対立に置かれ、意味の方は、根源的なものとして現出すると同時に、一次的述語と混じり合うものとしても現出する。この一次的述語が何であるかは、〈最高存在〉の個体性の無限規定の中か、あるいは、高次の主観の有限形態の構成の中で考察されるわけである。シュティルナーが後に述べるように、人間的と神的はまったく同じ述語であって、分析的には神的存在者に帰属し、総合的には人間的形態に結び付けられる。意味が根源的に述語化可能なものとして定立されている限り、それが、人間が忘却した神的意味なのか、それとも、神に疎外された人間的意味なのかを知ることなど何ら重要なことではない。

## 個体の言説、人格の言説、底なき言説：第四の言説はあるか

哲学が〈無－底〉をして語らせ〈無－底〉の憤怒・無形態・逆上について神秘的言葉を見出したときは、いつも異常な時期であった。ベーメ、シェリング、ショーペンハウ

エルの時期である。当初の『悲劇の誕生』の頃のニーチェは、ショーペンハウエルの弟子として、そんな人びとの一人であった。その時のニーチェは、底無しのディオニュソスをして語らせ、底無しのディオニュソスをアポロンの神的個体化とソクラテスの人間的人格に対立させていた。たしかに、「誰が哲学において語るのか」や何が哲学的言説の「主体」かということは、基本的な問題である。しかし、無形態の底や未分化な深淵をしてその陶酔や怒りの声で語らせても構わないとするなら、超越論哲学と形而上学が押し付ける二者択一から出ることもなくなる。人格と個体の外だと、あなたは何も見分けがつかないだろう……ということになる。だから、ニーチェの発見は別の所にあって、それは、ショーペンハウエルとワグナーから自らを解放して、非人称的で前－個体的な特異性の世界、ニーチェの新たな呼び方では、ディオニュソス的世界、あるいは、束縛エネルギーではなく自由エネルギーである力能の意志の世界を探検するときのものである。すなわち、〈無限なる存在〉の固定的個体性（神の有名な不動性）の中にも、有限なる主観の定住的境界（有名な認識限界）の中にも幽閉されることのないノマド的特異性。個人的でも人格的でもなく単独的な何ものか、また、未分化な深淵ではなく、特異性から特異性へと跳び移り、常に、同じ投擲の部分をなすサイコロの一振りを発射し、また常に、サイコロ一振りごとに断片化され更新される何ものか。意味を生産し、無－意味と意味をもはや単純な対立に置かず、新たな言説において一方に対して他方を余－現前させるディオニュソス的機械。この新たな言説は、もはや形態についての言説ではないが、無形態についての言説でもない。それはむしろ純粋にアンフォルメルなもの「非公式で無形式な絵画」である。「あなたは怪物やカオスになってしまうだろう」……。ニーチェは答える。「われわれはこの予言を実行した」(6)。そして、この新たな言説の主体はと言えば、もっとも、もはや主体などないのだが、それは、人間や神ではなく、なおさら神に代わる人間でもない。それは無名のノマド的で自由な特異性であり、それは人間・植物・動物の個体化の質料と人格性の形態から独立に人間・植物・動物を駆け巡る。超人とは、他でもなく、存在するものすべての高次のタイプである。この奇妙な言説は、哲学を更新するはずであったし、終には、意味を述語や特性としてではなく出来事として取り扱うことになる。

その独自の発見において、ニーチェは、夢の中でのように、大地を踏んだり大地に軽く触れたりして踊って、底の怪物と天の姿形のままであったものを表面に連れ戻す手段を垣間見ていた。しかし、本当は、ニーチェは、もっと深く、もっと壮大で、もっと危険な仕事に摑まえられていた。ニーチェは、その発見を通して、底を探検し、底に判別する眼を持ち込み、底で千の声を識別し、すべての声をして語らせる新たな手段を見た。未曾有の仕方で自ら解釈し多くのものを住まわせた深層が自身に取り付くのを承知しながら、そうしたのである。ニーチェは、脆弱な表面に、人間と神々を横切る図面を作ったのだが、そこにとどまることに堪えられなかった。更新し掘り返した無-底を再び獲得すること、そこでニーチェはニーチェ流に非業の死をとげた。あるいはむしろ、「準

－非業の死をとげた」。というのは、病気と死は、出来事そのものであり、そのままで二重の原因性の管轄下にあるからである。すなわち、物体、事物の状態、混在の原因性と、非物体的表面の組織や脱組織を表象する準－原因の原因性である。したがって、ニーチェは、心神喪失者になり、進行性麻痺、梅毒と身体の混在で死んだようだが、そうではあるが、この出来事が、全作品を賦活し生命を余－賦活する準－原因と関係しながら辿った歩みは、進行性麻痺とは何の関係もないし、ニーチェを苦しませた眼から来る偏頭痛や嘔吐とも何の関係もないのである。ただ、この歩みは、頭痛や嘔吐に新たな原因性を与えた。言いかえるなら、頭痛や嘔吐の身体的実現とは独立に、頭痛と嘔吐に永遠真理を与え、身体での混在の代わりに、作品でのスタイルを与えたのである。作品と病気の関係の問題を提出する仕方は、二重の原因性の下においてしか見出されない。

(1) ジョルジュ・ギュルヴィッチ（Georges Gurvitch）は、「所与」によって活動を制限されない直観を指示するために語「意志的直観」を用いていた。彼はそれをドゥンス・スコトゥスの神とデカルトの神とカントの意志とフィヒテの純粋事行に適用していた（*Morale théorique et science des moeurs*, P.U.F., 1948, pp. 54 sq.）。その語は、何よりも、ストア派の意志、属格の二重の意味で、出来事の意志に相応しいと思われる。

(2)『イデーン』I－IIの異例な第一一四節（理性の管轄については、第一一一節）参照。

(3) ジルベール・シモンドン（Gilbert Simondon), *L'Individu et sa genèse physico-biologique*, P.U.F., 1964, pp. 260-264. シモンドンの全著作が大いに重要であると思われる。シモンドンは、非人称的で前－個体的な特異性について合理化された初めての理論を提出しているからである。シモンドンは、特異性から出発して、生物個体と認識主観との発生を作り出すことを明確に目指している。だから、それは超越論的なものの新しい構想である。そして、われわれが超越論的場の定義を試みる際の五つの特徴、すなわち、場のポテンシャル・

エネルギー、セリーの内的共鳴、膜の位相的表面、意味（＝方向）の組織化、問題性の地位は、すべてシモンドンによって分析されている。こうして、本パラグラフとその続きは全面的に上記の本に依拠している。ただし、われわれは結論に関してだけは離れる。

(4) アルベール・ロトマン（Albert Lautman), *Le Problème du temps*, Hermann, 1946, pp. 41-42参照。「微分方程式の理論の幾何学的解釈は、絶対的に区別される二つのリアリティを明白にする。先ず、方角の場とそこにやって来ることがありうる位相的な事件がある。例えば、いかなる方角も与えられない特異点が、平面内に実在することである。次に、積分曲線があり、これは方角の場の特異性の近傍で一定の形態を取る。……特異性の実在と割り振りは、微分方程式が定めるベクトル場に関係する知見である。積分曲線の形態は、この方程式の解に関係する。この二つの問題は確かに相補的である。というのも、場の特異性の本性は、特異性の近傍の曲線の形態によって定められるからである。それでもやはり、一方のベクトル場と他方の積分曲線が本質的に区別される数学的リアリティであることは真である」。

(5) こんな風に、カントは、『純粋理性批判』「超越論的理想について」(『カント全集』5、有福孝岳訳、岩波書店)で、伝統的形而上学についての最も見事な教育的報告を提示している。カントは、あらゆる可能性の集合の観念が、「根源的」な述語以外のすべての述語を排除して、よって、個別的な〈一つの存在〉の完備に決定される概念を構成する次第を示している（「この場合には、事物の普遍的概念がそれだけで完備に決定され、個体の表象として認識される」）。そのとき、普遍的なものは、最高の個体性と有限の個体性が思考内で交流する形態でしかない。思考された普遍は、何であれ、個体に帰せられてしまう。

(6) ニーチェ『権力への意志』「第一書」第八三節（『ニーチェ全集』12、原佑訳、ちくま学芸文庫）。

# 第16セリー　存在論的な静的発生

## 個体の発生：ライプニッツ

リアルな超越論的場は、表面の位相と、非人称的で前－個体的なノマド的特異性で作られている。個体が場から場の外へ派生する次第が、発生の第一段階をなす。個体は世界から切り離せないが、何が世界と呼ばれるであろうか。既に見たように、一般に、特異性を二つの仕方で捉えることができる。特異性の実在や特異性の割り振りにおいてと、特異性の本性においてである。この本性に応じて、特異性は、正則点の線上を決定された方角へと延びたり広がったりする。既に、この第二の相は、一定の固定化、特異性の実現の始まりを表象している。すなわち、特異点は、解析的に、正則点のセリー［＝数列・級数］上を別の特異性の近傍まで延びていくことなどである。こうして、セリーが収束するという条件で、一つの世界が構成される（「別」世界は、得られるセリーが発散する点の近傍で開始するだろう）。世界は、既に、収束性によって選別される特異性からなる無限のシステムを含んでいるが、この世界の中で構成されるのは、システムの有限数の特異性を選別して含み込む個体である。この個体は、システムの特異性を自己自身の身体が受肉する特異性と結合し、そして、システムの特異性を自己自身の正則線まで延長して、内部と外部を接触させる膜の上でシステムの特異性を再形成することすらできる。ライプニッツが正しく述べていることだが、個別的モナドは、自己の身体と別の物体の関係に応じて世界を表現するのであり、自己の身体の部分間の関係に応じて先の関係そのものを表現するのである。したがって、個体は常に収束円としての世界の中に存在し、世界は、世界を占めたり満たしたりする個体の周囲においてのみ、形成されうるし思考されうる。世界そのものは特異性のポテンシャルを再形成することができる表面を持つのかという問いは、一般に否をもって答えられる。世界は、収束性の秩序においては無限でありうるにしても、世界のエネルギーは有限であり、収束性の秩序は有界であるからである。ここにおいて、エントロピーの問題が再認されることになる。というのは、特異性が正則的なものの線上を延びていく仕方と、ポテンシャル・エネルギーが現実化して最低水準に落ちていく仕方は同じであるからである。再形成の力が与えられているのは、世界の中の個体だけである。ただし、暫くの間だけ、つまり、個体の生ける現在の間だけであり、それに対応して、反対に、周りの世界の過去と未来の方が、不可逆的な固定された方角を受け取ることになる現在の間だけである。

個体－世界－間個体性の複合が、静的発生の観点からは、実現の第一水準を定める。この第一水準においては、特異性は、世界と世界の部分をなす個体とにおいて同時に実現する。実現することと、あるいは、実現されることとは、次のようなことである。すなわち、特異性が、正則点のセリー上を延びていくこと、収束性の規則によって選別されること、身体に受肉し身体の状態になること、新たな実現と新たな限られた延伸のために局所的に再形成されることである。これらの特徴は、決してあるがままの特異性に帰属するものではなく、個体化された世界と、特異性を包み込む世界的な個体にだけ帰属するものである。それゆえに、実現は、常に同時に、集団的で個人的であり、内的で外的であり、等々である。

**世界の「共可能性」の条件、あるいは、セリーの収束性の条件（連続性）**

実現すること［＝実効化すること］は、表現される［＝表出される］ことでもある。ライプニッツは有名なテーゼを主張する。各個別的モナドは世界を表現する、と。ただし、その意義が表現的モナドへの述語の内属と解される限り、テーゼが十分に把握されたことにはならない。というのは、たしかに、表現される世界は、世界を表現するモナドの外には実在しないので、表現される世界は、述語のセリーがモナドに内属するように、モナドの中に実在するからである。けれども、神が創造するのは、モナドというよりは世界であって、表現されるものは、表現と混じり合うことなく存立するか存続する。(1) 表現される世界は、微分関係と隣接する特異性とで作られる。表現される世界がまさしく一つの世界を形成するのは、各特異性に従属するセリーが、別の特異性に従属するセリーとともに収束する限りにおいてである。この収束性こそが、「共可能性」を世界の総合の規則として定めるのである。セリーが発散するところでは、当初の世界とは共不可能な別の世界が開始する。したがって、共可能性という並外れた知見は特異性の連続体（*continuum*）のことであると見定められ、連続性の観念的規準はセリーの収束性ということになる。だから、共不可能性の知見は、矛盾の知見に還元可能ではない。むしろ、矛盾が共不可能性から何らかの仕方で派生するのである。アダム－罪人とアダム－無罪人の間の矛盾は、アダムが罪を犯す世界とアダムが罪を犯さない世界の共不可能性から派生するのである。各世界の中で、個別的モナドは、この世界のすべての特異性を、無限性を表現する。まるで、せせらぎの中や失神状態の中で、表現するように。ただし、各個別的モナドが包み込んだり「明晰に」表現したりするのは、一定数の特異性だけである。そして、この特異性の近傍で個別的モナドは構成され、特異性は個別的モナドの身体と結合する。特異性の連続体（*continuum*）は、明晰性の可変的な程度とそれに相補的な程度に応じて連続体（*continuum*）を包み込む個体からは、明らかにまったく区別される。特異性は前－個体的なのである。表現される世界が、個体の中にだけ実在し、個体の中で述語として実在するとしても、表現される世界は、まったく別の仕方で、出来事や動詞として、個体の構成を取り仕切る特異性の中で存続している。もはや罪人アダムではなく、アダムが罪を犯した世界が……。ライプニッツの哲学において述語の内属を特権化するのは恣意的である。というのは、表現的モナドへの述語の内属は、先ず、表現される世界の共可能性を前提とし、世界の共可能性の方は、収束性と発散性の規則による純粋特異性の配分を前提とするからである。さらに、この規則は、述語付けと真理の論理学ではなく、意味と出来事の論理に属するからである。ライプニッツは、発生の第一段階では、極めて先に進んでいたのである。つまり、個体は、包絡線の中心として、特異性を世界の中と身体の上で包み込むものとして構成されるというわけである。

## 出来事の述語への変換

実現の第一水準では、個体化される世界と各世界に住む個別的な自我が相関的に生産される。個体は、それが包み込む特異性の近傍で構成される。そして、個体は、世界を、その特異性に従属するセリーの収束円として表現する。表現されるものが表現の外に実在しない限りにおいて、言いかえるなら、表現する個体の外に実在しない限りにおいて、たしかに、世界は主体への「所属品」であり、出来事は主体の分析的述語になる。緑化することは特異性－出来事を指し示し、その近傍で木が構成される。あるいは、罪を犯すことが指し示す特異性－出来事の近傍では、アダムが構成される。しかし、緑であること、罪人であることは、いまや、構成された主体、木とアダムの分析的述語である。個別的モナドが明晰に表現するのは世界から選別される一部であるとしても、個別的モナドは世界の全体性を表現するので、個別的モナドの身体は、混在と集塊を形成し、明晰性の地帯と曖昧性の地帯を伴う可変的な連合を形成する。それゆえに、ここでは、関係さえもが、混在の分析的述語になる（アダムは木の実を食べた）。しかし、その上で、ライプニッツの理論の一定の相に抗して、述語の分析の順序は、共存の順序や継続の順序であって、そこには論理的な階層も一般性の特徴もないと言わなければならない。述語が個別的主体に帰せられるとき、述語には何の一般性の程度もない。すなわち、色を持つことは緑であること以上に一般的であるわけではないし、動物であることは理性的であること以上に一般的であるわけでもない。増加したり減少したりする一般性が現出するのは、述語が、命題の中で、別の述語に対する主語の役を務めるべく決定される時期［＝契機］からである。述語が個体に関係付けられている限りは、述語に同等の直接性を認めざるをえないし、この直接性が分析的特徴と混同される。色を持つことが緑であること以上に一般的であるというわけではないのは、個別的主体に関係付けられるのが、緑のこの色と、この色調のこの緑だけであるからである。このバラは、このバラの赤さを持つのでなければ、赤であることはない。この赤は、この赤のこの色を持つのでなければ、色であることはない。述語を未決定のまま放置することはできても、だからといって述語の一般性が決定されることにはならない。別の言い方をするなら、ここでは、まだ概念と媒介の順序はなく、共存と継続における混在の順序しかない。動物的と理性的、緑と色は、個別的主体の身体の中の混在を翻訳する等しく直接的な二つの述語であって、両者は同じく直接的に個別的主体に帰属させられる。ストア派が言うように、理性は物体であり、動物の身体の中に浸透して広がるわけである。色は光る物体であり、別の物体がこれを吸収したり反射したりする。分析的述語からは、類や種、特性やクラスについての論理学的考察はまだ何も出て来ないし、物体の混在の中で類・種・特性・クラスを可能にする現実的で物理的な構造と多様性だけが出て来るのである。それゆえに、われわれは、極限的には、直接的な表象としての直観の領野、実在という分析的述語の領野、混在や集塊の記述の領野を同一化するのである。

## 個体から人格へ

しかし、この第一の実現の土地の上に、第二の水準が設立されて発達する。フッサール『デカルト的省察』「第五省察」の問題が再び見出される。〈自我〉の中の何が、モナド、モナドの所属品、モナドの述語を越え出るのか。あるいは、より精確には、何が、世界に、第一水準の「内在的超越性」とは区別される「構成の順序からすると第二の本来的な客観的超越性の意味」を与えるのか。[2] しかし、ここでの解は、現象学のそれではありえない。個別的モナドと同様に〈自我〉も構成されるからである。このモナド、この生ける個体は、連続体（*continuum*）あるいは収束円としての世界の中で定義された。ところが、認識主観としての〈自我〉が現出するのは、何ものかが、共可能などころか共不可能な世界の中で、収束するどころか発散するセリーを横切って、同定されるときである。そのとき、生ける個体は世界の中にあり世界は生ける個体の中にあったが（環境世界（*Umwelt*））、主観は、語の新たな意味での世界（*Welt*）に「面する」ことになる。したがって、フッサールが、あらゆる線が収束するか整合する連続体（*continuum*）の要素の中で同定の最高の総合を用いるとき、フッサールに従うことはできなくなる。(3)そんなことでは、第一の水準を越えることはない。対象＝xが現出するのは、発散するセリーの間で、共不可能な世界の間で、何ものかが同定されるときだけである。この対象＝xを思考する〈自我〉が世界的個体を超越すると同時に、この対象＝xも個体化された世界を超越するのであり、それ以後、この対象＝xが、世界に対して、設立される主観の新たな価値に面する新たな価値を与えるのである。

どのようにこの操作が為されるかについては、フッサールの重々しい機械設備にではなく、ライプニッツの劇場に常に立ち帰る必要がある。一方で、われわれの知るごとく、特異性は、完全に客観的な未決定性の地帯、特異性のノマド的配分の開空間から切り離せない。実際、然るべきことであるが、問題は、積極的な高次の非決定性を構成する条件に関係し、出来事は、絶えず自己を下位分割するとともに自己を〈唯一の同じ出来事〉に統合し、特異点はと言えば、あらゆる発射を唯一の同じ投擲（無作為抽出点）にし、投擲を多数の発射にする可動的な相互に交流する姿形に即して配分される。さて、ライプニッツは、このゲームに充分な偶然性を吹き込めなかったし意志しなかったので、また、発散をそのまま肯定の対象としなかったので、このゲームの自由な原理に到達しなかったが、それでも、ライプニッツは、今われわれが専念している実現の水準では、すべての結論を得ていたのである。ライプニッツが述べるごとく、問題には条件があり、条件は必ず「曖昧な記号」［パラメータ］あるいは無作為抽出点を備えている。言いかえるなら、問題の条件は、特異性のさまざまな割り振りを備えている。そして、特異性の割り振りには、異なる解の場合が対応するだろう。例えば、円錐曲線の方程式は、〈唯一の同じ出来事〉を表現する。方程式の曖昧な記号は、〈唯一の同じ出来事〉をさまざまな出来事に下位分割する。円、楕円、双曲線、放物線、直線は、それらさまざまな出来事である。これらさまざまな出来事は、問題に対応して問題の解の発生を決定する、出来事と同数の場合［分け］を形成する。したがって、共不可能な諸世界は、共不可能性にもかかわらず、何か共通のものを備えていると認識しなければならない。しかも、発生的要素の曖昧な記号を表象する客観的に共通なものを備えていると認識しなければならない。この記号との関係において、複数の世界は、同じ問題に対する解の場合（同じ投擲に対するすべての発射・成果）として現出する。したがって、例えば、世界の中には、客観的に未決定なアダム、言いかえるなら、幾つかの特異性だけによって積極的に定められるアダムがいるのである。これらの特異性は、異なる世界では、極めて異なる仕方で結合されることや相補うことがありうるわけである（最初の人間であること、楽園で生きること、自分から女性を産むことなど）(4)。共不可能な世界は、同じ歴史の異本になる。例えば、セクストスは神託を聞き……あるいはむしろ、ボルヘスが述べるごとく「憑［ファン：人名］が秘密を握る、見知らぬ男がその戸を叩く……多数の可能な結末がある。憑が侵入者を殺す、侵入者が憑を殺す、二人とも危機を免れる、二人とも死ぬ、など。あらゆる結末が生産される。各結末は、別の分岐の出発点である」(5)。

## 人格、特性とクラス

もはや、われわれが直面しているのは、収束するセリーに既に組織され固定した特異性によって構成されて個体化された世界ではないし、この世界を表現する決定された個体でもない。そうではなくて、今われわれが直面しているのは、特異点についての無作為抽出点であり、特異性についての曖昧な記号であり、あるいはむしろ、この記号を表象するもの、複数の世界に対して妥当するもの、極限的には、世界の発散性と世界に住まう個体の彼方で、すべての世界に対して妥当するものである。したがって、「漠然たるアダム」、言いかえるなら、複数の世界に共通する、放浪者［＝浮浪者］の、ノマドの、アダム＝xがいる。セクストス＝x、憑＝x。極限的には、あらゆる世界に共通する何ものか＝x。すべての対象＝xは「人格［＝ペルソナ］」である。人格を定めるのは述語であるが、この述語は、世界の中で決定される個体の記述を操作する分析的述語ではない。反対に、この述語は、人格を総合的に定め、人格に対して異なる世界や個体性をそれらと同数の変項や可能性として開いてやる述語である。例えば、アダムに対する「最初の人間である、また、楽園に生きる」、憑に対する「秘密を握る。また、侵入者に邪魔される」。絶対的に共通な任意の対象、あらゆる世界がそれの変項であるような対象に関しては、その述語としては、最初の可能的なものないしカテゴリーがある。各世界が、セリーの中で記述される個体の分析的述語であるというのではなく、共不可能な世界こそが、分離の総合に対応して確定される人格の総合的述語なのである。人格の可能性を実現する変項に関しては、必然的にクラスと特性を意義する概念として、したがって、カテゴリーを基礎に連続的な特殊化において増加したり減少したりする一般性によって本質的に影響される概念として取り扱われなければならない。実際、楽園は赤いバラを含むことがありうるが、別の世界や別の楽園には、赤くないバラ、バラでない花があるからである。特性とクラスが変項である。変項は第一水準の個別的集塊とはまったく別であり、特性とクラスは人格の秩序の中で設立される。つまり、人格そのものは、最初は一成員のクラスなのであり、人格の述語は、定項の特性なのである。各人格は、そのクラスの唯一の成員であるが、それでも、そのクラスは、人格に帰せられる諸世界・諸可能性・諸個体によって構成される。多成員のクラスと変項としての特性は、一成員のクラスたちと定項についての諸特性から派生する。したがって、演繹の総体はこう提示されるとわれわれは信ずる。(1) 人格。(2) 人格が構成する一成員のクラスと、人格に帰属する定項の特性。(3) 外延的クラスと可変的特性、言いかえるなら、そこから派生する一般的概念。この意味において、われわれは概念と〈自我〉の基本的な結び付きを解釈する。普遍的な〈自我〉は、正確には、あらゆる世界に共通する何ものか＝xに対応する人格であり、他我は、複数の世界に共通する特定の何ものか＝xに対応する人格である。

われわれはこの演繹の詳細を追うことはできない。受動的発生の二つの段階を見定めておくことだけが重要である。先ず、意味を構成する特異性－出来事から出発して、意味は、第一の複合体を産出して、その中で実現される。第一の複合体をなすのは、収束円の中で特異性を組織する環境世界（*Umwelt*）、そして、世界と、事物の状態と、個体の混在や集塊とを表現する個体、さらに、これらの状態を記述する分析的述語である。次いで、第一の複合体の上で構成される極めて異なる第二の複合体が現出する。これをなすのは、複数の世界あるいはすべての世界に共通する世界（*Welt*）、「何か共通のもの」を確定する人格、人格を確定する総合的述語、そこから派生するクラスと特性である。発生の第一段階は意味の操作であるのと同じく、発生の第二段階は、常に意味に余現前する無－意味の操作である（無作為抽出点ないし曖昧な記号）。それゆえに、二つの段階と両者の区別は、必然的に設立されるのである。第一の段階に従えば、「良識」の原理、あるいは、差異を既に固定化する定住的な組織の原理が形成されるのがわかる。第二の段階に従えば、同定の機能である「常識」の原理が形成されるのがわかる。しかし、これら生産される原理を超越論的原理であるかのごとく認識すること、言いかえるなら、これら生産される原理のイマージュで、これら生産される原理を派生させる意味と無－意味を認識することは誤りであろう。ところが、こんな誤りのゆえに、特異点とゲームの理論ではあれほど進んでいたにもかかわらず、ライプニッツは、理念的ゲームの配分の規則を本当のところは提示しなかったし、既に良識によって形成された領野の中で構成された個体の極めて近くでしか前‐個体的なものを認識しなかったのである（ライプニッツが、哲学の任務を新しい概念の創造と定めるとき、「確立された意見」を転倒させないという条件を付すという恥ずべき宣言をしたことを参照）。また、同じ誤りのゆえに、フッサールは、構成の理論において、既成の常識の形態を持ち込んで、超越論的なものを〈人格〉や〈自我〉として捉え、また、生産された同定の形態としての$x$と、まったく異なる審級$x$、すなわち、理念的ゲームと非人称的な超越論的場を賦活する生産的な無‐意味とを区別しないのである。[6] 本当は、人格とはユリシーズである。それは、非人称的な超越論的場から出発して生産される形態であって、実は人格ではない。そして、個体は、常に任意の何かであり、イヴがアダムの脇腹から生まれるように、前‐個体的な超越論的場から出発して正則的なものの線上を延びていく特異性から生まれる。個体と人格、良識と常識は、受動的発生を通して生産されるわけだが、それらに似てはいない意味と無‐意味から出発して生産されるのである。われわれは、そんな意味と無‐意味の前‐個体的で非人称的な超越論的ゲームを見てきたわけである。だから、良識と常識は、それらの生産の原理によって侵食されるし、パラドックスによって内側から転倒させられる。ルイス・キャロルの作品にあっては、アリスは、むしろ個体としてあることになろう。すなわち、アリスが落ち込んだ世界、しかしまた、アリスの内に包み込まれアリスに厳しい混在の法則を課す世界、そんな世界から表面へと上昇して、意味を発見しながらも、既に無‐意味を予感しているモナドとしてあることになろう。シルヴィーとブルーノは、むしろ「漠然たる」人格であることになろう。すなわち、複数の世界、人間の世界と妖精の世界に共通する「何ものか」から出発して無‐意味と意味への無‐意味の現前を発見する人格であることになろう。

(1) ライプニッツのアルノー宛書簡で一貫しているテーマである。神が創造したのは、精確には、アダム‐罪人ではなく、アダムが罪を犯す世界である。

(2) 『デカルト的省察』第四八節参照（フッサールは、直ちに、この問題を〈他者〉の超越論的理論へ向ける。静的発生における〈他者〉の役割については、われわれの付論Ⅱ‐Ⅱ参照）。

(3) 『イデーン』Ⅰ‐Ⅱ第一四三節。

(4) したがって、われわれは、ライプニッツのテーマに応じて、三つの選別を区別する。収束性によって世界を定める選別、この世界の中で完備な個体を定める選別、複数の世界と対応する個体に共通する不完備あるいは曖昧な要素を定める選別。

この第三の選別、あるいは、異なる世界で異なる仕方で補足されるべき少数の述語（最初の人間である、など）によって構成される「漠然たる」アダムについては、ライプニッツ「アルノー氏の書簡に就いての備考」『形而上学叙説』（河野与一訳、岩波文庫）参照。たしかに、このテクストでは、漠然たるアダムは、それだけで実在するのではなく、われわれの有限知性に対して妥当するだけであり、その述語も一般性にすぎない。しかし、反対に、『弁神論』第四一四‐四一六節（『ライプニッツ著作集』7、佐々木能章訳、工作舎）の有名なテクストでは、さまざまな世界の異なるセクストスは、特異性の知見の曖昧な本性と無限計算（無限解析）の観点からの問題のカテゴリーに基礎を置く極めて特殊な客観的統一性を有している。早くから、ライプニッツは、円錐曲線を例として、特異点に関係する「曖昧な記号」の理論を練り上げていた。《De la méthode de l'Universalité》(*Opuscules*, Couturat) 参照。

(5) ボルヘス『ボルヘス「伝奇集」』（鼓直訳、福武書店）九六頁。

(6) しかしながら、〈自我〉として確定された超越論的場の中にも、何らかの命令（*fiat*）、あるいは、根源的な可動点があるとのフッサールの興味深い示唆に注目しておこう。『イデーン』Ⅰ‐Ⅱ第一二二節参照。

# 第17セリー　論理学的な静的発生

## 命題の次元への移行

個体は、無限の分析命題である。この命題が表現するものは無限であるが、この命題の明晰な表現、身体の表現の地帯は有限である。人格は、有限な総合命題である。この命題の定義は有限であるが、この命題の適用は不定である。個体と人格そのものは、存在論的命題であり、人格は個体を基礎とする。（しかし、逆に、個体は特定の人格を基礎とする）。しかしながら、存在論的な発生の第三の要素、言いかえるなら、今度は多成員クラスと人格に従属する特性変項［述語変数］に関しては、存在論的な第三の命題に受肉するということはない。反対に、この第三の要素は、われわれを命題の別の秩序へ移行させ、論理学的命題一般の可能性の条件や形態を構成する。そして、この条件との関係で、また、この条件と同時に、個体と人格が演ずる役割は、もはや存在論的命題の役割ではなく、いまや質料の審級の役割になる。この質料の審級は、可能性を実現し、論理学的命題の中で、条件付けられるものの実在への必然的な関係を決定する。すなわち、指示の関係を個別的なもの（世界、事物の状態、集塊、個体化された物体）との関係として、表出の関係を人格的なものとの関係として決定する。そして、可能性の形態の方は、意義の関係を確定する。こうして、論理学的命題の秩序において何が第一のものかという問いの複雑性が、もっとよく把握されることになる。というのは、意義が可能性の条件や形態として第一のものであるとしても、意義を確定する多成員クラスと特性変項が存在論的秩序においては人格を基礎とする限りにおいては、意義は表出に帰せられるし、人格が個体を基礎とする限りにおいては、表出は指示に帰せられるからである。

さらに、論理学的発生と存在論的発生の間にあるのは、平行関係ではなく、むしろ、あらゆる種類の不一致と混信を伴うリレーである。したがって、個体と指示、人格と表出、多成員クラスや特性変数と意義を対応させるのは余りに安直である。たしかに、指示の関係が確立されるのは、個体化のさまざまな相に従う世界の中においてだけである。しかし、それだけでは足りない。指示は、連続性の彼方で、人格の秩序に明白に従属する同一性の定立を要請するのである。このことを、われわれは先ほど、指示は表出を前提とすると述べたわけである。逆に、人格が命題の中で表出されたり表現されたりするとしても、個体、事物の状態や身体の状態と独立に為されるのではない。個体、事物の状態や身体の状態は、指示されるだけで終わるのではなく、人格を構成する欲望・信憑・計画に対して相応の場合と可能性を形成するからである。最後に、意義が想定するのは、個体とともに起こる良識の形成と人格に源泉がある常識の形成である。そして、意義は、前提を肯定する力においても結論を引き出す力においても、指示と表出の働きを含んでいる。したがって、既に見たように、極めて複雑な構造があって、論理学的命題一般の三つの関係は、それぞれが交替で第一のものなのである。この構造が、総体として、言葉の第三次配列を形成する。この構造も、まさに存在論的かつ論理学的な発生によって生産されるので、極めて異なり極めて別の仕方で配分される第二次組織を構成するものと意味とに依存するのである（例えば、二つの$x$の区別。純粋な意味の中で自己自身の同一性を欠く無形態のパラドックス的要素の$x$と、常識の中で生産される同一性の形態だけの特徴である任意の対象の$x$）。したがって、命題の各関係が一種の循環をなして相互に依拠し合う第三次配列の構造を考察するなら、この相補性が失われると、構造の総体と各部分が崩れることがわかってくる。というのも、論理学的命題の回路は、輪が割られるごとくいつでも解かれることがありうるし、別の仕方で組織される意味を現出させることがありうるからである。また、それだけでなく、とりわけ、意味そのものが無‐意味の中で傾いてしまう脆弱性を有しているので、論理学的命題の関係は一切の測度を失うリスクがあるし、意義・表出・指示が、怪物的物体の脈動しかない底‐無しの未分化な深淵へと崩れ落ちるリスクがあるからである。それゆえに、われわれは、命題の第三次配列と意味の第二次組織の彼方に、すべての言葉が逆進化［＝退縮involution］する恐るべき第一次秩序を予感していたのである。

## 意味と命題

明らかに、意味は、無作為抽出点と特異点を、問題と問いを、セリーと移動を、組織することにおいて二重に発生させるものである。意味は、論理学的命題とその決定される次元（指示・表出・意義）を産出するだけでなく、この論理学的命題の、当初は存在論的命題として生産される客観的相関項（指示されるもの・表出されるもの・意義されるもの）をも産出する。発生のこの二つの面の不一致や混信によって、エラーのような現象は説明される。というのも、例えば、指示されるものが、今考察されている論理学的命題に対応しない存在論的命題［存在命題］によって提供されることがありうるからである。しかし、エラーは、極めて人為的な知見、抽象的な哲学的概念である。というのも、エラーは、既成の孤立した命題の真理だけに関わるからである。発生的要素が発見されるのは、真と偽の知見が、命題からこの命題によって解かれると見なされる問題へと移転され、この移転の中でまったく意味を変える限りにおいてだけである。あるいはむしろ、真と偽が、もはや問題に答える命題を形容しなくなって、問題を形容するときに、真理のカテゴリーに意味のカテゴリーが取って代わる。このような観点から、われわれは、問題は、経験的認識の主観的で暫定的な状態を指し示すどころか、反対に、観念的な客観性へ帰せられることを、すなわち、認識と認識されるもの、命題とその相関項を同時に設立し、意味を構成する複合体へ帰せられることを知る。問題の真理として意味を定めるのは、問題とその条件の関係である。条件が不十分に決定されたままであるために、あるいは、反対に、条件が過剰に決定されているために、問題が偽の問題であるということが起こりうる。条件の決定に含まれるものとしては、一方で、特異性が割り振られるノマド的配分空間があり（トポス）、他方で、この空間が部分－空間に下位分割され、各部分空間が順番に、当該の領野の前進的で完備な決定を保証する新たな点の添加によって確定されていく分解の時間がある（アイオーン）。すなわち常に、特異性を凝縮して沈殿させる空間があり、また、未来と過去の出来事の断片によって出来事を前進的に完備していく時間がある。したがって、問題の空間的－時間的な自己－決定があり、その間に、問題は、条件の欠落を埋めたり、条件の過剰を防いだりしながら、進行していくのである。ここでこそ、真なるものが意味と生産性になる。問題が自己を決定するのとまさに同時に、解は産出される。それゆえに、解は問題を存続させておかず、解が見出されるや必然的に乗り越えられてしまう主観的な時期の地位が問題に対して回顧的に与えられるとしばしば思われてしまう。しかしながら、まったく反対である。一つの固有の過程を通して、問題は、空間でも時間でも自己を決定し、自己を決定しながら解を決定し、解の中で継続するのである。問題とその条件の総合こそが、命題を産出し、命題の次元と命題の相関項を産出する。

したがって、意味は問題として表現される。命題が問題に対応するのは、命題が、特殊な答えを指し示し、一般解の場合を意義し、答えの主観的活動を表出する限りにおいてである。それゆえに、意味を不定形や分詞形（雪－白であること、雪の白－であること）で表現するよりも、疑問形で表現するほうが望ましく見えたわけである。たしかに、疑問形は、与えられうるないし与えられたと想定される解から転写されたものであり、（雪の色は何色か、何時かと）尋ねられる者が所持すると見なされる答えの中立化された複写でしかない。しかし少なくとも、疑問形には、われわれが探求する真の問題の道へとわれわれを導く利点はある。真の問題は、それが包んで引き受ける命題に類似してはいない。しかし、真の問題は、自己自身の条件を決定しながら命題を産出する。そして、真の問題は、産出される諸命題の置換の個別的順序を一般的意義と人格的表出の枠内で指定する。疑問は、問題の投射された影、あるいはむしろ、経験的命題から出発して再構成された問題の影にすぎない。しかし、問題は、それ自身が発生的要素のリアリティであり、いかなる命題のテーゼにも還元されない複雑なテーマである[1]。同じ一つの錯覚によって、経験的な相では、問題は、問題に対する「答え」として使える命題の転写であるとされてしまい、哲学的ないし科学的な相では、問題は、「対応する」命題の可能性の形態によって確定されてしまう。この可能性の形態は、論理学的形態でありうるし、あるいは、幾何学的、代数学的、物理学的、超越論的、道徳的な形態などでもありうるが、それは重要なことではない。ともかく、問題が「可解性」によって定義される限りは、意味は意義と混同され、条件は条件付けられるもののイマージュによってしか捉えられない。実は、可解性の領域こそが、問題の自己－決定の過程に相対的である。

問題そのものと問題自身の条件の総合こそが、観念的な何ものかや条件付けられない何ものかを構成して、条件と条件付けられるものを同時に決定する。言いかえるなら、可解性の領野と当の領野内の解を決定し、命題の形態と当の形態の下での命題の規定を決定し、真理の条件としての意義と条件的真理としての命題を決定する。決して問題は、それが包んで引き受ける命題にもそれが命題内に産出する関係にも類似していない。問題は、それを表現する命題の外では実在しないにもかかわらず、命題的ではない。だから、フッサールが、表現は複写でしかなく、当然にも表現されるものと同じ「テーゼ」を持つと主張するとき、われわれはフッサールに従うわけにはいかない。というのは、そんなことでは、問題性は命題的テーゼの一つにすぎなくなるし、「中立性」は、その反対側に落ちて、テーゼ一般すべてに対立するにしても、対応する命題の複写として表現されるものを依然として捉える別の方式を表象するだけになるからである。われわれは、フッサールによる複写の二つの方式を構成する「モデル」と「影」という意識の二者択一を再び見出すわけである[2]。反対に、問題は、テーマや表現される意味である限りは、それに本質的に帰属する中立性を有していると思われる。しかしまた、決してモデルでも影でもないし、問題を表現する命題の複写でもないと思われる。

## 意味の中立性

問題は、命題のあらゆるモードに対して中立である。端的な動物（*Animal tantum*）

……。単に円である限りでの円。それは、特定の円ではない。また、方程式の一般項は各場合に特殊な値を受け取るはずであるから、方程式の中で表象される概念でもない。そうではなくて、問題は、特異性の放出に対応する微分的システム〔(連立) 微分方程式〕である。(3) 問題が問題を命題の意味として表現する命題の外に実在しないことは、厳密に言えば、問題は存在しないということである。問題は、命題の中で存立し存続し継続するし、以前にわれわれが出会った外-存在と混じり合う。ただし、この非-存在は、否定的なものの存在ではなく、問題的なものの存在であり、(非)-存在、あるいは、?-存在と書かれるべきである。問題は、否定的なものからも肯定的なものからも独立している。それでも、問題は、問題としての位置に相応しい積極性を有している。同様に、純粋な出来事も、一つの問題に対する二つの解として肯定と否定を取り扱うことによって、肯定と否定を越えるこの積極性に達する。その際、純粋な出来事は、到来するものによって、また、自ら「定立したり」「排斥したり」する特異性によって、問題を定める。〔出来事が〕出来する (*Evenit*) ……「ある命題は排斥的 (*abdicative*) である。それは、対象から何ものかを取り上げ、対象にその何ものかを認めない。例えば、快楽は善ではないと言うとき、快から善の形質を取り上げている。しかし、ストア派は、この同じ命題は積極的 (*dedicativa*) であると評価している。というのも、ストア派の言うところでは、ある快楽が善ではないことが到来するということは、当の快楽に到来するものを定立することから成っているからである」(4)。

われわれは、複写と中立性という二つの知見を分離するように促される。意味は、中立的だが、決して意味を表現する命題の複写ではないし、意味が到来し命題によって指示される事物の状態の複写でもない。それゆえに、われわれは、命題の回路にとどまる限り、意味の何たるかを間接的にしか推論できない。意味が直接的に何であるのかについては、既に見たように、メビウスの輪を切って広げる操作に類似する操作によって、命題の回路を割らなければ知ることはできない。条件を条件付けられるもののイマージュによって認識することはできない。超越論的場から一切の類似性を除去することは、意識やコギトの罠に落ちないと意志する哲学にとっての務めであり続けている。ところで、この要請に忠実であるためには、条件の異質な総合としての条件付けられぬものを、自己において中立性と発生的力能を統合する自律的な姿形で駆使する必要がある。しかしながら、われわれが先ほど意味の中立性について語ったとき、また、われわれが裏地としての中立性を予感したとき、意味が準－原因から引き継いだ発生的力を使っている限りでは、それは発生の観点からのことではなかったのである。そうではなくて、まったく別の観点からのことであった。当初、意味は物体的原因によって生産される効果として考慮され、そして、非情で不毛な表面の効果として考慮されていたからである。いまや、いかにして、意味は、そこに意味が受肉する事物の状態をも生産するということ（処女懐胎）と、意味は、事物の状態、物体の能動と受動によって生産されるということを同時に主張できるであろうか。

## 表面と裏地

静的発生の観念そのものが、矛盾を消散させる。われわれが物体とその混在が意味を生産すると言うときには、意味を前提とするような個体化に依拠してはいない。物体における個体化、物体の混在における測度、物体の変分における人格と概念の働き、こうした配列のすべては、意味と、意味が広がる前‐個体的で非人称的で中立的な場を想定している。したがって、意味そのものが、別の仕方で物体によって生産されるのである。今度は、未分化な深層、測度なき脈動に摑まえられた物体が問題になる。そして、この深層は、独自な方式で活動する。すなわち、表面を組織する力、表面に包み込まれる力によって活動する。この脈動は、ときには最大限の物質に対する最小限の表面の形成（例えば、球面）によって、ときにはさまざまな方式（引伸ばし、断片化、破砕、乾燥化と湿潤化、吸着、発泡、乳濁など）に従う表面の拡大と表面の多重化によって活動する。この観点から、アリスの冒険のすべて、すなわち、縮小と伸長、食物と尿への偏執、球体との出会いを読み直す必要がある。表面は能動的でも受動的でもなく、表面は混在する物体の能動と受動の生産物である。プロティノスの言う、液体が浸透して一方の面から他方の面へ横断する切れ目のない薄片のように、表面は、然るべく、自分自身の非情で分割不可能な場の上を飛ぶ[5]。表面は、単分子の層の集積所として、厚みのない内部の層と外部の層の連続性と横向きの凝集性を保証する。しかしながら、表面は、純粋な効果として、準-原因の場所である。というのも、表面のエネルギーではなくても、表面の形成に依拠するからである。表面エネルギーは、表面自身のエネルギーではなくても、表面の形成に依拠するからである。そして、仮想的な表面の張力が、表面の面に行使される力として、表面の形成から派生する。この力に、面を増大するために費やされる労働が帰されるわけである。突然の凝縮、融合、拡大層の状態の変化、特異性の配分と改造のための劇場として、二つの液体が相互に溶け合うときのように、表面は際限なく拡大することができる。したがって、深層の混在の効果としての表面についての物理があって、この物理は、絶えず全宇宙の変異と脈動を取り集め、その可動的な限界内に包み込むのである。しかし、表面の物理学には、必ず形而上学的な表面が対応している。一方では、総体として捉えられたりそれを包み込む限界内部で捉えられたりする物体、他方では、任意の命題、これらの間に作り出される境界のことを、形而上学的表面（超越論的場）と呼ぶことができる。後に見るように、この境界は、表面に対して一定の音の特性を含んでいて、この特性によって、言葉と物体、物体的深層と音の連続体（*continuum*）を区別する割り振りが可能になる。いずれにせよ、表面は、超越論的な場そのものであり、意味や表現の場所である。意味とは、表面で形成されて広がるものである。境界でさえ分離ではない。そうではなくて、境界は連節の要素であり、そこでは、意味が物体に到来するものとして提示されると同時に、命題の中に存立するものとしても提示される。だから、われわれは、意味は裏地であり、意味の中立性は、複製という意味の地位と切り離せないと主張しなければならない。ただし、裏地とは、肉体から離れて薄れていく類似性、肉を抜かれたイマージュではないし、猫なき笑いのようなものではない。いまや裏地は、表面の生産、表面の多重化、表面の補強によって確定される。裏地は、裏と表の連続性であり、この連続性を作り出す技法である。こうして、意味は、命題の中に存続する表現されるものと物体の状態にやって来る出来事として、表面で二つの側に同時に配分される。この生産が破産するとき、表面が鉤裂けや爆発で破れるとき、物体は深層に落下し、すべては無名の脈動に落下する。そこでは、語そのものが身体の情動以上のものではなくなる。意味の第二次組織の下で唸っている第一次秩序である。反対に、表面が持ちこたえる限りは、意味は、表面で効果として広がるだけでなく、表面に結び付けられている準－原因を分有する。そして、今度は、意味が、個体化を生産し、物体と物体の混在とを計測して決定する過程で引き続くすべてのものを生産する。また、意義を生産し、命題と命題に指定される関係を決定する過程で引き続くすべてのものを、つまり、第三次配列のすべて、あるいは、静的発生の対象を生産する。

(1)『精神の現象学』（金子武蔵訳、岩波書店）上巻「序文」でのヘーゲルは、哲学的（あるいは学問的）真理は、「何時シーザーは生まれたのか」タイプの単純な疑問への答えであるような命題ではないことを明確に示した。問題ないしテーマと命題の差異については、ライプニッツ『人間知性新論』（米山優訳、みすず書房）第四部第一章参照。
(2)『イデーン』Ｉ－Ⅱ第一一四節、第一二四節。
(3) ボルダ＝ドゥムラン（Bordas = Demoulin）は、デカルト主義についての極めて美しい書物 *le Cartésianisme*

(1843)で、円周の二つの表現、$x^2 + y^2 - R^2 = 0$と$ydy + xdx = 0$の差異を明確に示している。前者においては、たしかに私は各項にさまざまな値を帰属させることができるが、私は各場合に特殊な値を帰属させなければならない。後者においては、dyとdxはあらゆる特殊な値から独立しており、dyとdxの関係は特異性だけに帰せられ、特異性は、曲線の接線が横座標と作る角度の正接を定める（$dy/dx = -x/y$）。

(4) アプレイウス（Apulée), *De l'Interprétation*（排斥的‐積極的（*abdicativus-dedicativus*）という用語対）。

(5) プロティノス『エネアデス』（『プロティノス全集』第二巻、水地宗明・田之頭安彦訳、中央公論社）II‐7‐1。

# 第18セリー　哲学者の三つのイマージュ

## 哲学と高所

哲学者のイマージュ、学問的でもあり大衆的でもあるイマージュを固定したのは、プラトン主義であったと思われる。洞窟を出て昇り、昇りながら自己をより浄化していく上昇の存在者というイマージュである。この「上昇する魂論」では、モラルと哲学、苦行の理念と思考の観念が極めて緊密に結び付いている。雲の中の「ぼんやりしている」哲学者という大衆的なイマージュも、哲学者の天は知性的な天であるとする学問的なイマージュも、「上昇する魂論」に依拠している。ただし、知性的な天は大地の法則を把握していて、知性的な天のせいでわれわれの気持ちが大地からそれほど逸れることはないだろう。ともかく、二つの場合とも、すべては高所を通り過ぎる（道徳法則の天における人格の高所であるにせよ）。「思考の中で自己の方角を定めるとはいかなることか」と問い尋ねるとき、明らかに、思考そのものは、思考が展開される際の軸と方角を前提としているし、思考は歴史を持つ前に地理を持っているし、思考はシステムを構築する前に次元の線引きをしている。高所とは、まさにプラトン的なオリエント［＝東方］である。そして、哲学者の為す操作は、上昇・転向として、言いかえるなら、運動が由来する高所の原理の方へと自己を向ける運動として、その運動のおかげで自己を決定し自己を満たし自己を認識する運動として決定される。哲学と病気を比較してはならない。むしろ、まさに哲学的な病気がある。観念論は、プラトン哲学に生まれつきの病気であり、その一連の上昇と下降によって、哲学そのものの躁－鬱的形態である。躁がプラトンを刺激し指導している。弁証論とは、イデアの逃走（*Ideenflucht*）［＝観念奔逸］である。イデアについてプラトンが述べるように、「それは、逃げるか、滅びる」。そして、ソクラテスの死の中にさえ、抑鬱的自殺の何ほどかがある。

## 哲学と深層

ニーチェは高さによる方角の決定を疑って自問した。その方角は、哲学の完成を表象するどころか、ソクラテスとともに開始した哲学の堕落と逆上ではなかったのか、と。よって、ニーチェは思考の方角決定の問題のすべてを問い直す。別の次元に従ってこそ、思考活動は思考の中で産出され、思考者は人生の中で産出されるのではないのか、と。ニーチェは方法を発明して使う。伝記や書誌学で満足してはならず、人生の逸話と思考の警句が同じものになる秘密の点に到達しなければならない、と。この秘密の点は、一面では人生の状態に帰属し、他面では思考の命題で存立する意味のようなものである。

ここにこそ、次元、時と処、決して温暖ではない氷河地帯や酷熱地帯、異国の地理のすべてがある。これが、思考の様式とともに人生のスタイルをも特徴付けるわけである。たぶん、ディオゲネス・ラエルティオスは、その最良のページで、思考の〈逸話〉でもある生死に関わる〈警句〉を見出すこと、哲学者の振る舞いを見出すことという方法を予感していた。エンペドクレスとエトナ山、ここに哲学的逸話がある。この逸話は、ソクラテスの死に匹敵するが、まさに別の次元で働いている。前ソクラテス期の哲学者は、洞窟からは出ない。反対に、前ソクラテス期の哲学者は、人びとは洞窟に充分に踏み入って充分に呑み込まれていないと評価する。テセウスが非難されるのは、糸についてである。「昇っていくあなたの道、外へ連れて行くあなたの糸、幸福と徳へ連れて行く糸、われわれにとってそれがどう大切だというのか……あなたはわれわれをその糸の助けで救い出したいのか。われわれとしては、直ちにこう願いたい。その糸で首を吊り給え」。前ソクラテス期の者は、思考を洞窟の中に据え付け、人生を深層の中に据え付け、水と火に探りを入れた。エンペドクレスが彫像を壊したように、前ソクラテス期の者は、地質学者と洞窟学者の金槌で叩いて哲学を作り出した。エトナ火山が水と火の氾濫の中にエンペドクレスを呑み込んでから吐き出すのは、たった一つのもの、鉛のサンダルだけである。プラトン的魂の翼に、エンペドクレスのサンダルが対立する。このサンダルは、エンペドクレスが、大地の者、地下の者、先住民であったことを証している。プラトン的な羽ばたきに対して、前ソクラテス的な金槌の一撃。プラトン的な転向に対して、前ソクラテス的な転覆。［大地に］包み込まれた深層は、ニーチェには、哲学が向かうべき真の方角であるように見えているし、思考でもある人生のすべての力や、身体でもある言葉のすべての力をかけて、未来の哲学が取り戻すべき前ソクラテス期の発見であるように見えている。「すべての洞窟の背後に、もっと深い別の洞窟がある。もっと深い別の洞窟、もっと広大でもっと異様でもっと豊かな表面下の地下の世界、一切の地底の下の、一切の地盤の彼方の深淵があるはずである」(1)。初めに、分裂病ありき。前ソクラテス主義は、まさに哲学的分裂病であり、身体と思考に穿たれた絶対的深淵である。だからこそ、ニーチェに先立って、ヘルダーリンがエンペドクレスを見出すことができたのである。エンペドクレスの有名な交替、憎と愛の相補性において、われわれが出会うのは、一方では、憎の身体、細分化された身体－濾過器、「首のない頭部、肩のない腕、額のない眼」であり、他方では、器官なき栄光の身体、四肢もなく声も性器もない「一塊の形態」である。同様に、ディオニュソスもわれわれに二つの顔を向ける。開かれて裂かれた身体と非情で器官なき頭部。分断されたディオニュソスと不可入なディオニュソス。

## 哲学者の新たなタイプ：ストア派

ニーチェが深層に再会したのは表面を獲得しながらのことであった。ところが、ニーチェには、表面が、深層の眼によって更新された観点から裁かれるべきものと映るからである。ニーチェは、プラトンの後に生起することは、必ずや凋落の続きになると判定して、それにほとんど関心を払ってはいない。しかしながら、われわれは、ニーチェの方法にきちんと従うなら、哲学者の第三のイマージュが立ち上がってくるという印象を抱いている。そして、何とギリシア人は表面的であるおかげで深かったことかというニーチェの言葉、これが特に当てはまるのがそんな哲学者であるという印象を抱いている。(2) この第三のギリシア人は、実のところは、ギリシア人ではない。第三の哲学者が救済の到来を待ち受けるところは、もはや大地や先住民の深層ではなく、イデアの天空でもなく、横からの出来事、〈東方〉である。キャロルが言うごとく、なべて善き物は東方で立ち上がる。メガラ派とともに、キニク派とストア派は、新たな哲学者と新たなタイプの逸話を開始する。キニク派のディオゲネス、ストア派のクリュシッポスについてのディオゲネス・ラエルティオスの最も美しい章を読み返してほしい。そこでは、挑発の興味深いシステムが展開されているのが見られる。一方で、哲学者は、極端にがつがつ食べて、腹一杯に詰め込む。哲学者は、公共の場所で自慰し、空腹に対しては同じようにできないことを嘆く。哲学者は、母との近親姦、姉妹や娘との近親姦を非難しない。哲学者は、人食い［＝カニバリズム］と共食いに対して寛容である。そして、もちろん、哲学者は、最高に節度があり純潔である。他方で、問いを向けられるときには、哲学者は、黙るか、あなたに棒で一発食らわす。あるいは、あなたが哲学者に抽象的で難解な問いを向けるときには、哲学者は、食べ物を指示してあなたに答えるか、あなたに食べ物の箱を与えて、次いでその箱を叩き壊す。哲学者は、常に棒を繰り出して行なう。こんな具合ではあるが、それでも、哲学者は、新たな言説、パラドックス・価値・新たな哲学的意義によって生かされる新たなロゴスを持っている。われわれは、こうした逸話はプラトン的でも前ソクラテス的でもないと感じているわけである。

深層も高所もない、これがすべての思考と思考の何たるかの再-方角決定である。プラトンに対するキニク派とストア派による冷やかしは、数え切れぬほどある。そこでの変わらぬ眼目は、イデアを解任すること、非物体的なものは高所にではなく表面にあると示すこと、非物体的なものは最高原因ではなく優れて表面的な効果であると示すこと、非物体的なものは〈本質〉ではなく出来事であると示すことである。別の前線では、深層とはイデアの光学的錯覚を補完する消化の錯覚であると示されるだろう。実際、がつがつ食うこと、近親姦の弁護、人食いの弁護は、どういうことであろうか。この最後のテーマはクリュシッポスにもキニク派のディオゲネスにも共通しているが、ディオゲネス・ラエルティオスは、クリュシッポスに関しては何の解明も与えず、キニク派のディオゲネスに関して一つの説明を提出していた。これは特に説得的なものである。「ディオゲネスは、異邦の民族がするように、人間の肉を食うことをそれほど醜悪とは見ていなかった。ディオゲネスが言うには、健全な理性からするなら、すべてはすべての中にあり、すべては到る所にある。パンの中には幾分かの肉があり、草の中には幾分かのパンがある。パン・肉・草と他の多くの物体は、隠れた導管を通って、あらゆる物体に入り込んで、まとまって蒸発する。ディオゲネスの『テュエステス』と題される作品で示されている通りである。ただし、ディオゲネスに帰されている一連の悲劇が、彼のものであるとしてだが……」。このテーゼは、近親姦にも妥当し、物体の深層ではすべてが混在することを確証している。ところで、どの混在がより悪しきものかを定める規則などないわけである。プラトンが信じていたのとは反対に、混在に対しては、高所の測度などないし、善き混在と悪しき混在を確定することができるようなイデアの結合などないのである。前ソクラテス期の者とは反対に、ピュシスの深層の中での混在の順序と進行を定めることのできる内在的な測度もないのである。全混在に妥当することは、相互浸透する物体と共存する部分にも妥当する。どうして、混在の世界が、すべてが許されている暗黒の深層の世界でないことがあろうか。

## ヘラクレスと表面

クリュシッポスは、二種類の混在を区別した。物体を変質させる不完全な混在と、物体を元のまま部分として共存させる完全な混在である。おそらく、完全で液体的な混在を定めるのは物体的原因相互の統一性であるが、そこでは、宇宙的現在において、すべてが正しい。ところが、限られた特定の現在に摑まえられた物体は、原因性の秩序に従って相互に直接的に出会うことはない。この原因性の秩序は、同時にすべての結合を数え入れる全体にだけ妥当するのである。それゆえに、全混在は善いとも悪いとも言われうることになる。すなわち、全混在は、全体の秩序においては善いが、部分的出会いの秩序においては不完全で悪くて呪うべきでさえある。受動〔＝情念〕そのものが別の物体に浸透する物体であり、個別の意志が根本的悪になるような領域において、どうして近親姦と共食いを非難できるだろうか。セネカの異常な悲劇を例に取ってみよう。この悲劇は、初めて、悪へと定められた者を舞台に上げて、エリザベス朝演劇のまさに先駆けとなるものであるが、この悲劇的思考はストア派の思考といかに統一されるのかと問い尋ねられよう。ストア派のコーラス隊を出したところで、統一は果たせない。ここで真にストア派的なのは、受動―物体の発見、受動―身体が組織し被る地獄の混在、猛烈な毒、小児食の宴会の発見である。『テュエステス』の悲劇的な食事は、ディオゲネスの失われた作品の主題であるだけでなく、セネカの幸運にも保存された作品の主題でもある。毒を塗った上着が、皮膚を焼き、表面を貪食し始める。次いで、身体が貫通される。断片化され細切れ肉（*membra discrepta*）にされる軌道を経て、毒は最深部に到達する。身体の深層の到る所で、有毒の混在が沸き立ち、忌まわしい死霊・近親姦・食物が練り上げられるわけである。解毒剤あるいは逆証を探してみよう。ストア派の思考のそれと同じく、セネカの悲劇の主人公もヘラクレスである。ところで、常にヘラクレスは、地獄の深淵、天空の高所、大地の表面の三界に関わるところに位置している。深層で、ヘラクレスはおぞましい混在しか見出さなかった。天空で、ヘラクレスは、空虚だけを、あるいは、地獄の怪物を複写した怪物だけを見出した。しかし、ヘラクレスは、大地に平和をもたらす者、大地の測量師であり、海面にも踏み入る。ヘラクレスは、あらゆる手段を駆使して、表面へ再上昇したり再下降したりする。ヘラクレスは、表面に、冥府の犬と天空の犬、冥府の蛇と天空の蛇を連れて来る。もはや、底のディオニュソスでも、高みのアポロンでもなく、深層と高所に対する二重の闘争を行なう表面のヘラクレス。全思考は再-方角決定される。新たな地理。

しばしば、ストア派は、プラトンを越えて、前ソクラテス主義へ、例えばヘラクレイトスの世界へ回帰するものとして紹介されるが、そこでは、むしろ前ソクラテス的世界の全面的再評価が眼目なのである。前ソクラテス的世界を深層の混在の自然学を通して解釈することで、キニク派とストア派は、一方では、前ソクラテス的世界を局所的な無秩序へと引き継がせて、これを〈大混在〉とだけ、言いかえるなら、原因相互の統一性とだけ両立させるのである。恐怖と残酷の世界、近親姦と人肉食の世界である。そして、おそらく、他方では、ヘラクレイトス的世界から表面へと上昇して、新たな地位を受け取るものがある。すなわち、原因-物体と本性的に異なる出来事、貪食のクロノスと本性的に異なるアイオーンである。これと平行して、プラトン主義は、類似した全面的な再-方角決定を被る。プラトン主義は、前ソクラテス的世界へもっと入り込み、前ソクラテス的世界をうまく抑圧して高所の全重量で押し潰すと主張していたものだが、自身の高所から解任されるのを目の当たりにすることになる。そして、イデアは、表面に降下して、単なる表面効果になる。前ソクラテス的な者とプラトンに対抗するストア派の大発見は、高所と深層から独立し、高所と深層に対抗する、表面の自律である。すなわち、深くの物体にも高くのイデアにも還元不可能な、非物体的な出来事、意味や効果の発見である。到来するすべて、また、語られるすべては、表面に到来し表面で語られる。表面は、無-意味である深層と高所に劣らず、おそらくはそれ以上に、探求されるべきもの、未知なるものである。というのは、主要な境界は移動したからである。高所での境界は、もはや普遍と特殊の間を通ってはいない。深層での境界は、もはや実体と偶有性の間を通ってはいない。たぶん、事物と命題の間の新たな図面の名誉はアンティステネスに帰せられるべきである。すなわち、命題によって指示されるような事物と命題の外では実在しない表現されるものの間の図面である（実体は事物の二次的決定、普遍は表現されるものの二次的決定にすぎない）。

表面・幕・敷物・マント、キニク派とストア派は、そこに住み着き、それらに取り囲まれる。表面の二重の意味、表と裏の連続性が、高所と深層に取って代わる。幕の背後には、命名不可能な混在を除いては何もない。敷物の上には、空虚な天空を除いて何もない。表面の埃に字を書くように、あるいは、窓ガラスの露に指で書けるように、表面に合わせて歩き回りさえすれば、表面には意味［＝方向］が現出して働き出す。キニク派とストア派の棒の一撃による哲学が、金槌の一撃による哲学に取って代わる。哲学者は、もはや洞窟の存在者でもプラトンの魂や鳥でもなく、表面の平らな動物、ダニ、シラミである。哲学の象徴は、もはやプラトンの翼でもエンペドクレスの鉛のサンダルでもなく、アンティステネスとディオゲネスの二つ折りのマントである。ヘラクレスが棍棒と獅子の皮膚を持つように、哲学者は棒とマントを持つ。プラトン的な転向と前ソクラテス的な転覆に同時に対立する新たな哲学的操作を何と呼べばよいだろうか。たぶん、転倒［＝倒錯］という語が、転倒が表面の奇妙な技法を含むとするなら、少なくとも、この哲学者の新たなタイプの挑発のシステムには似つかわしいであろう。

(1) 奇妙なことに、バシュラールは、ニーチェの想像の特徴を探して、それを「上昇する魂論」と提示している（『空と夢』「第五章」（宇佐見英治訳、法政大学出版局））。バシュラールは、ニーチェにおける大地と表面の役割を最小に切り縮めるだけでなく、ニーチェの「垂直性」を何よりも高所と上昇であると解釈している。しかしながら、垂直性はむしろ深層と下降である。猛禽は偶にしか上昇しないものだ。猛禽は、地面に張り出し地面に「襲いかかる」のだ。高所の観念と上昇の理念を告発するために、深層はニーチェに役立つと言っておく必要もある。高所は、欺瞞、表面効果でしかなく、深層の眼を欺けないし、深層の眼のまなざしの下では解体する。これに関しては、ミシェル・フーコー「ニーチェ・フロイト・マルクス」『思考集成』Ⅱ（大西雅一郎訳、筑摩書房）参照。

(2)『ニーチェ対ヴァーグナー』（『ニーチェ全集』14、原佑訳、ちくま学芸文庫）「結び」。

# 第19セリー　ユーモア

## 意義から指示へ

先ず、言葉の十分な基礎は、自己表現する者の状態にも、指示される感覚可能な事物にも見出されえず、言葉に真理と虚偽の条件を与えるイデアにだけ見出されうるように見える。しかしながら、いかなる奇跡でもって、話す物体〔＝身体〕や話される物体よりも、命題の方が、確かな仕方でイデアを分有するのかは明らかではない。あるいは、イデアが「名前そのもの」なら別かもしれないが。そして、反対の極において、物体の方が、言葉の基礎でありうるだろうか。音が、物体に降り注いで、混在する物体の能動と受動になるときには、音は無－意味を運ぶ騒々しい使者以上のものではない。順番に、プラトン的言葉の不可能性と前ソクラテス的言葉の不可能性、観念論的言葉の不可能性と物理的言葉の不可能性、躁的言葉の不可能性と分裂病的言葉の不可能性が暴かれはする。そうして、出口のない二者択一を押し付けられる。何も語らないこと、あるいは、語ることを合体〔＝体内化〕すること、語ることを食べること。クリュシッポスが述べるように、「君が語・荷車を語ると、荷車が君の口を通り過ぎる」。それが荷車のイデアだとしても、都合がよくなるわけではない。

観念論的言葉は、品詞転換［とくに実詞化］された意義から作られている。しかし、われわれが意義されるものについて尋ねられるときは、例えば、「〈美〉とは何か、〈正しさ〉とは何か、〈人間〉とは何か」などと尋ねられるときは、その都度、われわれは、物体を指示することをもって、模倣可能で飲食可能でもある対象を示すことをもって、必要なら、棒はすべての可能な指示の道具と見なされるからには、棒で叩くことをもって、答えることとしよう。プラトンによれば人間の意義であるところの「羽のない二足動物」に対して、キニク派のディオゲネスは、羽をむしられたニワトリ［原書 cop を coq と読む］を投げ出すことをもって答える。そして、「哲学とは何か」と尋ねる者に対して、ディオゲネスは、ニシンを紐に付けて散歩させることをもって答える。魚とは、最も口唇的な動物である。だから、この魚が提起しているのは、無言症、飲食可能性、湿音要素の子音の問題であり、言葉の問題である。プラトンは、〈本質〉に到達する代わりに事例を与えて見せて指示する者を笑ったものである。（プラトン曰く）私は君に何が正しいのかとではなく正しさとは何かを問い尋ねているのだというわけである。ところで、プラトンがわれわれをして登らせたと称する道を、プラトンをして再び降りさせるのは容易いことである。われわれが意義を問い尋ねられるたびに、われわれは、純粋な指示、純粋な展示をもって答えるのである。そして、［指示・展示においては］単なる「事例」

が眼目ではないこと、また、プラトンの問題は不良設定であることを観客に説得するためには、指示されるものを真似したり、模倣したり、あるいは、食べたりして、また、展示されるものを壊したりするであろう。重要なのは、素早くやることだ。続けざまに、指示すべき何ものか、食べたり壊したりすべき何ものかを見出すことだ。そうすれば、その何ものかは、あなたが探し求めることを勧められる意義（イデア）に取って代わる。展示するものと問い尋ねられるものとの間に類似性がなければ、また、類似性があるはずもなければ、ますます素早くやれるし、ますます善くやれる。展示するものと問い尋ねられるものとの間には、鋸歯状の関係だけがあって、これが、プラトンの本質－事例の偽なる二元性を退けるのである。意義を、純粋な指示・展示・飲食・破壊で置き換える実践のためには、奇妙な霊感が必要であり、「降りること」を分かっている必要がある。ソクラテス的イロニーや上昇の技法に対抗するユーモア。

しかし、こんな下降はわれわれをどこへ落とすのだろうか。物体の底と物体の混在の底－無しまで落とすのである。まるで棒が展示されるものすべてを壊すかのごとく、指示の運動を停止することができなければ、指示の全体は消化・破砕・破壊に引き継がれてしまうことからして、言葉の基礎は、意義にないのと同じく、指示にもありえないことが明らかになる。意義によってわれわれが意義を置換し解任する純粋指示へと落とされることは、無－意義としての不条理である。しかし、指示によってわれわれが破壊的で消化的な底へと落とされることは、下－意味や下位意味（*Untersinn*）としての深層の無－意味である。では、いかなる出口が。必要なのは、言葉が高所から落下し次いで沈み込んでいくのと同じ運動で、われわれが表面へと連れ戻されることである。表面には、もはや指示すべきものも意義すべきものさえもないが、純粋な意味が生産される。純粋な意味が、今度は、表面の無－意味との本質的関係において生産される。そして、ここでも、重要なのは、素早くやること、速さである。

**ストア派と禅**

賢者は表面で何を見出すだろうか。永遠真理において捉えられる純粋な出来事、言いかえるなら、事物の只中での空間的－時間的実現から独立して、出来事の下に－張り渡される実体において捉えられる純粋な出来事である。あるいはむしろ、同じことになるが、純粋な特異性であり、無作為抽出要素において捉えられる特異性の放出、特異性を受肉し実現する個体と人格から独立に特異性が放出されることである。表面のために高所と深層の二つを解任するユーモアの冒険は、先ずはストア派の賢者の冒険である。しかし、後の別の文脈では、禅の冒険でもある。バラモン教の深層と仏教の高所に対抗する冒険である。問題－試練、問い－答えである有名な公案（*koan*）は、意義の不条理を証し示して、指示の無－意味を展示する。棒は、普遍的道具、問いの師であり、パントマイムと消費が答えである。表面に帰って賢者が発見するのは、対象－出来事である。すべての対象－出来事は、その実体を構成する空虚の中で交流し、アイオーンの中で描かれて広がるが決してアイオーンを満たすことはない。(1)出来事は形態と空虚の同一性である。出来事は、指示される対象ではなく、表現されるか表現されうる対象、決して現前しないが常に既に通り過ぎ未だ来たるべき対象である。例えば、マラルメにおいては、自己の不在や自己の廃棄に相当する対象である。というのも、この廃棄（*abdicatio*）〔譲位〕とは、まさに純粋な〈出来事〉（奉献（*dedicatio*））として、空虚の中に地位〔＝位置〕を有するからである。禅に曰く。「君が棒を持っているなら、私は君に棒を与える。君が棒を持っていないなら、私は君からそれを取る」（あるいは、クリュシッポスが言ったごとく。「もしあなたが物を失わなかったなら、あなたはそれを持っている。あなたは角を失わなかった。故に、あなたは角を持っている」）。否定は、もはや否定的なものを何も表現せずに、純粋に表現可能なものだけを解放する。純粋に表現可能なものは、不等な二つの部分を持ち、常に一方が他方に欠けている。というのも、その部分は、事物＝xに対する語＝xのごとく、自分に欠けることで超過し、しかも超過することで欠けるからである。これは禅の芸術に明らかである。素描の技法では、筆が、固定されていない手首に導かれて、形態と空虚を均衡にもたらし、純粋出来事の特異性を偶発的動きと「筆毛の線」のセリーに配分する。また、造園・華道・茶道・弓道・剣道の技法では、「刀の一閃」が驚異の真空から出現する。廃棄される意義と失われる指示を横切って、空虚は、意味や出来事がそれ固有の無－意味とともに創作される場所であり、場所だけが場所をとるところである。空虚そのものは、パラドックス的要素、表面の無－意味、常に移動する無作為抽出点であり、そこから意味としての出来事が湧き出てくる。「そこから逃れるべき生死の輪廻などない。到達すべき最高知識などもない」。空虚な天空は、精神の最高の思想も自然の深き循環も拒絶している。無媒介なものに到達することよりも、無媒介なものが到達され－ない－ものとして「無媒介に」とどまっているこの場所を決定することの方が肝心である。それは表面であり、そこでは、空虚が作られ、空虚とともにすべての出来事が作られ、剣の鋭利な刃や弓に張られた弦のような境界が作られる。例えば、描くことなく描くこと、非－思考、非－射になる射、話すことなく話すこと。言葉が可能になるのは、高所や深層の言表不可能なものからではなく、境界、表面においてである。言葉は、可能になっても、無媒介的な沈黙の交流だけを賦活する。というのも、廃棄された媒介的な意義と指示を復活させて初めて、言葉は語られうるだろうからである。

**古典的言説と個体、ロマン的言説と人格：イロニー**

言葉を可能にするのは何かということと同様に、誰が話すのかと問い尋ねられる。この問いには多くの答えが与えられてきた。われわれは、話す者は個体であると決定するものを「古典的」答えと呼んでおく。この際、話されるものは特殊性として決定され、手段、言いかえるなら、言葉そのものは、慣行の一般性として決定される。そのとき、個体から普遍的形態（リアリティ）を解き放つこと、同時に、話されるものから純粋なイデア（必然性）を引き出すこと、言葉を原初的・自然的・純粋理性的と想定される理念的モデル（可能性）に照合すること、これら三つの結合された操作が眼目になる。まさにこうした構想が、上昇としてのソクラテス的イロニーを生かし、一連の課題を与えるのである。すなわち、個体を直接的実在から引き離すこと、感覚可能な特殊性を越えてイデアに向かうこと、モデルに適合する言葉の法則を設定することという課題である。これが、記憶し話す主観性の「弁証論的」総体である。しかしながら、操作が完璧であるためには、個体が出発点・跳躍台であるだけでなく、個体が終着点でも同様に再び見出されること、そして、イデアの普遍的なものが、出発点の個体と終着点の個体の交換手段のごとくであることが必要であろう。この閉鎖する仕掛け、イロニーの締め金は、プラトンにはまだ無くて、ソクラテス－アルキビアデスの交換［＝交流］のごとく、喜劇や愚弄の姿でしか現出しない。反対に、古典的イロニーがその完全な状態を獲得するのは、リアリティの全体だけでなく可能的なものの総体をも根源的な最高の個体性として決定するときである。既に見たように、カントは、表象の古典的世界を批判に服させることを求めて、表象の古典的世界を精確に記述することから始める。「あらゆる可能性の集合の観念は、ア・プリオリに完備に決定される概念を形成するまで練り上げられ、かくて、単独的な存在者の概念になる」[2]。古典的イロニーは、表象の世界の中で存在者と個体の共外延性を保証する審級として作動する。こうして、イデアの普遍的なものだけでなく、原初の可能的なものに対する純粋な理性的言葉のモデルも、最高に個体化される神とこの神が創造する派生的個体の間の自然な交流手段となる。そして、この神が、個体の普遍的形態への上昇を可能にする。

しかし、カントの批判の後で、イロニーの第三の姿形が現出する。このロマン的イロニーは、話す者はもはや個体ではなく人格であると決定する。ロマン的イロニーの基礎は、もはや個体の分析的同一性ではなく、人格の有限な総合的統一性である。ロマン的イロニーを定めるのは、〈私〉と表象の共外延性である。ここには、語の変化以上のことがある（その重要性を決定するためには、例えば、個体化のさまざまな姿形を踏査している限りで、古典的世界に登録されてよいモンテーニュ『エセー』と、人格あるいは〈私〉の初めての表出である限りでロマン主義を告げるルソー『告白』の間の差異を評定する必要があろう）。普遍的なイデアと感覚可能な特殊性だけでなく、個体性の両極端と各個体に対応する世界も、いまや人格の固有の可能性になるのである。この可能性は、根源的可能性と派生的可能性に割り振られ続ける。ただし、根源的なものは、あらゆる可能世界に対する人格の述語定項だけを指示し（カテゴリー）、派生的なものは、異なる世界において人格が受肉する個体変項だけを指示する。こうして、イデアの普遍的なもの、主観性の形態、可能的なものの関数としての言葉のモデルが、深く変形することになる。人格は、限界なきクラスとして定立されるが、ところが成員は一つだけなのである〈私〉。これがロマン的イロニーである。そして、おそらく、デカルトのコギトやライプニッツの人格には先駆けとなる要素が既にあるものの、その要素は個体化の要請に従属したままであるのに対して、カント以後のロマン主義においては、従属が逆転されて、その要素が解放されて表現されるのである。「かの有名な限界なき詩的自由が積極的な様式で表現されるなら、個体［＝個人］がさまざまな一連の決定［＝規定］を可能性の形態の下で駆け巡ってしまってから、それらの決定が無に沈み込む前に、それらに詩的な実在を与えておくということになる。イロニーに自らを委ねる魂は、ピタゴラスの教説に言うところの世界を横切って行く魂に似ている。その魂は、常に旅しているが、もう長い寿命も必要なく……。子どもが金をくれる者に近づくように、イロニストは指折り数える。魅力的な王子、あるいは、物乞い、などと。イロニストの眼には、いかなる受肉にも、純粋な可能性の価値とは別の価値はないので、遊んでいる子どものように、イロニストは素早く調子を変えることができる。逆に、イロニストが時間を費やすのは、自分の幻想で引き受ける詩的役割に相応しく、念入りに服装を整えることに配慮するためである。……イロニストにとって所与のリアリティが価値を失うのは、所与のリアリティが、別のより真正なリアリティと交替されるべき時代遅れのリアリティであるからではなく、イロニストが、それに適合するリアリティが実在しない基礎的な〈私〉を受肉しているからである」[3]。

**底無しの言説**

イロニーの全姿形に共通するのは、個体や人格の制限の中に特異性を閉じ込めるということである。だから、イロニーが放浪者であるのは外見だけのことである。ところで、とりわけ、それゆえに、イロニーの姿形は、中から姿形を加工する内奥の敵によって脅かされる。内奥の敵とは、先にわれわれが述べた、未分化な底、底－無しのことである。それは悲劇的思考を表象するが、イロニーの方は、悲劇的調子と極めて両価的な関係を保っている。すなわち、ソクラテスの下のディオニュソス。また、神と被造物に鏡を向けて、普遍的個体性を分解するデモン。さらに、人格を解体するカオス。個体は古典的言説を、人格はロマン的言説を保持していた。しかし、二つの言説の下で、二つの言説をさまざまな仕方で覆しながら、いまや、顔なき底が、唸りながら話している。既に見たように、この底の言葉、物体の深層と混じり合う言葉は、破裂する音素の力能と未分節の音調的価値の力能の二つを有していた。前者の力能が古典的言説を、後者の力能がロマン的言説を中から脅かして覆す。だから、われわれは、各場合において、言説のタイプに応じて、三つの言葉を区別しなければならない。先ず、話す者を通常の既成の仕方で指定すること（個人、あるいは、人格……）に対応するリアルな言葉。次いで、言説を保持する者の形態に応じて言説のモデルを表象する理念的な言葉（例えば、ソクラテス的主観性に関する『クラテュロス』の神的モデル、古典的個体性に関するライプニッツの合理的モデル、ロマン的人格に関する進化論的モデル）。終わりに、底による理念的言葉の転覆と、リアルな言葉を保持する者の解体を、各場合において表象する秘教的な言葉。さらに、理念的モデルとその秘教的転覆の間、イロニーと悲劇的底の間には、その都度の内的な関係があって、どちらが最大のイロニーであるのかまったくわからなくなるほどである。それゆえに、すべての秘教的な言葉に対して、唯一無比の定式、唯一無比の概念を探しても虚しい。例えば、古典的世界を閉じるクール・ド・ジェブランの偉大な音韻的・文字的・音節的総合や、ロマン主義を完成するジャン＝ピエール・ブリセの偉大なアクセントの進化的総合に対して、そんなものを探しても虚しいのである（既に見たように、同じくカバン－語にも一様性はなかった）。

**特異性の言説：ユーモア、あるいは、「単独者の第四人称」**

誰が話すのかという問いに対して、われわれは、個体であるとか、人格であるとか、両者を解体する底であると答える。「叙情詩人の自我は、存在の深淵の底から声を上げる。叙情詩人の主観性は、純粋な想像力である」(4)。しかし、最後の答えが鳴り響く。この答えは、未分化で原初的な底も個体と人格の形態も忌避し、両者の矛盾も両者の相補性も拒否する。特異性は個体と人格に幽閉されてなどいない。個体と人格を解体するからといって、未分化な底、底無しの深みに落ちるわけではない。非人称的で前－個体的なものは特異性なのであって、特異性は自由でノマド的なのである。あらゆる底より深いもの、それは表面、皮膚である。ここで、新しいタイプの秘教的な言葉が形成される。自己が自己自身のモデルであり自己のリアリティである言葉である。狂気－生成は、表面に上昇するとき、アイオーン・永遠性の直線上で姿形を変える。それと同じく、解体された自我、ひび割れた〈私〉、失われた同一性は、沈み込むのを止めるとき、反対に、表面の特異性を解放するために姿形を変える。無‐意味と意味は、動的対立関係を終わらせ、表面の無‐意味と表面を滑走する意味として、静的発生の余現前に入って行く。悲劇とイロニーは、新しい価値であるユーモアに場所を譲る。というのは、イロニーが、存在者と個体の共外延性、あるいは、〈私〉と表象の共外延性であるとするなら、ユーモアは、意味と無‐意味の共外延性であるからである。ユーモアは、表面と裏地の技法、ノマド的な特異性と常に移動する無作為抽出点の技法、静的発生の技法、純粋出来事の実践‐知、「単独者の第四人称」である。意義・指示・表出は留保され、深層と高所は譲位させられる。

(1) 既に、ストア派は、外‐存在と存立としての〈空虚〉について極めて見事な理論を練り上げていた。非物体的な出来事が存在者や物体の論理的属性であるとするなら、空虚はこの属性の実体のようである。それは、物体的実体とは本性を異にし、世界は空虚の「中に」あるとは言えないほどである。ブレイエ『初期ストア哲学における非物体的なものの理論』(江川隆男訳、月曜社)第三章参照。

(2) カント『純粋理性批判』「超越論的理念について」。

(3) キルケゴール「イロニーの概念」(『キルケゴール著作集』21、飯島宗享他訳、白水社)二一四‐二一五頁。

(4) ニーチェ『悲劇の誕生』(『ニーチェ全集2』、塩屋竹男訳、ちくま学芸文庫)第五節。

# 第20セリー　ストア派のモラルの問題

## モラルの二つの極：事物の物理的占いと表象の論理的使用

ディオゲネス・ラエルティオスは、ストア派が哲学を卵に喩えたと報告している。「卵の殻は論理学、白身はモラル、真ん中の黄身は自然学である」。ディオゲネスが合理化しているのがよく感じられる。警句－逸話を、言いかえるなら、公案（*koan*）を再び見出すべきである。師よ、モラルとは何か、と意義の問いを立てる弟子のことを想像してみるべきである。すると、ストア派の賢者が、裏地のあるマントからゆで卵を取り出し、棒で卵を指示する。（あるいは、卵を取り出して、棒で弟子を打つ。弟子は自分で答えるべきであると理解する。次に、弟子が棒を取って卵を割る。白身が少し、黄身にくっ付き、殻にもくっ付いている。あるいは、師が自らすべてを行なわなければならない。あるいは、弟子は何年か後にようやく理解するだろう）。いずれにせよ、モラルの位置は、表面の論理学的な殻と深層の物理的な黄身の間として明示されている。ストア派の師は、ハンプティ・ダンプティそのままではないだろうか。そして、弟子の冒険は、アリスの冒険ではないだろうか。その冒険は、モラルの両義性をめぐって混乱を経験しながら、物体の深層から語の表面へ上昇することである。物体のモラルや語のモラル性（「語られていることの教訓は……」）。そして、栄養のモラルや言葉のモラル、食べることのモラルや話すことのモラル、黄身のモラルや殻のモラル、事物の状態のモラルや意味のモラル。

先ほど述べたことに少しばかり戻って、変更を加えておかなければならない。ストア派について、深層を忌避し、深層において受動－身体や悪の意志に対応する地獄の混合しか見出さない者として紹介したのは行きすぎであった。ストア派のシステムは、自然学全体とともに、自然学のモラルも含んでいる。受動と悪しき意志が物体であるということが真実であるなら、善き意志、有徳な行動、真なる表象、正しい同意も物体であることになる。特定の物体がカニバリズム的で近親姦的な忌まわしい混合を形成するということが真実であるなら、全体性として捉えられた物体の集合は、必然的に完全な混合を形成することになる。それは諸原因相互の統一性や宇宙的な現在にほかならず、それとの関係においては、悪そのものは「帰結」の悪の一つ以上のものではありえない。物体－受動があるのなら、物体－能動、大コスモスの統合物体もあることになる。ストア派のモラルは、出来事に関わる。ストア派のモラルとは、出来事をそのまま意志することと、言いかえるなら、到来するものを到来するがままに意志することである。われわれはまだこうした定式の射程を評価することはできないが、それはともかく、出来事をそれが由来する物体的原因に関係させずして、また、出来事を、物体的原因を横切って諸原因の統一性であるピュシスに関係させずして、どうして出来事を把握したり意志したりすることができるであろうか。したがって、ここでモラルを設立するのは占いなのである。実際、占いとは、純粋な（まだ実現されていない）出来事と、物体の深層、出来事が由来する物体的な能動と受動との関係の解釈である。そして、この解釈の進み方を精確に言うことができる。すなわち、奥深い所から切り取り、表面を切り開き、表面の方角を決め、表面を広げ増やして、表面に描かれている線と切れ目の図面をたどることである。例えば、空を複数に区分しそこに鳥の飛行線を配分すること、豚の鼻が地面に描く文字をたどること、表面に肝臓を引き出して線と割れ目を観察することである。最も一般的な意味で、占いは、表面の技法、表面に現出する線と特異点の技法である。それゆえに、占い師が顔を合わせれば笑わざるをえないのである。ユーモアの笑いであるが。（おそらく、二つの操作が区別されるべきだろう。一つは、まだ物体的な線、イマージュ、刻印や表象のために物理的［＝自然学的］表面を生産すること、もう一つは、それらを「形而上学的」表面に翻訳することである。形而上学的表面では純粋な出来事の非物体的な線だけが動き、形而上学的表面がイマージュの解釈の意味を構成する）。しかし、もちろん、ストア派のモラルが、占いの物理的方法に依存することはできなかったしそれを望んでもいなかったので、まったく別の極へ向かい、まったく別の論理的方法に即して発達したのは偶然ではない。ヴィクトール・ゴルトシュミットはこうした両極の二元性を明示したが、その間でストア派のモラルは揺れ動いている。したがって、一方で、物理的原因に由来する出来事の占いを引き出すためには、深層で全物理的原因を相互に結び付け宇宙的な現在の統一性へもたらす神のヴィジョンに、可能な限り参与することが肝要となるであろう。しかし、他方では、その代わりに、どんな出来事であっても、解釈を加えることなく、「表象の使用」によって、出来事を意志することが肝要である。表象の使用は、出来事の実現に対していかに限られた現在を指定するにしても、初めから出来事の実現に伴っているのである。[1] 前の場合、宇宙的な現在からまだ実現されていない出来事へ進む。後の場合、純粋な出来事から最も限られた現在での出来事の実現へ進む。そして、とりわけ、前の場合、出来事は物体的原因とその物理的統一性に結び付けられるが、後の場合、出来事は非物体的な準‐原因に結び付けられる。準‐原因とは、出来事の実現の生産において、出来事が取り入れて響かせる原因性のことである。二つの極は、既に二重の原因性のパラドックスや静的発生の二つの特徴に、すなわち、非情性と生産性、無関与と実効性、いまやストア派の賢者の特徴である処女性と妊娠［処女懐胎］に含まれていた。こうして、第一の極が不十分である理由はこうなる。出来事は、非物体的効果であるから、それが由来する物体的原因とは本性的に異なっている。また、出来事は、原因とは別の法則を持ち、非物体的な準‐原因との関係だけによって決定される。キケロのうまい言い方によるなら、時間の経過は、巻かれたロープが解けること（*explicatio*）に似ている。[2] しかし、正確には、解けて直線になったロープ（アイオーン）の上に出来事が実在するのではないし、また、巻かれて円形になったロープ（クロノス）の中に原因が実在するのでもない。

### 表象、使用と表現

エピクテートスとマルクス＝アウレリウスによって最高点に達した技法であるが、表象の論理的使用とは何であるのか。伝承された限りでのストア派の表象の理論については、難解な諸点が知られている。すなわち、印刻されたものとしての物体的な感覚的表象における同意の役割と本性、それ自体はまだ物体的である理性的表象が感覚的表象から派生する様式、とりわけ、表象が「把握的」か否かの特徴を構成するのは何かということ、最後に、表象－物体ないし刻印と非物体的出来事－効果（表象と表現）の間の差異の射程である。[3] 後の二つの難問が、われわれの主題に本質的に関わっている。というのも、感覚的表象は指示であり、理性的表象は意義であるが、非物体的出来事だけが表現される意味を構成するからである。われわれは、意味または出来事の特殊性について、すなわち、指示されるものや意義されるものへの還元不可能性、特殊なものと一般的なものに対しての中立性、非人称的で前－個体的な特異性について書いてきたが、その度に、到る所で、われわれは表現と表象の本性の差異に出会っていたのである。表現と表象の差異が頂点に達するのは、常識的な表象の同一性の決定機関である対象＝xとパラドックス的な表現の同定不可能な要素である事物＝xの対立においてである。ところが、意味は決して可能的な表象の対象にならないとしても、表象が対象と維持する関係に極めて特殊な価値を授けるものとして、やはり意味は表象に介入する。表象は、それだけでは、対象との類似や相似という外在的な関係に委ねられるだけである。ところが、内在的に「判明」「充全」「把握的」であるといった表象の内的特徴は、表象が表現を把握し包含するその仕方に由来する。表象は表現を表象することはできないが、表象と本質を異にする表現は、表象に包含される（あるいは、包含されない）ものとして、やはり表象内部で作用するのである。例えば、事物の状態や形質としての死の知覚や、述語の意義としての死すべきという概念は、死ぬことという出来事が、事物の状態と形質において実現され述語の意義において表現されるものとして把握されるのでなければ、外在的なまま（意味を欠いたまま）にとどまるであろう。表象は、それが表象しない表現を把握しなければならない。しかし、表現がなければ、表象そのものが「把握的」になることはないであろうし、偶然的か外来的に真理性を持つだけになるであろう。われわれが死ぬと知ることは、必当然的な知であるが、空虚で抽象的な知である。現に次々と死者が出たところで、死ぬことが常に開かれた問題構造（何処で、何時）を備えた非人称的な出来事として理解されない限り、その空虚な知が充全に充実されるには不十分である。しばしば、二つのタイプの知が区別されてきた。一つは、対象に外的にとどまる無関与な知であり、もう一つは、対象を然るべき所に探しに行く具体的な知である。表象がこの理念的な場所に到達するのは、表象が把握する隠された表現、言いかえるなら、表象が包含する出来事によってのみである。だからこそ、表象の「使用」ということがある。「使用」がなければ、表象は生命と意味を剝奪されたままである。そして、ウィトゲンシュタインと弟子たちが意味を使用によって定義するのは正しいが、その使用を定義するのは、表象されるものに対する表象の機能〔＝関数〕でもなければ、可能性の形式としての表象性でもない。他の場合と同じくここでも、関数的なものは越えられて場所的なものへと向かうのであり、使用は、表象と外－表象的な何ものかとの関係、表象と表象されず表現されるだけの存在者性との関係に関わるのである。表象が別の本性の出来事を包含すること、表象がその縁で出来事を包含できるようになること、表象がその地点まで張り出すようになること、表象が裏打ちや縁縫いに成功すること、これこそが生ける使用を定義する操作である。そして、表象がそこに到らなければ、表象は、表象されるものに対面しても死んだ文字にとどまり、表象性においても馬鹿げたものにとどまる。

**出来事を把握すること・意志すること・表象すること**

ストア派の賢者は、準－原因に「自己同一化する」。ストア派の賢者が居を構えるのは、表面であり、表面を横切る直線の上であり、線を引いたり線を駆け巡る無作為抽出点である。また、ストア派の賢者は射手のようである。ただし、この射手との比較は、賢者の意図についての道徳的な隠喩の類として解されるべきではない。プルタルコスは、ストア派の賢者が何でも行なうと見なされているのは、目標を達成するためにではなく、目標を達成する上で自分に依存することのすべてを行なってしまうために何でも行なうからであると語っているが、これでは道徳的な隠喩に誘い込まれてしまう。この類の合理化には、ストア派に敵対的な後世の解釈が含まれている。弓の射手との比較は、もっと禅に近いものである。弓引く者が到達すべきは、矢で狙われたものが、矢で狙われないもの、言いかえるなら、矢を射る者でもある地点であり、矢が真っ直ぐに飛びながら自己自身の目標を創造する地点であり、標的の表面がまた直線・点・射手・発射・発射場である地点である。これこそが、東洋的なストア派の意志、選択以前の選択(*pro-airesis*)である。ここで賢者は出来事を待つ。言いかえるなら、賢者は、純粋な出来事を把握する。すなわち、その永遠真理において、その空間的−時間的実現とは独立に、アイオーンの線に従って永遠に来たるべきものであり常に既に過ぎ去ったものとして把握する。しかしまた、同時に、同じ機に、賢者は、受肉を意志する。すなわち、非物体的な純粋出来事が、事物の状態と自己自身の身体において実現すること、自己自身の肉体において実現することを意志する。賢者は、準−原因に自己同一化して、準−原因の非物体的効果を「身体化すること」を意志する。効果は原因の遺産であるからである(ゴルトシュミットは、散歩することという出来事に関して、とてもうまく語っている。「散歩は、存在様式としては非身体的であり、そこに自己を表出する主導原理の効果の下で身体をまとう」[4]。そして、このことは、散歩と同じく、傷や弓射ることについても真実である)。

しかし、出来事が、物体的原因の深層によって、また、物体的原因の深層において、既に生産されつつあるのでなければ、賢者が非物体的出来事の準-原因になってその受肉を意志することができるだろうか。病気が身体の奥底で準備されているのでなければ、賢者にそんなことができるだろうか。準-原因は創造しない。準-原因は、「操作［＝手術］」し、到来するものを意志するだけである。だから、ここで、表象と表象の使用が介入する。宇宙的な混合において、非物体的出来事を生産する万物の現在において、物体的原因が相互作用するとき、準-原因は、この物理的原因性に裏地を付ける仕方で操作して、出来事を現在において受肉する。この現在は、最も限られ最も正確で最も瞬間的な現在であり、未来と過去が分割される点で捉えられる純粋な瞬間であって、もはや自己に過去と未来を取り集めるような世界の現在ではない。役者は瞬間にとどまるが、役者が演ずる人物は、未来の中で希望したり恐怖したり、過去の中で思い出したり後悔したりする。この意味において、役者は表象する［＝上演する］。演技可能な瞬間の最小時間を、アイオーンに従って思考可能な最大時間に対応させること。出来事の実現を混合なき現在に限定すること、限りなき未来と過去を表現するほどに瞬間の強度を高め緊張したものにし瞬間的なものにすること、これが表象の使用である。パントマイム師であって、占い師ではない。最大の現在から、小さな現在としてのみ語られる未来と過去へ向かうことは止めて、反対に、限りなき未来と過去から、絶えず分割される純粋な瞬間の最小の現在へと向かうことになる。このように、ストア派の賢者は、出来事を把握し意志するだけでなく、出来事を表象し、それによって出来事を選別する。そうして、パントマイム師の倫理は、必ずや意味の論理に続く。純粋な出来事から出発して、パントマイム師は、実現を導いて裏地を張り、混合なき瞬間を援用して混合を測定し、混合がはみ出すのを防ぐのである。

(1) ヴィクトール・ゴルトシュミット（Victor Goldschmidt), *Le Systeme stoïcien et l'idée de temps*, Vrin, 1953.

(2) キケロ（Cicéron), *De la divination*, 56.

(3) 非物体的な表現可能なものが、表象に還元されないこと、理性的表象にも還元されないことについては、ブレイエ『初期ストア哲学における非物体的なものの理論』（江川隆男訳、月曜社）三三－三六頁の決定的箇所を参照。

(4) V・ゴルトシュミット（V.Goldschmidt), *Le System stoïcien et l'idée de temps*, Vrin, 1953, p. 107.

# 第21セリー　出来事

## 出来事の永遠真理

具体的な生き方や詩的な生き方をストア的と名指すのは躊躇われることが多い。まるで、学説の名は、書物の上でのことにすぎず、余りに抽象的なので、傷とのこの上なく個人的な関係を指示することなどできないかのようである。だが、学説は傷以外のどこから出て来るというのか。また、挑発的例示によって充電された思弁的逸話でもある死活に関わる警句以外のどこから出て来るというのか。ジョー・ブスケをストア派と呼ばなければならないのである。ブスケは、彼の身体の奥深くに抱える傷を、それにもかかわらず、また、それだけますます、傷の永遠真理において純粋出来事として理解する。出来事がわれわれにおいて実現されるのと同じく、出来事は、われわれを待ち受け、われわれを待ち焦がれ、われわれにサインを送る。「私の傷は私よりも前に実在していた。私は傷を受肉するために生まれた」(1)。出来事がわれわれに作り出すこの意志に到達すること、われわれの内で生産されるものの準－原因になること、〈操作者〔＝演算子＝作用素〕〉

になること、表面と裏地を生産すること。そこでは、一般と特殊の彼方で、集団と私人の彼方で、出来事が、反射し、非物体的な自己を再び見出し、非人称的で前個体的な出来事が所有する中立的な光輝をわれわれの内で表出する。これが世界市民である。「私が出来事を自分のものとする前から、すべては私の人生の出来事の中で然るべき位置にあった。そして、出来事を生きるとは、出来事の最善で完全なところは私だけに由来せざるをえないかのように、私が出来事に同等になるべく誘われていると気付くことである」。

モラル［＝道徳］に意味がないにせよ、モラルに意味がないということがモラルの言わんとすることであるにせよ、モラルが語るべきは、われわれに到来することにわれわれは値しないものではないということ以外ではない。反対に、到来することを不正で不当なものと捉えること（それはいつだって誰かの過ちだ）が、われわれの傷口を厭うべきものにし、ルサンチマンそのもの、出来事に対抗するルサンチマンにする。これ以外に悪しき意志はない。真に反道徳的なことは、正・不正・功績・過ちといった道徳的知見を利用することである。では、出来事を意志するとは、どういうことであろうか。戦争が到来するとき戦争を受け入れることであろうか。傷と死が到来するときに傷と死を受け入れることであろうか。たぶん、諦観もまたルサンチマンの一つの姿である。ルサンチマンには実に多くの姿がある。出来事を意志することが、何よりもまず、出来事を養う火のごとき永遠真理を出来事から解き放つことであるならば、この意志は、戦争を戦争に反して導くこと、まるですべての傷の傷跡のように傷を生々しく描くこと、すべての死者に対し故意の死を返すことを意志するまでに到る。意志的直観、あるいは、突然変異である。ブスケは述べている。「私の死の趣味は、意志の挫折であった。それを私は死ぬことの切望で置き換えるだろう。これが意志の光栄である」。趣味から切望へ。何も変わっていないとも言える。ただし、意志の変化、その場での全身の一種の跳躍があって、有機体の意志を霊的な意志に取り替えてしまう。いまや精確には、霊的な意志は、到来することを意志するのではなく、到来することの中の何ものか、到来することに符合して来たるべき何ものか、ユーモアの曖昧な符合の法則に従って来たるべき何ものか、すなわち、〈出来事〉を意志する。運命愛（*Amor fati*）が自由な人間の闘争と一つになるのは、この意味においてである。あらゆる出来事には私の不幸があるが、光輝があるし、不幸を乾かす閃光もあるということ、そして、出来事が意志されるなら、出来事は、その最も細い尖端において、手術刀においても実現されるということ、これが静的発生あるいは処女懐胎の効果である。閃光、出来事の光輝とは、意味である。出来事は、到来すること（事故）ではなく、到来することの中で、われわれにサインを送りわれわれを待ち受けている純粋な表現されるものである。先に述べた三つの規定によるなら、出来事は、到来することの中で、把握されるべきもの、意志されるべきもの、表象されるべきものである。さらにブスケは述べている。「君の不幸の人間になれ。君の不幸の完全性と閃光を受肉することを学べ」。これ以上のことは言えないし、一度も言われたことはない。すなわち、われわれに到来することに値する者になること、したがって、到来することを意志し到来することから出来事を解き放つこと、自己自身の出来事の息子になること、そして、それによって再び生まれること、出生をやり直すこと、肉の出生と訣別すること。出来事の息子であって、自分の作品の息子ではない。出来事の息子だけが、作品そのものを生産するからである。

**実現と反－実現：役者**

役者は、神のごときものではなく、反－神のごときものである。神と役者は、時間の読み方で対立する。人間が過去や未来として捉えるものを、神はその永遠の現在において生きる。神はクロノスである。神の現在は円全体であるが、過去と未来は特定の区画にだけ関係する次元であり、残りのものは外に放置される。反対に、役者の現在は、最も狭く最も収縮し最も瞬間的で最も一時的な点であり、この直線上の点は、絶えず線を分割し自ら過去－未来に分割される。役者はアイオーンに属している。最も深く最も充実した現在、油の染みのごとく浸透して未来と過去を包括する現在に代わって、限りなき過去－未来が出現する。そして、鏡ほどの厚さもない空虚な現在が、限りなき過去－未来を映し出す。役者は表象する。ただし、役者が表象するものは、常に未だ来ぬものと既に過ぎ去ったものである。しかし、役者の表象は、非情であるし、切断なしに、能動も受動もなしに、分割され二分される。この意味で、コメディアンのパラドックスがある。すなわち、コメディアンは、絶えず先立つものと絶えず立ち遅れるもの、絶えず希望するものと絶えず回想するものを演ずるために、瞬間に留まるのである。コメディアンが演ずるのは、決して人物ではなく、出来事の要素が構成するテーマ（複雑なテーマあるいは意味）、つまり、個体と人格の限界から実効的に解放されて交流し合う特異性が構成するテーマである。役者は、非人称的で前個体的な役割に自らを開くために、常にまだ分割可能な瞬間へ、その人格性のすべてを差し出してしまう。だから、常に役者は、別の役を演ずる役を演ずる状態にあるわけである。役と役者の関係は、未来と過去と、それらに対応するアイオーンの線上の瞬間的な現在との関係と同じである。したがって、役者は出来事を実現するのだが、出来事が事物の深層で実現されるのとはまったく別の方式によってである。あるいはむしろ、役者は、この宇宙的で物理的な実現に対して、別の特異な仕方で表面的な実現によって、その分だけ明確で鋭利で純粋な実現によって、裏地を張るのである。役者の実現は、宇宙的で物理的な実現に境界を定めて、そこから抽象的な線を引き出し、出来事の輪郭と光輝だけを保存する。自己自身の出来事のコメディアンになること、反-実現。

というのは、物理的混合が正しいのは、全体の水準、神の現在の円全体においてのことにすぎないからである。しかし、各部分には、多くの不正と恥辱があり、多くのカニバリズム的な寄食の過程がある。そのために、われわれに到来することに直面しての恐怖、到来することに対するルサンチマンが呼び起こされる。ユーモアは、選別の力と切り離せない。到来すること（事故）の中で、ユーモアは純粋な出来事を選別する。食べることの中で、ユーモアは、話すことを選別する。ブスケはユーモア－役者の特性を定めていた。然るべき時にいつでも形跡を消去すること。「人間と作品の中から、辛苦以前のその存在を立ち上げること」。「ペスト、専制政治、最も酷い戦争は、無のために支配していたのだという喜劇的な運を認めること」。要するに、各事物について「無垢な持ち分」を解き放つこと、言葉と意志すること、運命愛（*Amor fati*）[2]。

**出来事としての死の二つの面**

何故、出来事は、ペスト・戦争・傷・死のタイプばかりなのか。幸福な出来事より不幸な出来事の方が多いと言っているだけなのか。そういうことではない。あらゆる出来事について、二重の構造が肝要だからである。たしかに、出来事には、実現の現在の時期がある。出来事が、事物の状態・個体・人格に受肉する時期である。ほら、時期が来た、と語って指示される現在の時期である。そして、出来事の未来と過去は、この決定的な現在に応じて、出来事を受肉する者の観点から裁かれるだけである。しかし、他方で、すべての現在から逃れ、そのものとして摑まえられる出来事、これの未来と過去がある。というのも、出来事は、事物の状態の制限から自由であり、非人称的で前－個体的で、中立的で、一般的でも特殊的でもない、端的な出来事（*eventum tantum*）であるからである……。あるいはむしろ、出来事の現在とは、出来事を表象する動的瞬間の現在、常に過去－未来に二分され反－実現と呼ぶべきものを形成する現在にほかならない。前の場合には、私にとって、自分の人生が余りに弱すぎるように見える。人生は現在の一点に逃げ込み、人生と私の関係は指定可能になってしまうからである。後の場合には、人生に対して私の方が余りに弱すぎ、私には人生が余りに大きすぎるように見える。人生は、私とは無関係に、現在として確定可能な時期とも無関係に、未だ－未来と既に－過去に二分される非人称的な瞬間とだけ関係して、到る所にその特異性を投げるからである。この両義性が、本質的に傷と死の両義性、致死傷の両義性であることを示したのが、モーリス・ブランショにほかならない。死は、私や私の身体と極限的ないし確定的な関係にあるもの、私の内で設立されるものであり、同時に、私と無関係であるもの、非身体的で不定で非人称的なもの、それだけで設立されるものである。一方に、実行され完了される出来事の部分があり、他方に、「完了しても実行されない出来事の部分」がある。したがって、実現と反－実現のように、二つの完了がある。この点で、死と致死傷は、類例のない出来事なのである。各出来事は、死のごとく、二重であり、その分身［＝複製］において非人称的である。「死は現在の深淵である。死は、私と無関係な現在なき時間であり、それに向かって私は駆け出しようのないものである。というのは、死にあっては私が死ぬのではないからだ。私は、死ぬ力能を失った。死にあってはヒトが死ぬのだ。ヒトは絶えず死に、ヒトは死ぬことを止めない」[3]。

## 出来事を意志することとは

このヒトは、日常の平凡な人とは大いに異なっている。それは、非人称的で前‐個体的な特異性のヒト、雨の降るごとく死が降る（*il* meurt comme *il* pleut）純粋な出来事のヒトである。ヒトの光輝は、出来事そのものの光輝、あるいは、第四人称の光輝である。それゆえに、私的な出来事もないしそれとは別の集団的な出来事もない。個人的なものも普遍的なものもなく、特殊性も一般性もない。すべては特異的である。そうして、すべては、同時に集団的で私的であり、特殊的で一般的であるが、個人的でも普遍的でもない。私事でない戦争があるか。逆に、戦傷でない傷があるか。社会全体に由来しない傷があるか。座標軸を、言いかえるなら、社会的な非人称的特異性をまったく持たない私的出来事があるか。しかしながら、戦争が全世界に関わるなどと語るのはまったく恥辱である。そんなことは真実ではない。戦争は関わらないからである。戦争を利用する者、戦争に奉仕する者、つまりルサンチマンの連中には、戦争は関わらないからである。そして、各人に、特別な自分の戦争、特殊な自分の傷があるなどと語るのも恥辱である。そんなことは、傷口を引っ掻く者、苦渋とルサンチマンの連中についてなら、真実ではない。それは自由な人間についてだけ真実なのである。というのも、自由な人間は、出来事そのものを捉えるからであり、出来事が実現するがままであっても、役者として出来事の反‐実現を操作するからである。そのとき、自由な人間だけが、あらゆる暴力を唯一の暴力において把握し、あらゆる致死的な出来事を〈唯一の出来事〉において把握することができる。この

〈唯一の出来事〉が、事故の余地を残さず、個人のルサンチマンの力能と社会の圧制の力能［＝権力］を取り消したり取り上げたりする。専制者は、ルサンチマンを広めることによって、同盟者を、言いかえるなら、奴隷と従者を作る。人はルサンチマンによっていつも圧制者の指令に参与して利益を得るのだが、革命家だけがルサンチマンから解放されてきた。しかし、〈唯一の同じ出来事〉とは何か。すべてを混ぜることなく、混在なき瞬間において、すべてを抽出し純化し計測する混在［「混在」：原書のママ］である。そのとき、あらゆる暴力とあらゆる圧制がこの唯一の出来事に統合され、一つが取り消されることをもってすべてが取り消される（問いの最近接状態あるいは最終状態）。「詩人が引き受ける精神病理は、人格の運命の不吉な小事故、個人的な汚点ではない。詩人の身体の上を通過して詩人に障害を残したのは、牛乳屋のトラックではなく、ヴィルノのゲットーで詩人の祖先のポグロムをなした黒百人組の騎士である……詩人が頭に受けた打撃は、ならず者の殴り合いの最中のものではなく、警官がデモ隊を襲ったときのものである……詩人が生来のろう者のように叫ぶのは、ゲルニカとハノイの爆撃で耳をやられたからだ……」(4)。突然変異が唯一の点において操作されるように、あらゆる出来事は的確な動点において統合される。その点では、死は死に対抗し、死にゆくことが死の解任のようになり、死にゆくことの非人称性は、私が私の外で我を失う時期を印すだけでなく、死が自己を失う時期も印すようになる。そして、死にゆくことの非人称性は、私を交代させるために最も特異な人生がとる姿形の印となる(5)。

(1) すべてが傷・出来事・言葉についての省察であるジョー・ブスケ（Joe Bousquet）の作品に関しては、*Cahiers du Sud*, nº 303, 1950の重要な二つの論文を参照。ルネ・ネリ（René Nelli），《Joe Bousquet et son doublet》フェルディナン・アルキエ（Ferdinand Alquié），《Joe Bousquet et la morale du langage》.

(2) Joe Bousquet, *Les Capitales*, Le cercle du livre, 1955, p. 103. 参照。

(3) モーリス・ブランショ『文学空間』（粟津則雄・出口裕弘訳、現代思潮社）二一五頁。

(4) 詩人ギンズバーグについてのクロード・ロワ（Claude Roy）の論文。*Nouvel Observateur*, 1968.

(5) モーリス・ブランショ『文学空間』二〇八頁参照。「死をそれ自体まで高め、死が死において失われる点と、私が私の外で失われる点を一致させる努力は、単なる内的な事柄ではなく、事物に関する巨大な責任を孕み、事物の媒介によってのみ可能である……」。

# 第22セリー　磁器と火山

『裂け目（崩壊）』（フィッツジェラルド）

「もちろん、人生全体は崩壊の過程である」[1]。これほどハンマー音をわれわれの頭の中に響かせる文はほとんどない。フィッツジェラルドの短編小説ほど、沈黙を課し、恐怖にかられた承服を強いるという、抗い難い傑作の特徴を持つテクストはほとんどない。フィッツジェラルドの全作品は、この命題、とりわけ「もちろん」の唯一無比な展開である。こちらに男と女がいる。あちらに何組かのカップルがいる（何故カップルか。運動が、対合の過程として定められる過程が既に肝要であるからである）。みんなが幸福であるためのすべてを持っている。美しく、魅力的で、富裕、軽薄、才気に満ちていると言われる。次いで、何ものかが通り過ぎて、みんなが、まさに皿やグラスのように割れていく。死によって二人ともども連れ去られるのでなければ、分裂病者とアルコホリック［アルコール中毒者・依存者、アルコール飲み］の恐ろしい差し向かいである。有名な自己－破壊というものであろうか。それにしても、正確には、何が通り過ぎたのか。二人は、自分たちの力に余る特別なことをやってみたわけではない。ところが、二人が、自分たちには余りに大きな戦闘から目覚めてみると、身体は割れ、筋肉は捻挫し、魂は死んでいるのだ。「弾丸のない銃を手にしながら、標的も降ろされて使われなくなった夕暮れの射撃場に立っている感じだった。解くべき問題はなく、静寂だけ。私の呼吸音だけが……私の自己犠牲は、暗く湿った信管でしかなかった」。たしかに、内でも外でも、沢山のことが通り過ぎた。戦争、株価暴落、老化、抑鬱、病気、才気の枯渇。ただし、これら騒々しい事故は、即座に効果を発揮し終わる。事故だけで事に十分であるためには、まったく別の本性の何ものかを穿って深くしなければならないだろう。しかるに、その何ものかは、事故から隔たって、遅すぎた時になって、明かされるのである。沈黙した裂け目。「何故、われわれは、平和・愛・健康を順番に失ってきたのか」。沈黙の知覚不可能な裂け目が表面にあったのだ。それは表面の〈唯一無比の出来事〉、自己にぶら下がり、自己を見下ろし、自己自身の場の上を飛ぶ出来事である。真の差異は、内と外の間にはない。裂け目は内でも外でもない。裂け目は、境界にあり、無感覚で非物体的で観念的である。だから、裂け目は、外と内に到来するものと、衝突・交差の複雑な関係、リズムの異なる二つの歩調の間歇的合流の複雑な関係を持っている。到来する騒々しいものは、裂け目の縁に到来し、裂け目がなければ何ものでもない。逆に、到来するものの打撃の下でなければ、裂け目は、その道を静かにたどることはできないし、最小抵抗線に沿って方角を変えその巣を広げることもできない。こうして、二人は、そして、騒音と沈黙は、婚姻を親密に続けて、最期にはバリバリと破裂してしまう。いまやその意義はこうなる。内と外での労働が裂け目の縁を緩めると同時に、裂け目の動きは身体の深層で受肉されてきたのである。

(次のようにわれわれを慰める友人に、何を答えられようか。「神の名にかけて、もし私が裂けたら、私は自爆して世界を爆破するだろう。見てごらん。世界の在り方は、あなたの解釈次第である。とすれば、ひび割れしたのは、あなたではなく、グランド・キャニオンだと言った方がいい」。投射に基づくこのアメリカ風の慰めは、裂け目は内でも外でもないことを知り、裂け目の外への投射は、最も純粋な摂取と同じく、最期の接近の印であることを知る者にとっては、善き慰めにはならない。そして、裂け目がグランド・キャニオンやシエラ・マドレの岩の裂け目になるとして、また、峡谷・山岳・火山の宇宙的イマージュが家庭の身近な陶器の代わりになるとして、何が変わるというのか。また、どうして、石への堪え難い憐れみ、石との一体感を体験せずにいられるというのか。ラウリーが、別のカップルの一人に語らせているように、「割れてしまったことは認めるけど、すべてが崩れ始める前に、分離した半分だけでも救い出す手立てはなかったのでしょうか……ああ、でも、どうして、何か幻想的で魔術的で地質学的なもので、断片を再びくっ付けられないんでしょう。イヴォンヌは、割れた岩を燃えんばかりに癒したかった。……石の本性を上回る耐久力で、彼女は、片割れの男に近づき、祈願と熱涙を注ぎ、許しを与えた。片割れは非情のままだった。彼は言った。とてもいいことだね、けれど、君の過ちだってこともあるし、僕としては、気楽に崩れていきたいものだ」(2)。)

## 二つの過程とその区別の問題

いかに合流が緊密であっても、本性を異にする二つの要素、二つの過程がある。すなわち、一つは、表面の沈黙した非物体的な直線を伸ばす裂け目と、もう一つは、裂け目を曲げ、裂け目を深くし、裂け目を身体の奥に刻み込んだり実現したりする、騒々しい外からの打撃と内からの圧力である。これは、ブランショが区別していた、先ほどの死の二つの相ではないだろうか。すなわち、一つは、決して現前せず、過去と未来に分割され、過去と未来から切り離せない出来事としての死、また、「把握不可能なもの、私が把握できないもの、私といかなる種類の関係もなく、決してやって来ず、私が向かって行けない」非人称的な死であり、もう一つは、最も辛い現在に到来して実現される人称的な死、また、「その地平の端には、死ぬことの自由と死を賭して危険を冒す力能がある」人称的な死である。二つの過程が合流する多彩な仕方を描き出すことができる。自殺、狂気、ドラッグやアルコールの使用である。たしかに、二つの線を致命的な点で混じり合わせるまでに要する時間からして、最後の二つの方式が最も完全であろう。しかし、どの場合にも、錯覚めいたものがある。ブランショが、自殺のことを、死の二つの顔を一致させようとする意志、最も人称的な行動によって非人称的な死に沿って進もうとする意志と見なすとき、たしかに、ブランショは、この接続の不可避性、この接続の誘惑の不可避性を示しているが、しかしまた、その誘惑の錯覚を見定めようとしている。[3] 実際、婚姻することと緊密に沿って進むことの間には本性の差異が存続する。

しかし、問題はそこにはない。この本性の差異は、抽象的に思考する者にとってしか存続しないのではないか。また、この問題に関しては、思考する者は滑稽にならないだろうか。もちろん、二つの過程は本性的に異なっている。だが、本性的かつ必然的に一方が他方に沿って進まないようにするためにどうすればいいのか。どうすれば、表面の非物体的な裂け目の沈黙した図面が、騒がしい身体の奥底に降っていかないのだろうか。どうすれば、表面の切れ目が深くの分裂（*Spaltung*）に、表面の無－意味が深層の無－意味にならないのだろうか。意志することが、出来事を意志することであるとするなら、どうすれば、あらゆる嚥下を司る意志の下での、身体的混在における出来事の完全な実現をも意志しないで済ませられるのだろうか。表面の秩序はそれだけで裂けるものであるとするなら、どうすれば、表面そのものが割れないようにできるのだろうか。また、どうすれば、表面と結び付いている利点、言葉の組織と人生そのものを失うのを承知の上で、表面の破壊を速めてしまうのを防ぐことができるのだろうか。どうすれば、ある種の分裂病的深層の中の、何も話せず、叫ぶことか綴り字を声にすることしかできない地点に到らないようにできるのだろうか。表面に裂け目があるとするなら、どうすれば、深くの人生が崩壊の企てになることを、また、「もちろん」ということで崩壊の企てになることを避けることができるのだろうか。非物体的裂け目を実在させず、また、身体の深層で受肉させないように用心しながら、その存立を維持するなどということが可能だろうか。より精確には、被害者や真の患者の特徴である全き実現に用心しながら、出来事の反－実現、役者やダンサーの単純な平面的表象［＝上演］だけに止めておくなどということが可能だろうか。これら一連の問いのすべてが、然り常に二つの相・二つの過程は本性を異にする、と思考する者の滑稽さを告発している。そうではあるが、ブスケが傷の永遠真理について話すとき、自分の身体が抱える忌まわしい個人的な傷の名において話しているのである。フィッツジェラルドやラウリーが非物体的な形而上学的裂け目について話すとき、また、思考の場所と支障、思考の源泉と涸渇、意味と無－意味をそこに同時に見出すとき、二人は、飲み干されて身体の中に裂け目を実現させたアルコールのすべてをもってそうしているのである。アルトーが、思考の侵食について同時に本質的で偶然的な何ごとかとして話すとき、また、根底的な無力でありながら高度の力であることとして話すとき、既に分裂病のどん底から話しているのである。各人が、何らかのリスクを冒し、リスクの果てまで行って、そこから不可侵の権利を引き出す。抽象的に思考する者が智恵と分別の忠告を与えるとき、与える者の側に何が残っているだろうか。忠告を与えるときには何時でも、波打ち際に留まったままで、ブスケの傷について、フィッツジェラルドのアルコリスム［＝アルコール中毒・依存］とラウリーのアルコリスムについて、ニーチェの狂気とアルトーの狂気について話しているのだろうか。

そんなお喋りの専門家になるのか。やられた者が深入りしないことだけを願うのか。少しだけ金をしたり特集号を組んだりするのか。それとも、裂け目を伸ばす程度には、少しだけ自分で見に行き、少しアルコリスムになり、少し狂気になり、少し自殺願望になり、少しゲリラ兵になるが、裂け目を治癒不可能になるまで深くしない程度にしておくというのか。どこを向いても、すべてが悲しげに見える。実のところ、いかにして、波打ち際に滞留せずして、表面に残るのだろうか。いかにして、表面を救いながら、また、言葉と人生を含む表面の組織すべてを救いながら、自己を救うのだろうか。いかにして、この政治に、この徹底したゲリラ戦に、到達するのだろうか。(いまだ何と多くの教えをストア派から受け取ることだろう……)。

**アルコリスム、躁鬱**

アルコリスムは、快楽を探求しているのではなく、効果を探求しているように見える。その効果は、主として、現在が異常に硬化することである。だから、同時に二つの時間[＝時制]に生き、同時に二つの時期[＝契機]に生きることになる。プルースト流ではないが。[硬化する現在と]別の時期は、将来の素面の生活の計画にも、過去の素面の生活の想起にも、帰せられることがありうる。しかしそれでも、この別の時期はまったく別の深く変更されたやり方で実在するのであって、これは、硬化した肉の中で柔らかい吹出物を捉えるように、固められた現在の中で別の時期を捉えるやり方である。したがって、この別の時期たる柔弱な中心で、アルコール飲みは、自分の愛の対象、「嫌悪と憐憫」の対象に自己同一化できることになるし、他方では、アルコール飲みが意志し体験する現在の時期の固さのおかげで、実生活との距離を保てることになる。(4)そして、アルコール飲みは、この硬直が包囲し隠匿する柔らかさを愛するのと同様に、自分を捕える硬直も愛するのである。一方の時期が他方の時期の中にあり、現在がこれほど固くなり硬直するのは、破裂しそうな柔らかな点を占拠するためにほかならない。同時的な二つの時期は、奇妙な仕方で複合される。すなわち、アルコール飲みは、半過去や未来を生きるのではなく、複合過去しか持たないのである。ただし極めて特殊な複合過去である。アルコール飲みは、酔いを材料にして、想像的な過去を複合する。まるで、柔らかな過去分詞が、固い助動詞現在形に結合しに来たかのように。私は愛してしまったを－持っている、私は行なってしまったを－持っている、私は見てしまったを－持っている(j'ai-aimé, j'ai-fait, j'ai-vu)。これが、二つの時期の交接を表現し、アルコール飲みが躁的な全－能性を享受しながら一方の時期を他方の時期の中で経験するやり方を表現する。ここにおいて、複合過去は隔たりや完遂をまったく表現していない。現在の時期は、動詞・持つの時期であるが、すべての存在者は、「過去」として、同時的な別の時期の中に、分有の時期、分詞の同定の時期の中にある。それにしても、この締め付け、現在が別の時期を包囲し占拠し締め付けるこの方式は、ほとんど堪え難い何とも奇妙な緊張である。現在は、柔らかな中心・溶岩・液状ガラス・粘性ガラスの周囲で、円形の水晶や花崗岩になる。しかしながら、さらに別のもののために、緊張は解けてしまう。というのは、当然にも、複合過去は「私は飲んでしまったを - 持っている」に到るからである。現在の時期は、もはやアルコールの効果の時期ではなくなり、アルコールの効果の効果の時期になる。そして、今や、この別の時期が、近い過去（私が飲んでいた時期）を無差別に含んでしまう。また、この近い過去が隠匿する想像的同一化のシステムと、多かれ少なかれ遠ざかった素面の過去のリアルな要素も含んでしまう。それによって、現在の硬化はまったく意味を変える。すなわち、現在は、固い現在としては、影響力を失って色褪せ、何ものも締め付けず、別の時期のすべての相を等しく遠ざける。まるで、近くの過去、しかしまた、近くの過去で構成された同一化の過去、そして最後に、「その構成の」材料を提供していた素面の過去、これらすべてが、羽ばたいて逃げ去り、等しく遠くなったかのようである。これらすべての過去との距離を維持しているのが、全般的に拡大する色褪せた現在、増大する砂漠の中で改めて硬直する新たな現在である。複合過去の一次効果は、唯一の複合過去「私は飲んでしまったを - 持っている」の二次効果で置き換えられる。この助動詞現在形は、一切の分詞と一切の分有からの無限の距離を表現するだけである。現在の硬化（私は持っている）と、過去（私は飲んでしまった）の逃走の効果には、今や関連性があることになる。であったことを持っている（*has been*）においてすべては頂点に達する。過去の逃走の効果、あらゆる意味での対象喪失が、アルコリスムの抑鬱的な面を構成する。そして、この逃走の効果が、たぶん、フィッツジェラルドの作品の最大の力になっているものであり、フィッツジェラルドが最も深く表現したものである。

興味深いのは、フィッツジェラルドは、作中人物が飲んでいるところや飲もうとしているところを提示しないということ、あるいは、めったに提示しないということである。フィッツジェラルドは、欠如や欲求の形態としてアルコリスムを見てはいないのである。慎み深かったのだろう。あるいは、いつでも飲めたのかもしれない。あるいは、アルコリスムには多くの形態があるのかもしれない。ともかく、アルコリスムの一形態は数分前の過去をも自分の過去として振り返る。（ラウリーは反対に……。しかし、欲求の激しい形態としてアルコリスムが生きられるときにも、時間の深い変形が現出する。今度は、将来のすべてが前-未来として生きられてしまう。そして、この複合未来は恐ろしいほどに加速し、死に到る効果の効果を生み出す）[5]〔原書は註番号を(1)と誤記〕。フィッツジェラルドの主人公にとって、アルコリスムとは、崩壊の過程そのものであり、この過程が過去の逃走の効果を決定するのである。こうして、素面だった過去が、主人公から切り離されるだけではなく（「わが神よ、十年間も酩酊」）、先ほど飲んでいた近い過去や、一次効果の幻想的な過去も、主人公から切り離されるのである。すべては等しく遠ざかってしまうので、また飲むのが必要だと、あるいはむしろ、飲み直してしまったことを持っているのが必要だと決定される。硬化して色褪せた現在、唯一存続し死を意義する現在に勝利するためには必要だと決定されるのである。この点で、アルコリスムが範例的になる。というのは、金銭の喪失、愛の喪失、祖国の喪失、成功の喪失といった他の出来事は、それぞれの仕方でアルコール－効果を与えるからである。それらは、アルコールから独立に外在的な仕方でアルコール－効果を与えるが、アルコールの結末に似ているのである。例えば、フィッツジェラルドは、金銭のことを「私は富んでいた」こととして生きる。こうして、フィッツジェラルドは、富んでいなかった時期からも、富むようになった時期からも切り離され、そして、当時身を委ねていた「真の富者」への同一化からも切り離される。ギャッツビーの有名な恋の場面がある。ギャッツビーは、愛し愛される時期に、「とんでもない感傷」に浸って、酔いどれ男のように振る舞う。ギャッツビーは、全力でこの現在を固めて、固い現在によって最も柔らかな同一化を締め付けようと意志する。それは複合過去への同一化、すなわち、ギャッツビーが、同じ女性によって、絶対的に、排他的に、独占的に愛されていたということを持っていたであろう時期として複合された過去（十年の酩酊のような五年の不在）への同一化である。この同一化の絶頂で、ギャッツビーは、グラスのごとく割れ、一切を、近い恋も古い恋も幻想の恋も失う。フィッツジェラルドは、同一化の絶頂について、それは「一切の実行の死」に等価であると述べていた。しかしながら、同タイプの出来事の中で、アルコリスムに範例的価値を与えているのは、アルコールが、同時に愛と愛の喪失であり、金銭と金銭の喪失であり、祖国と祖国の喪失であるということである。アルコールは、同時に、対象、対象喪失、予め準備された崩壊の過程（「もちろん」）における喪失の法則である。

## サイケデリアに献げる

裂け目が何らかの形態で身体に受肉したり身体で実現したりしないようにできるかという問いを、一般規則によって決裁できないのは明白である。身体が裂け目の危険に曝されるのでなければ、裂け目など言葉にすぎない。また、肝臓と脳、諸器官が、将来を告げるための線、予言する線そのものを示すのでなければ、裂け目など言葉にすぎない。何故、健康だけでは十分ではないのか、何故、裂け目が望ましいのかと、われわれが問い尋ねられるとすれば、それは、おそらく、裂け目を通って裂け目の縁でだけ思考してきたからであり、人類において善良で偉大であったことはすべて、自己破壊を急ぐ人びとにおける裂け目を通って出入りするからであり、われわれが勧誘されるのは、健康よりは死であるからである。別の健康があるだろうか。自分自身の傷跡と同じだけ可能な限り長く生き延びる身体のような、別の健康があるだろうか。善い終わり方をするように『裂け目』を書き直すことを夢みて、決して生命回復の観念を放棄しないようなラウリーのような、別の健康があるだろうか。たしかに、身体を危険に曝すのでなければ裂け目は何ものでもないが、身体内部で裂け目の線が別の線と混じり合うときでも、裂け目の存在と価値に変わりはない。だから、可能な限り時間をかけてリスクを冒さなければならないし、大いなる健康を見失ってはいけない、と予め言うことはできないのである。出来事が肉体に記されるのでなければ、出来事の永遠真理を捉えることはできないが、その都度、われわれは、この苦しい実現を、それを制限し演じ変貌させる反‐実現で裏打ちすべきである。自分で伴奏しなければならない。当初は生き延びるために。だが、死ぬ時も含めて。反‐実現は何ものでもない。反‐実現だけを操作して、到来することがありえたかもしれないことに値すると称するとき、それは道化役者の反‐実現である。しかし、実際に到来することのパントマイム師であること、実現に反‐実現の裏地を張ること、真の役者やダンサーのような隔たりの同定、これこそが、出来事の真理に対して、出来事の不可避的な実現と混じり合わない唯一無比のチャンスを与え、裂け目に対して、各身体の折れる音で立ち止まらずに、非物体的表面の場の上空を飛行するチャンスを与え、われわれに対しては、信じられなかったほど遠くに行くチャンスを与える。純粋な出来事は、その都度、永久にその実現に閉じ込められるにしても、反‐実現は、常に一度で出来事を解放する。こんな希望を放棄することはできない。すなわち、ドラッグやアルコールの使用を決定している社会的疎外の技術を探検の革命的手段に転ずるなら、ドラッグやアルコールの効果（その「啓示」）を、物質の使用とは独立に、世界の表面で、そのまま再び生きて取り戻すことができるという希望を放棄することはできない。バロウズは、この点について異様な文章を書いているが、それは、〈大いなる健康〉の探求、われわれなりの敬虔のあり方を証している。「化学の道を通って到達できるものはすべて、別の道を通っても接近可能であると思い付け……」。身体の刺し傷を突然変異させるための表面への機銃掃射、おお、サイケデリア。

(1) F・S・フィッツジェラルド「崩壊」『フィッツジェラルド作品集3』(宮本陽吉訳、荒地出版社) 一八四頁。

(2) M・ラウリー『活火山の下』(加納秀夫訳、白水社) 五七頁。また、先行箇所については付論II‐III参照。

(3) M・ブランショ『文学空間』一三六‐一三七頁。「自殺によって、私は特定の時期に自分を殺すことを意志する。私は死を今に結び付ける。そう、今、今。しかし、何ものも、私が意志することの錯覚や狂気を示しはしない。死は決して現前しないからである……その点において、自殺は、死を迎え入れることではなく、むしろ、未来としての死を削除せんと意志すること、死の本質であるような将来の部分を死から奪い取らんと意志することである。……自己を殺すことを計画すること(＝投企すること)はできない。自己を殺すことを準備し、為されるべき事の通常のカテゴリーに依然として属する最後の振る舞いを目指して行動するにしても、その振る舞いは、死を目指してはいないし、死を見詰めてはいないし、死をその現前において捉えてはいない……」。

(4) フィッツジェラルド「崩壊」『フィッツジェラルド作品集3』(宮本陽吉訳、荒地出版社) 一九六‐一九七頁。「私はただ絶対的な静謐がほしかった。どうして、悲しみを前にすると悲しくなり、メランコリーを前にするとメランコリックになり、悲劇を前にすると悲劇的になり始めたのかを決するためにである。また、どうして、嫌悪と憐憫の対象に自己同一化し始めたのかを……。この類の同一化は、実生活での一切の実行の死に等しい。この類のことのせいで、狂人は労働することを妨げられるわけだ。レーニンは、善き意図でと言えようが、プロレタリアートの苦悩を背負い込まなかった。ジョージ・ワシントンも軍隊の苦悩を、ディケンズもロンドンの貧民の苦悩を背負い込まなかった。トルストイは、配慮の対象に溶け込もうとしたが、欺瞞と挫折に終わった……」。このテクストは、躁‐鬱状態についての精神分析理論、特にメラニー・クラインの理論をよく例証するものである。しかしながら、以下で見るように、その理論には二つの問題点がある。そこでは、しばしば、躁状態は鬱状態への反動とされているが、それとは反対に、躁状態が鬱状態を決定していると思われる。少なくとも、アルコール飲みの構造ではそうなっている。他方、しばしば、同一化は対象喪失への反動とされているが、同一化もまた対象喪失を決定しているようであり、対象喪失を惹き起こし「意志する」ことさえあるようである。

(5) ラウリーにおいても、アルコリスムは、それによって可能となる同一化や、同一化の失敗と切り離せない。ラウリーの失われた小説 *In Ballast to the White Sea* のテーマは、同一化と、同一化による救済のチャンスであった。*Choix de lettres*, Denoël, pp. 265 sq. 参照。どの場合にも、前未来にも、複合過去について見たのと類似する加速が見出されるだろう。

極めて興味深い論文で、ギュンター・スタイン（Günter Stein）は、前未来の特徴を分析した。複合された過去と同じく、繰り延べされた将来は、人間に帰属しなくなる。「この時制には、正方向という時間の特殊な方角は当てはまらない。この時制は、もはや未来ではないであろう何かに、私には非関与なアイオーンに帰着する。たしかに、人間はアイオーンの実在をまだ思考して指示することはできるが、アイオーンを理解することも実行することもないまま、不毛な仕方でそうするのである。……以後、（単純未来形）私は、であろう（*je sera*）は、あるだろうこと、私はそれではないだろう（*ce qui sera, je ne le serai pas*）に変わった。この形を肯定的にした表現が、前未来形私は、であったことを持つだろう（*j'aurai été*）である」（《Pathologie de la liberté, essai sur la non-identification》, *Recherches philosophiques*, VI, 1936-1937.）。

# 第23セリー　アイオーン

## クロノスの特徴と深層の生成によるクロノスの転覆

われわれは、冒頭から、時間の二つの読み取り、つまり、クロノスによる読み取りとアイオーンによる読み取りがどのように対立するかを見てきた。(1) クロノスによると、時間には現在だけが実在する。過去・現在・未来は、時間の三つの次元ではない。現在だけが時間を満たし、過去と未来は、時間において現在に対して相対的な二つの次元である。言うなら、(一定の延長や持続の) 一定の現在に対して相対的に未来や過去であるものは、より大きな延長や持続の、より広大な現在の部分をなす。過去と未来を吸収するさらに広大な現在が常にある。したがって、現在に対する過去と未来の相対性は、複数の現在相互の相対性をもたらす。その神［クロノス］は、私にとっての未来や過去であるものを、現在として生きている。私の方は、もっと限られた現在を生きている。神を末端の円周や外側の包絡線として合わせた相対的現在の入れ子・渦巻き、これがクロノスである。ストア派の発想の下、ボエティウスは、神の現在は未来と過去を巻き込

み包含すると語っている。(1)

(2) クロノスの現在は、何らかの仕方で物体的である。現在は、混在や合体の時間であり、合体の過程そのものである。緩和すること、現世化することは、混在することである。現在は、物体や原因の能動の測度である。未来と過去は、むしろ物体の残存部分である受動である。しかし、正確には、物体の受動は、より力能の大きい別の物体の能動に帰せられる。だから、最大の現在、神の現在は、大きな混在、物体的原因相互の統一である。最大の現在は、すべてが同時的なコスモスの周期活動の測度である。ゼウスはディア（Dia）［ギリシア語接頭辞］でもある。すなわち、〈横切るもの〉や混ざるものであり、〈合体するもの〉である。(2) したがって、最大の現在には、限界がないのではない。限界を定めること、物体の能動の限界や測度であること、たとえ最大の物体やすべての原因の統一（コスモス）であっても、その限界や測度であることが、現在の本領である。ただし、現在は、限界がなくとも無限でありうる。すなわち、最大の現在は、すべての現在を一纏めにする意味において循環的［に無限］であり、先行するものと同一なコスモスの時期を新たに再開してその測度となる。各現在を相対的に広大な現在に帰する相対運動に対して、最も広大な現在の絶対運動を付加しなければならない。この絶対運動は、深層において収縮したり膨張したりして、コスモスの周期の動きの中で、それが取り囲む相対的現在を吸収したり復元したりする（抱くこと－焚くこと）。

(3) クロノスは、広大で深い現在の規則的運動である。しかし、クロノスは、その測度を正確にはどこから得るのだろうか。クロノスを満たす物体には充分な統一性があり、物体の混在には充分な正義と完全性があることからして、現在は内在的な測度原理を使えるのだろうか。たしかに、コスモス的なゼウスの水準ではそうである。しかし、ランダムな物体と部分的な混在においてはどうであろうか。現在の根底的な混乱、言いかえるなら、一切の測度を転倒して転覆する根底、現在から離れる深層の狂気－生成があるのではないだろうか。そして、この計測を外れる何ものかは、局所的で部分的にとどまるのだろうか、あるいはむしろ、近辺を次から次へ、宇宙全体を獲得して、到る所で、有毒で怪物的な混在を、ゼウスやクロノスそのものの転覆を蔓延させるのであろうか。既にストア派には、そのまま広がる白い混在と変質する雑然たる黒い混在の二つのタイプに応じて、信頼と不信という世界に対する二つの態度がないだろうか。そして、マルクス＝アウレリウス『自省録』には、善き混在か悪しき混在かという二者択一がしばしば鳴り響いている。この問いへの答えが見出されるのは、二つの項の違いが終になくなる場合だけである。徳（言いかえるなら、健康）の位置は、別の所で、別の方角で、別の要素に探されなければならないからである。クロノスに対抗するアイオーン(3)。

したがって、深層の狂気－生成は、悪しきクロノスであり、善きクロノスの生ける現在に対立する。サトゥルヌスがゼウスの底で唸っている。形質の純粋で度外れた生成は、形質化された物体の秩序を内側から脅かす。物体は、その測度を失い、もはやシミュラクルでしかない。過去と未来は、鎖を解かれた力となって、現在とすべての実在者を脅かす唯一の同じ深淵において報復を遂げる。既に見たように、『パルメニデス』の第二の仮説の終わりで、プラトンは、この生成のことを、現在を避ける力能と表現していた（というのは、現在であることは、存在することであろうし、もはや生成することではないからである）。しかしながら、プラトンは、「現在を避けること」は、生成にはできないことであると付け加えている（というのは、生成は今生成し、「今」を跳び越えられないからである）。二つとも正しい。時間の中での現在の内的転覆、これを表現する時間としては、現在しかない。まさに転覆は内的で深いからである。現在に対する未来と過去の報復、これをクロノスは現在の用語で表現せざるをえない。クロノスは、現在の用語だけを把握し、その影響を受けるからである。これが、クロノス流の、死ぬことを意志することである。したがって、依然として、恐怖させる度外れた現在こそが、善き現在を避けながら、善き現在を転覆しているわけである。物体的混在に関しては、クロノスは深い切れ目を入れることになる。この意味で、クロノス的現在の二つの面、つまり、絶対運動と相対運動、大域的現在と部分的現在に対応して、クロノスは現在の冒険を表出するのである。すなわち、一方では、クロノスが破裂したり収縮したりする限りでは（分裂病の運動）、深層のクロノスに関連する冒険を表出し、他方では、錯乱した未来と過去に応ずる際には（躁鬱の運動）、クロノスの多かれ少なかれ広大な延長に関連する冒険を表出する。クロノスは死ぬことを意志するわけだが、それは既に、時間の別の読み取りに場所を譲ることではないだろうか。

## アイオーンと表面

(1) アイオーンによると、過去と未来だけが、時間において存立し存続する。過去と未来を吸収する現在に代わって、未来と過去が、各瞬間に現在を分割し、過去と未来へ、一回で二つの方向に、現在を無限に下位分割する〔カントールの三進集合の構成を参照〕。あるいはむしろ、相互に未来と過去を包含する広大で厚みのある現在に代わって、厚みも延長もない瞬間が、各現在を過去と未来に下位分割する。このアイオーンは、既にクロノスをその領域で転覆した深層の狂気－生成と、どう異なるのであろうか。本研究の冒頭から、われわれは、まるでアイオーンと狂気－生成は一方を延ばせば他方が続くかのように論じてきた。すなわち、両者はともに、測定される物体的な現在に対立していたし、現在を避ける同じ力能を持っていたし、同じ矛盾を展開していた（質・量・関係・様相の矛盾）。両者の間にあったのは、せいぜい方角の変更だけであった。すなわち、アイオーンとともに、深層の狂気－生成は表面に上昇し、シミュラクルの方は幻影になり、深くの切れ目は表面の裂け目として現出したわけである。しかし、われわれが学んだことは、この方角の変更、この表面の征服は、あらゆる点で根本的な差異を含意するということである。それは、『パルメニデス』の第二の仮説と第三の仮説の差異、「今」の仮説と「瞬間」の仮説の差異に、ほぼ同じである。実在する現在を転覆するのは、もはや未来と過去ではない。瞬間が、現在を、存立する未来と過去に転倒する。本質的な差異は、クロノスとアイオーンの間にあるだけではなく、表面のアイオーンとクロノスや深層の狂気－生成の集合との間にもある。こうして、表面の生成と深層の生成という二つの生成の間には、現在を避けるという共通な何ものかがあるともはや言うことさえできない。というのは、深層が現在を避けるのは、深層の取乱した現在と測定される賢明な現在とを対立させる「今」の全力によって避けるからであり、表面が現在を避けるのは、「瞬間」の全力能によって避けるからである。この「瞬間」は、表面の時期を、分割と再分割がもたらされるすべての指定可能な現在から区別するのである。本性を変えずに表面に上昇するものはない。アイオーンは、もはやゼウスやサトゥルヌスのものではなく、ヘラクレスのものである。クロノスは物体の能動と物体の形質の創造を表現したが、アイオーンは、非物体的な出来事の場所であり、形質と区別される属性の場所である。クロノスは、原因と質料としてクロノスを満たす物体と切り離せなかったが、アイオーンは、アイオーンを決して満たすことなくアイオーンに取り付く効果で一杯である。クロノスは有界で無限であったが、アイオーンは、未来と過去としては限界がなく、瞬間としては有限である。クロノスは、循環性から切り離せなかったし、制動や加速、破裂・脱臼・硬化といった循環性の事故からも切り離せなかったが、アイオーンは、二つの方向に限界なく、直線状に延びていく。アイオーンは、常に既に過ぎ去り永遠に未だ来たるべきものであり、時間の永遠真理である。つまり、時間の空虚な純粋形態であって、現在の物体的内容から自己を解放し、そうして円環を繰り広げてから、直線状に伸びるのである。この理由の故に、たぶん、その直線は、一層危険で、一層錯綜し、一層屈曲しているだろう。これが、マルクス＝アウレリウスが語った別の運動、高所でも低所でも起きず、循環的にも起きない運動、表面だけで起こる運動、「徳」の運動であり……。そして、こちらにも死ぬこと－意志することがあるとしても、まったく別のやり方である。

(2) 言葉を可能にするのは、非物体的効果や表面効果のこの新世界である。というのは、後に見るように、この新世界が、単なる物体的能動・受動状態から音を引き出すからである。この新世界は、言葉を識別し、言葉が物体の音響と混じり合うのを妨げ、言葉を口唇的－肛門的決定から引き離す。純粋な出来事が言葉を設立する。というのも、出来事は、われわれを待ち受けているのと同じく言葉を待ち受けており、出来事を表現する言葉においてのみ、純粋で特異で非人称的で前個体的な実在を得るからである。言葉や表現を設立するのは、独立性を有する表現されるものである。言いかえるなら、音が獲得する形而上学的特性、すなわち、物理的形質として物体に属する代わりに意味を持つこと、二次的には、意義すること・表出すること・指示することが、言葉や表現を設立する。これが、意味の最も一般的な操作である。意味こそが、意味を表現するものを実在させるし、以後は、純粋な存立性として、意味を表現するものの中で実在する。したがって、表面効果や出来事の環境としてのアイオーンが、事物と命題の間に境界を引くのは然るべきことである。アイオーンは、その直線全体で境界を引く。そして、この境界がなければ、音は物体に落ちてしまうだろうし、命題そのものは「可能」にはならないだろう。言葉を可能にする境界は、言葉を事物や物体から切り離すが、話す者からも引き離す。こうして、われわれは、アイオーンによって決定されるものとして、表面の組織の細部を考え直すことができる。

## アイオーンから派生する組織、アイオーンとクロノスの差異

第一に、〈瞬間〉が、アイオーンの直線全体を駆け巡る。〈瞬間〉は、絶えず移動し、常に自己の場所にいない。プラトンは、〈瞬間〉には場所がない（*atopon*）と正しく述べている。〈瞬間〉は、パラドックス的審級や無作為抽出点であり、表面の無－意味と準－原因であり、純粋な抽象の時期であって、その役割は、先ずは、アイオーンの線上で、現在を過去－未来の二方向に一回で分割し下位分割することである。第二に、〈瞬間〉が現在と現在を占める個体と人格から摘出するのは、特異性、特異点である。特異点は、嚢が放つ胞子のように、一回は未来へ、一回は過去へ、二回投射されて、この倍加された方程式の下で、純粋出来事の構成要素を形成する。しかし、第三に、一回で二方向を持つ直線は、物体と言葉の間、事物の状態と命題の間に境界を引く。言葉や命題システムは、言葉を可能にするこの境界がなければ、実在しないだろう。したがって、アイオーンの未来の方角では言葉は待ち望まれて設立されるから、言葉は絶えず生まれることになる。ところで、言葉は過去も語らなければならず、それを語るにしても、まさに別

の方角で絶えず現出しては消滅する事物の状態の過去として語ることになる。要するに、いまや、直線は、直線の二つの周囲に縫い付けられ、両者を引き離しながらも、両者を展開可能な二つのセリーにして連結する。直線は、直線を駆け巡る無作為抽出点と直線に配分される特異点を、同時に周辺に縫い付けるのである。したがって、常に不均衡で不等な二つの顔があって、一方は事物の状態の方に向き、他方は命題の方を向いている。しかし、二つの顔は、相互に還元不可能である。出来事は事物の状態に関係するが、また、出来事は事物の状態にやって来てそこで受肉し実現されるにしても、事物の状態の物理的形質とはまったく異なるその論理的属性として関係する。意味は出来事と同じものであるが、今度は命題に関係する。そして、意味は、命題の表現されうるものや表現されるものとして、命題に関係する。表現されうるものと表現されるものは、命題が意義するもの・表出するもの・指示するものとはまったく区別される。さらに、事物や物体に対する音響的形質の独立性は、意味−出来事のこの組織の総体によって唯一無比な仕方で保証されるのであるが、命題の音響的形質からも区別される。したがって、以上の三つの抽象的時期を通して、組織の総体は、点から直線へ、直線から表面へと進むことになる。点は線を引き、線は境界を作り、表面は発達して二つの側で広がる。

(3) 繊細で脆弱な機構において、多くの運動が交差する。深層に捉われた物体・事物の状態・混在が、理念的表面を生産できるようになる運動、あるいは、その生産に失敗する運動。逆に、表面の出来事が、複雑な規則の下で、先ず出来事の特異性を世界・個体・人格の限界内に閉じ込めてから、物体の現在において実現される運動。しかしまた、出来事がその実現に比して過剰な何ものかを伴立する運動、つまり、世界・個体・人格を覆して、それらを加工し解体する底の深層へ返してやる何ものかを伴立する運動。現在の読み取り方にも複数の意味がある。深層の時間と転覆の時間としての脱臼し度外れた現在。実現の時間としての測定される変数の現在。そして、たぶん、さらに別の現在。そもそも、第三の現在が、実現が転覆に陥って転覆と混じり合うのを各瞬間に妨げているのでなければ、どうして測定可能な実現などがあるだろうか。たしかに、瞬間が現在を絶えず未来と過去に分割するので、アイオーンにはまったく現在がないように見えることだろう。しかし、それは外見にすぎない。出来事において過剰であるものは、廃墟化されずして実行されることも実現されることもありえないが、それでもやはり、完了されているはずである。クロノスの二つの現在、根底からの転覆の現在と形態への実現の現在の間に、第三の現在があるし、アイオーンに属する第三の現在があるはずである。そして、実際、直線全体を駆け巡るパラドックス的要素や準－原因としての瞬間が、そのものとして表象されているはずである。まさにこの意味において、表現そのものは別の本性であるとしても、表象はその縁で表現を包囲することができるし、また、準－原因そのものは自己の同一性に背くとしても、賢者は準－原因に「自己同一化する」ことができるのである。瞬間を表象するアイオーンのこの現在は、決してクロノスの広大で深い現在ではない。アイオーンのこの現在は、厚みのない現在、役者の現在、ダンサーやパントマイム師の現在、倒錯の純粋な「時期」である。アイオーンの現在は、純粋な操作の現在であって、合体の現在ではない。アイオーンの現在は、転覆の現在でも実現の現在でもなく、反‐実現の現在であって、実現が反‐実現を覆すのを妨げ、反‐実現が実現と混じり合うのを妨げ、裏地を付け替えにやって来る。

(1) ボエティウス『哲学の慰め』（畠中尚志訳、岩波文庫）第五部‐六。
(2) ディオゲネス・ラエルティオス『ギリシア哲学者列伝』（中）（加来彰俊訳、岩波文庫）第七巻第一四七節参照。
(3) マルクス・アクレリウス『自省録』（水地宗明訳、京都大学学術出版会）第一二巻第一四節、また、第六巻第十七節〔原書は第七節とある〕。「高所へ、低所へ、要素は循環運動する。徳の運動は、こんな進み具合を取らない。徳はもっと神的なものであり、徳の経路は把握し難いが、最後には、徳は前進して目標に到達する」（ここで、われわれは、周期と高次認識の同時否定を再び見出す）。

# 第24セリー　出来事の交流

## 非論理的な共立不可能性の問題

ストア派の思想で最も大胆なものの一つは、因果関係の切断である。原因は深層で原因に固有の統一性に送り返され、結果［＝効果］は表面で別の特殊タイプの関係を維持する。運命とは、先ずは物理的原因相互の統一性や結び付きのことである。非物体的な効果は、原因の結果である限りにおいて、運命に服するのは明白である。しかし、非物体的な効果が本性において原因と異なる限りにおいて、非物体的な効果は、相互に準－原因性の関係に入り込み、その集合全体としてそれ自身非物体的な準－原因との関係に入り込む。この準－原因は、非物体的な効果に対して極めて特殊な独立性を保証するが、この独立性は精確には、運命からの独立性ではなく、運命から標準的に派生するだろう必然性からの独立性である。ストア派のパラドックスとは、運命を肯定するが必然性を否定するということである。(1)すなわち、賢者は、モラルの二つの極に応じて、二つの仕方で自由であるということでもある。ある機会には、賢者の魂が完全な物理的原因の内面に達するから自由なのであり、別の機会には、賢者の精神が、効果の間の純粋な外面的要素において確立される極めて特殊な関係を演ずるから自由なのである。まるで、物体的な原因の方が内面性の形態から切り離せず、非物体的な効果の方が外面性の形態から切り離せないかのようである。一方で、出来事－効果は物理的原因と因果関係を持つが、この因果関係は、必然性の関係ではなく表現の関係である。他方で、出来事－効果は、相互に、あるいは、観念的な準－原因と関係を持つが、この関係は、もはや因果関係ではなく、まさに表現の関係である。

問いは、こうなる。出来事相互の表現的関係とは何か。出来事の間においては、共立可能性と共立不可能性という無音の外在的関係、連結と分離という外在的関係が形成されるが、この関係を見定めるのは極めて困難である。何の効力のおかげで、ある出来事は別の出来事と共立可能であったり共立不可能であったりするのだろうか。ここでは効果相互の関係が肝要であるからには、われわれは原因性を利用することはできない。では、出来事の水準で運命を作るものはどうであろうか。すなわち、ある出来事が別の出来事をその差異にもかかわらず反復すること、人生が人生に到来するものの多様性にかかわらず〈唯一の同じ出来事〉で創作されていること、唯一の同じ裂け目が人生を横切っていること、人生が、あらゆる可能な歌詞で、あらゆる可能な旋法で、唯一の同じ曲を演奏していること、こうした運命を作るものはどうであろうか。運命を作るものは、原因から結果への関係ではなく、原因性ではない対応関係の集合である。この集合は、反響・再演・共鳴のシステム、サインのシステムを形成する。結局のところ、このシステムは、必然化する原因性ではまったくないにしても、表現的な準－原因性である。クリュシッポスが仮言命題を連言〔＝連結〕命題か選言〔＝分離＝離接〕命題へ変形することを当然のこととして求めるとき、そこで証し示されることは、出来事の連結と分離を元のままの原因性の用語で表現することは不可能であるということである。(2)

では、同一性と矛盾を援用すべきであろうか。二つの出来事は、矛盾するからということで、共立不可能なのであろうか。しかし、それだと、概念・述語・クラスにだけ妥当する規則を出来事に適用していることにならないであろうか。仮言命題（もし明ければ、明るくなる）に関してさえ、ストア派は、矛盾は一つの水準で定められることはありえず、原理そのものと帰結の否定（もし明ければ、明るくならない）の間で定められうることを指摘している。既に見たように、矛盾には水準の差異があるために、矛盾は常に別の本性の過程から由来することになる。出来事は概念とは違う。（概念において表出されると）想定されている出来事の矛盾は、出来事の共立不可能性に由来するのであって、その逆ではない。例えば、蝶には、同時に灰色で強靭な種はありえないと言われている。蝶の典型は、灰色で虚弱か、頑健で暗色か、というわけである。(3) われわれは、いつでも、この共立不可能性を説明する物理的原因の機構を指定することができる。例えば、述語・灰色の基になるが、当の種類を柔弱にして衰弱させるようなホルモンであることを。そして、われわれは、この原因の条件の下で、灰色であることと強靭であることの間には論理的矛盾があると結論することができる。しかし、われわれが純粋な出来事を引き出すなら、灰色化することは、暗色化することと同様に積極的であるのが見えてくる。暗色化することが強勒性の増加（強勒化すること）を表現〔＝発現〕するのと同程度に、灰色化することは安全性の増加（隠れること、木の幹と混じり合うこと）を表現するのである。これら二つの利点の規定の間に、先ず、出来事の一次的な共立不可能性の関係がある。この関係が、物理的原因性によって二次的に身体の深層に登録されるだけであり、次いで、概念内容における論理学的矛盾に翻訳される。要するに、出来事相互の関係は、観念的ないしノエマ的な準‐原因性の観点からすると、先ずは、原因性ではない対応性、非論理的な共立可能性や共立不可能性を表現するのである。この道に踏み入ったことが、ストア派の強みである。いかなる規準によって、出来事は、交接するもの（*copulata*）、運命を共にするもの（*confatalia*）（あるいは、運命を共にしないもの（*inconfatalia*））、連結するもの（*conjuncta*）や分離するもの（*disjuncta*）であるのか。ここでもまた、たぶん、占星術が、非論理的な共立不可能性と原因性ではない対応性の理論を確立するための初の偉大な試みであった。

ライプニッツ

しかしながら、われわれに残されている断片的なテクストは期待外れのものであって、ストア派は、単なる物理的原因性や論理的な矛盾に引き返してしまう二重の誘惑を斥けられなかったようである。非論理的な共立不可能性の最初の理論家、よって、出来事の最初の偉大な理論家はライプニッツである。というのは、ライプニッツが共可能・共不可能と呼ぶものは、可能と不可能だけを支配する同一的なものと矛盾的なものには還元されないからである。共不可能性は、述語が個別的主語やモナドに内属することを前提とすらしていない。その逆であって、初めから共可能な出来事に対応する述語だけが、内属する述語として決定される（罪人アダムのモナドが述語の形態で含むのは、アダムの罪と共可能な未来と過去の出来事だけである）。したがって、ライプニッツには、述語に対する出来事の先行性と始原性についての生き生きとした意識がある。共可能性は独自な仕方で定められなければならない。すなわち、前-個体的な水準で、正則点の線上で延びながら出来事の特異性が形成するセリーの収束性によって定められなければならない。共不可能性は、かかるセリーの発散によって定められなければならない。すなわち、われわれの知るセクストスとは別のセクストスがわれわれの世界と共不可能であるのは、われわれの知るアダム・ユダ・キリスト・ライプニッツなどの周囲で取られるわれわれの世界のセリーと合わせられるなら発散するようなセリー、これの特異性に別のセクストスが呼応するからである。二つの出来事が共可能であるのは、二つの出来事の特異性の周囲で組織されるセリーが、あらゆる方角で相互に続いて行くときであるし、共不可能であるのは、［出来事を］組み立てる特異性の近傍でセリーが発散するときである。収束性と発散性は、まったく独自な関係であり、非論理的な共立可能性と共立不可能性の豊かな領域を覆い、よって、意味の理論の本質的な一部を形成する。

## 肯定的隔たりと分離の肯定的総合

しかし、この共不可能性の規則を、ライプニッツは出来事の相互排除のために用いる。発散や分離については、ライプニッツはそれを否定や排除のために使用するのである。ところで、こんなことが正当化されるのは、出来事が何らかの神の仮説の下で予め捉えられている場合だけである。つまり、互いに区別される世界と個体の中で出来事を実現するという観点から計算して選別する神の仮説である。われわれが純粋な出来事と理念的なゲームを考慮するなら、事情はまったく違ってくる。神学の要請に妨げられたにしても、ライプニッツはその原理をまったく捉えることができなかった。というのは、上記と別のこの観点からすると、セリーの発散や成員の分離（解体された体（*membra disjuncta*））は、出来事を共不可能・共立不可能にする排除の否定的規則であることを止めるからである。反対に、発散、分離は、そのままで肯定される。しかし、発散や分離が肯定の対象であるとは、どういうことであろうか。一般規則としては、二つの事物が同時に肯定されるのは、両者の差異が否定され内側から削限される限りにおいてだけである。ただし、この削除の水準においては、差異の生産と差異の消滅が統御されると見なされるのである。たしかに、この場合、同一性は無差異の同一性ではないが、一般に、同一性によって、対立するものは同時に肯定される。その際には、対立するものの一方が深められて他方が見出されたり、対立物の総合へと高められたりするわけである。反対に、われわれは、二つの事物や二つの規定を両者の差異によって肯定する操作について語っている。言いかえるなら、両者の差異は、そのまま肯定され、そのまま肯定的である限りで、二つの事物や二つの規定が同時的な肯定の対象となる操作について語っているのである。もはや反対のものの同一性は、まったく重要ではない。それは、依然として否定的なものと排除の運動から切り離せないからである。(4) 差異あるものの肯定的な隔たりが重要である。すなわち、二つの反対のものを同じものに同一化することではなく、両者の隔たりを、両者が「差異あるもの」である限りで相互に関係させるものとして肯定することが重要である。積極的隔たりの観念は、(取り消される隔たりや飛び越えられる隔たりではない) 隔たりの観念である限りで、本質的なものであるようにわれわれには見える。というのも、積極的隔たりの観念によって、反対のものの差異を度外れた反対対当に等置し、その反対対当を無限なる同一性そのものに等置するなどということに代わって、反対のものの有限の差異を測定することができるようになるからである。ヘーゲルが否定的なものを引き受けると願って考えるごとく、差異が矛盾「にまで進む」べきであるということではなくて、矛盾の方が、矛盾に対応する隔たりに従って、自らの差異の本性を明かさなければならないのである。積極的隔たりの観念は、位相的であり表面に属しているし、同一性とともに否定的なものを蘇らせてしまう深層や上昇を排除する。ニーチェは、こうした方式の事例を与えている。これは、何だかわからぬ反対のものの同一性なるもの（スピリチュアリズムの哲学と苦悩礼賛の哲学の常套句）と混同されてはならない。ニーチェは、健康が病気に対する生ける観点になり、病気が健康に対する生ける観点になるように、健康と病気を生きることを勧める。病気を健康の探検とし、健康を病気の探求とすること。「病気において、最も健康な概念、最も健康な価値を観察すること、次いで、逆に、過剰に豊かで自信に溢れた生の高みから、頽廃の本能の秘密の労働にまで眼差しをやること、これが、私が長きにわたって修練してきた実践であり、私の経験を特別なものにしたもの、そんな職があるとして、私が親方として通用した職である。今や、私は、遠近法を転倒させる技法を知っている……」(5)。反対のものが同一化されるのではない。反対のものの隔たりのすべてが肯定されるのである。ただし、反対のものを一方から他方へ関係付けるものとして肯定されるのである。健康が病気を肯定するのは、健康が、健康と病気の隔たりの肯定の対象となるときである。隔たりとは、その手の届く限り、隔てるものを肯定することである。健康で病気を算定し、病気で健康を算定するこの方式こそ、まさに〈大いなる健康〉（あるいは、〈悦ばしき知〉）ではないだろうか。これによって、ニーチェは、病気であるまさにその時期に、高次の健康を経験するようになる。逆に、ニーチェが健康を失うのは、病気であるときではなく、もはや隔たりを肯定できなくなるとき、自身の健康を通して、病気をもはや健康に対する観点にできないときである（そのとき、ストア派の言うごとく、役は終えられ、芝居は終わる）。観点とは、理論的判断ということではない。「方式」とは、人生そのものである。既にライプニッツが教えていたが、事物に対する観点があるのではなく、事物・存在者が観点なのである。ただ、ライプニッツは、観点を排他的規則に従わせ、各観点は収束する限りで相互に開かれているとした。同じ都市に対する観点というわけである。反対に、ニーチェにあっては、観点は、発散に対して開かれ、これを肯定する。各観点に対応するのは別の都市であり、各観点は別の都市である。都市間の隔たりだけが都市を統一し、都市のセリー・家・街路の発散だけが都市を共鳴させる。そして常に都市の中に別の都市がある。各項は、隔たりを辿ることによって、別の項の端まで行く手段になる。ニーチェの遠近法・遠近法主義は、ライプニッツの観点よりも深い技法である。というのは、発散が排除の原理であることを止め、分離が離別の手段であることを止め、いまや共不可能なものが交流の手段であるからである。

分離が単純な連結に引き戻されるわけではない。三種類の総合が区別される。結合の総合（もし……ならば……）は、一つのセリーの構築に係る。連結の総合（かつ）は、収束する複数のセリーの構築である。分離の総合（あるいは）は、発散する複数のセリーを割り振る。従位接続詞（*conexa*）、等位接続詞（*conjuncta*）、分離接続詞（*disjuncta*）。しかし、まさに、問われるべきは、いかなる条件で、分離が真の総合であるのか、そして、分離は、事物の概念の同一性のために当の事物から述語を排除して満足する分析の方式（分離の否定的・制限的ないし排他的使用）ではないのかということである。分離が決定する発散や脱中心化がそのまま肯定の対象となる限りで、答えが与えられる。分離が連結に還元されることなどない。分離は、発散に係り、また、係り続けるからには、分離のままにとどまる。ただし、発散が肯定されると、あるいはそのものが純粋な肯定になる。概念の同一性のために一定数の述語が事物から排除される代わりに、各「事物」は、無限の述語に開かれ、そこを通り過ぎると同時に、自己の中心を失い、概念や自我としての同一性を失う。(6) 述語の排除に、出来事の交流が取って代わる。既にわれわれは、この肯定的な総合的分離の方式がいかなるものかを見てきた。すなわち、パラドックス的審級、不揃いの二つの顔を持つ無作為抽出点を立ち上げる方式であって、その審級は、発散するセリーをそのまま駆け巡り、隔たりによって隔たりの中で共鳴させる。こうして、収束の観念的中心は、その本性からしても永続的に脱中心化し、発散を肯定することだけに奉仕することになる。それゆえに、通常の道とはまったく異なる秘教的で逸脱した道が、われわれに開かれたと思われたわけである。というのは、通常は、分離は、本来の総合ではなく、収束しないセリーを相互に離別させてしまうからには、連結的（＝等位的）総合に奉仕する統制的分析にすぎないからである。また、通常は、各連結的総合の方は、結合（従位）の総合に従属する傾向にある。というのも、結合の総合は、それが係る収束するセリーを連続性の条件の下で相互に延ばす［(解析) 接続する］ことによって、セリーを組織するからである。ところで、既に、秘教的な語の意味は、この道を逆撫でることであった。すなわち、分離は、総合となって、到る所に分岐を導入した。となると、既に、連結は、大域的には、異質で不釣合な発散するセリーを調整［座標設定」していたことになる。また、既に、結合は、細部において、多数の発散するセリーを外見的に継続的な一つのセリーに縮約していたことになる。

**永遠回帰、アイオーンと直線：最も怖ろしい迷宮……**

これが、深層の生成と表面のアイオーンを区別する新たな理由である。というのは、両者は、一見したところ、各事物の同一性を、反対のものの同一性としての無限の同一性の只中で溶解させたように見えたからである。また、量・形質・関係・様相の観点からしても、反対のものは、深層でも表面でも婚姻し、同じ下‐意味も同じ意味も持つように見えたからである。しかし、再び、すべては表面に上昇して本性を変える。そして、人格同一性が失われる二つの様式、矛盾が発達する二つの様式が区別されなければならない。深層では、無限同一性によって、反対のものが交流し、各同一性が破砕して分裂する。こうして、各項は、同時に、契機と全体、部分、関係と全体、自我、世界と神、主語、繋辞と述語であることになる。しかし、不定形の出来事だけが広がる表面では、まったく別の仕方で進行する。各出来事は、別の出来事と、隔たりの積極的特徴、分離の肯定的特徴によって交流する。こうして、自我は分離そのものと混じり合う。この分離は、非人称的で前個体的な特異性と同じだけの発散するセリーを、自ら解き放ち自らの外に据えるのである。これは既に反‐実現である。無限同一性に代わる不定の隔たり。すべては、反対のものの同一性によって起こるのではなく、不調和なものの共鳴、観点についての観点、遠近法の移動、差異の差異化によって起こるのである。たしかに、通常は、自我の形態はセリーの結合を保証し、世界の形態は接続可能で連続的なセリーの収束を保証し、そして、神の形態は、カントがよく見ていたように、分離の排他的使用や制限的使用における分離を保証する。しかし、分離が、総合的で肯定的な価値を分離に与えてくれる原理に到るとき、自我・世界・神は、いまや排除・連結・結合をはみ出る発散するセリーのために、共通の死を認める。自我・世界・神の三形態が自らの行く末を、弁証法的変形と反対のものの同一性によってではなく、事物の表面での共通の消散によって結び付けられる次第を示したのは、クロソウスキーの力である。自我が命題の表出の原理であるなら、世界は指示の原理、神は意義の原理である。しかし、出来事として表現される意味は、まったく別の本性である。意味は、常に移動するパラドックス的審級としての無-意味から流出し、永遠に脱中心化する逸脱した中心から流出する。意味は、純粋なサインであり、その干渉性［＝一貫性］は、自我の干渉性、世界の干渉性、神の干渉性だけを、ただし最高度に排除する。(7) 準-原因、発散するものを駆け巡る表面の無-意味、特異性を横切って循環しながら前-個体的で非人称的なものとして特異性を放出する無作為抽出点、これらは、根源的個体性としての神、〈位格［＝人格］〉としての自我、自我の要素と神の生産物としての世界を存続させないし、存続することを容認しない。肯定される発散するセリーは、「カオスモス（chaosmos）」を形成し、もはや世界を形成しない。発散するセリーを駆け巡る無作為抽出点は、反-自我を形成し、もはや自我を形成しない。総合として定立される分離は、神学的原理を悪魔的原理と取り替える。偏心する中心は、セリーの間に、すべての分離のために、アイオーンの冷徹な直線、言いかえるなら、隔たりを引く。そこには、自我の抜け殻、世界の抜け殻、神の抜け殻が並んでいる。世界のグランド・キャニオン、自我の裂け目、神の解体。だから、この直線上には、ボルヘスの言う最も怖ろしい迷宮としての永遠回帰がある。永遠回帰は、クロノスの循環的で単心的な回帰とはまったく異なっている。永遠回帰は、個体・人格・世界の回帰ではなく、純粋な出来事の回帰である。線上を移動する瞬間が、純粋出来事を、絶えず既に過ぎ去った出来事と未だ来たるべき出来事に分割する。もはや〈出来事〉以外には何も存続しない。あらゆる反対のものに対する、〈唯一の出来事〉、端的な出来事（*Eventum tantum*）。〈出来事〉は、あらゆる分離を横切って共鳴しながら、自己自身の隔たりを通して自己と交流する。

(1) キケロの『運命について』（『キケロ選集』11、五之治昌訳、岩波書店）の一般的テーマである。
(2) 『運命について』八。
(3) ジョルジュ・カンギレム『正常と病理』（滝沢武久訳、法政大学出版局）一二二―一二三頁参照。
(4) 排除と追放の役割については、ヘーゲル『大論理学』2（寺沢恒信訳、以文社）「矛盾」に関する項を参照。
(5) ニーチェ『この人を見よ』（『ニーチェ全集』15、川原栄峰訳、ちくま学芸文庫）二四頁。
(6) 原理を変更しながら、分離が肯定的総合になる条件については、付論Ⅱ－Ⅰ参照。
(7) 付論Ⅱ－Ⅰ参照。クロソウスキー（Klossowski）は、「完全に一貫しているので、私がそれを考えるや私がそれから排除される思考」について語っている（「同一なるものの永劫回帰の生きられた体験における忘却と回想」『ニーチェと悪循環』(兼子正勝訳、ちくま学芸文庫)一三二－一三三頁)。『歓待の掟』「あとがき」も参照。クロソウスキーは、これらのテクストで、サイン・意味・無－意味の理論を展開し、また、ニーチェの永遠回帰について深く独創的な解釈を展開している。それによると、永遠回帰は、発散と分離を肯定する逸脱する力能であり、自我の同一性、世界の同一性、神の同一性を存続させない。

Gilles Deleuze
Logique du sens
Les Éditions de Minuit, 1969


# 意味《いみ》の論理《ろんり》学《がく》 上

二〇〇七年 一 月二〇日 初版発行
二〇二五年 二 月二八日 10刷発行

著　者 G・ドゥルーズ
訳　者 小泉義之《こいずみよしゆき》
発行者 小野寺優
発行所 株式会社河出書房新社
〒一六二-八五四四
東京都新宿区東五軒町二-一三
電話〇三-三四〇四-八六一一（編集）
〇三-三四〇四-一二〇一（営業）
https://www.kawade.co.jp/

ロゴ・表紙デザイン 粟津潔
本文フォーマット 佐々木暁
印刷・製本 大日本印刷株式会社

定価はカバーに表示してあります。
落丁本・乱丁本はおとりかえいたします。
Printed in Japan ISBN978-4-309-46285-1

## アンチ・オイディプス（上）　資本主義と分裂症

ジル・ドゥルーズ／フェリックス・ガタリ　宇野邦一〔訳〕　46280-6

最初の訳から二十年目にして“新訳”で送るドゥルーズ＝ガタリの歴史的名著。「器官なき身体」から、国家と資本主義をラディカルに批判しつつ、分裂分析へ向かう本書は、いまこそ読みなおされなければならない。

## アンチ・オイディプス（下）　資本主義と分裂症

ジル・ドゥルーズ／フェリックス・ガタリ　宇野邦一〔訳〕　46281-3

最初の訳から二十年目にして“新訳”で送るドゥルーズ＝ガタリの歴史的名著。「器官なき身体」から、国家と資本主義をラディカルに批判しつつ、分裂分析へ向かう本書は、いまこそ読みなおされなければならない。

## 神の裁きと訣別するため

アントナン・アルトー　宇野邦一／鈴木創士〔訳〕　46275-2

「器官なき身体」をうたうアルトー最後の、そして究極の叫びである表題作、自身の試練のすべてを賭けて「ゴッホは狂人ではなかった」と論じる三十五年目の新訳による「ヴァン・ゴッホ」。激烈な思考を凝縮した二篇。

## 銀河ヒッチハイク・ガイド

ダグラス・アダムス　安原和見〔訳〕　46255-4

銀河バイパス建設のため、ある日突然地球が消滅。地球最後の生き残りであるアーサーは、宇宙人フォードと銀河でヒッチハイクするはめに。抱腹絶倒ＳＦコメディ「銀河ヒッチハイク・ガイド」シリーズ第一巻！

## 宇宙の果てのレストラン

ダグラス・アダムス　安原和見〔訳〕　46256-1

宇宙船が攻撃され、アーサーらは離ればなれに。元・銀河大統領ゼイフォードとマーヴィンがたどりついた星で遭遇したのは!?　宇宙の迷真理を探る一行のめちゃくちゃな冒険を描く、大傑作ＳＦコメディ第二弾！

## 百頭女

マックス・エルンスト　巖谷國士〔訳〕　46147-2

古いノスタルジアをかきたてる漆黒の幻想コラージュ一四七葉——永遠の女「百頭女」と怪鳥ロプロプが繰り広げる奇々怪々の物語。エルンストの夢幻世界、コラージュロマンの集大成。今世紀最大の奇書！

## 慈善週間　または七大元素

マックス・エルンスト　巖谷國士〔訳〕　46170-0

自然界を構成する元素たちを自由に結合させ変容させるコラージュの魔法、イメージの錬金術!!　巻末に貴重な論文を付し、コラージュロマン三部作、遂に完結。今世紀最大の芸術家エルンストの真の姿がここに!!

## 見えない都市

イタロ・カルヴィーノ　米川良夫〔訳〕　46229-5

現代イタリア文学を代表し世界的に注目され続けている著者の名作。マルコ・ポーロがフビライ汗の寵臣となって、様々な空想都市（巨大都市、無形都市など）の奇妙で不思議な報告を描く幻想小説の極致。解説＝柳瀬尚紀

## 路上

ジャック・ケルアック　福田実〔訳〕　46006-2

スピード、セックス、モダン・ジャズ、そしてマリファナ……。既成の価値を吹きとばし、新しい感覚を叩きつけた一九五〇年代の反逆者たち。本書は、彼らビートやヒッピーのバイブルであった。現代アメリカ文学の原点。

## 孤独な旅人

ジャック・ケルアック　中上哲夫〔訳〕　46248-6

『路上』によって一躍ベストセラー作家となったケルアックが、サンフランシスコ、メキシコ、ＮＹ、カナダ国境、モロッコ、南仏、パリ、ロンドンに至る体験を、詩的で瞑想的な文体で生き生きと描いた魅惑的な一冊。

## 毛皮を着たヴィーナス

L・ザッヘル=マゾッホ　種村季弘〔訳〕　46244-8

サディズムと並び称されるマゾヒズムの語源を生みだしたザッヘル＝マゾッホの代表作。東欧カルパチアとフィレンツェを舞台に、毛皮の似合う美しい貴婦人と青年の苦悩の快楽を幻想的に描いた傑作長編。

## ブレストの乱暴者

ジャン・ジュネ　澁澤龍彥〔訳〕　46224-0

霧が立ちこめる港町ブレストを舞台に、言葉の魔術師ジャン・ジュネが描く、愛と裏切りの物語。“分身・殺人・同性愛”をテーマに、サルトルやデリダを驚愕させた現代文学の極北が、澁澤龍彥の名訳で今、蘇る!!

## インディアン魂　上　レイム・ディアー

J·F·レイム·ディアー〔口述〕　R·アードス〔編〕　北山耕平〔訳〕　46179-3

最後のアメリカ・インディアン、スー族の古老が、未来を担う子どもたちのために「自然」の力を回復する知恵と本来の人間の生き方を語る痛快にして力強い自伝。(『レイム・ディアー』改題)

## インディアン魂　下　レイム・ディアー

J·F·レイム·ディアー〔口述〕　R·アードス〔編〕　北山耕平〔訳〕　46180-9

真っ直ぐに飛ぶ矢のようにヴィジョンを求めるすべてのネイティヴの人たちへ、不思議なパワーを贈る、スー族最後の偉大なメディスンマンが語りおろしたインディアン魂の知恵と洞察の物語。

## 眼球譚［初稿］

オーシュ卿(G·バタイユ)　生田耕作〔訳〕　46227-1

二十世紀最大の思想家・文学者のひとりであるバタイユの衝撃に満ちた処女小説。一九二八年にオーシュ卿という匿名で地下出版された当時の初版で読む危険なエロティシズムの極北。恐るべきバタイユ思想の根底。

## 空の青み

ジョルジュ・バタイユ　伊東守男〔訳〕　46246-2

二〇世紀最大の思想家の一人であるバタイユが、死とエロスの極点を描いた一九三五年の小説。ロンドンやパリ、そして動乱のバルセローナを舞台に、謎めく女たちとの異常な愛の交錯を描く傑作。

## 裸のランチ

ウィリアム・バロウズ　鮎川信夫〔訳〕　46231-8

クローネンバーグが映画化したW・バロウズの代表作にして、ケルアックやギンズバーグなどビートニク文学の中でも最高峰作品。麻薬中毒の幻覚や混乱した超現実的イメージが全く前衛的な世界へ誘う。解説＝山形浩生

## ジャンキー

ウィリアム・バロウズ　鮎川信夫〔訳〕　46240-0

『裸のランチ』によって驚異的な反響を巻き起こしたバロウズの最初の小説。ジャンキーとは回復不能になった麻薬常用者のことで、著者の自伝的色彩が濃い。肉体と精神の間で生の極限を描いた非合法の世界。